全世界无产者，联合起来！

毛泽东文集

第七卷

（一九五六年一月——一九五八年十二月）

人民出版社

目　　录

社会主义革命的目的是解放生产力[1]

（一九五六年一月二十五日）

目前我国正处在伟大的社会主义革命的高潮中。中华人民共和国的成立标志着中国革命由资产阶级民主革命阶段转变到社会主义革命阶段，即进入由资本主义到社会主义的过渡时期。在过去的六年中，前三年的工作主要是恢复国民经济和进行前一革命阶段中没有完成的各项社会改革，主要是土地改革[2]。从去年夏季以来，社会主义改造，也就是社会主义革命就以极广阔的规模和极深刻的程度展开起来。大约再有三年的时间，社会主义革命就可以在全国范围内基本上完成。

社会主义革命的目的是为了解放生产力。农业和手工业由个体的所有制变为社会主义的集体所有制，私营工商业由资本主义所有制变为社会主义所有制，必然使生产力大大地获得解放。这样就为大大地发展工业和农业的生产创造了社会条件。

我们进行社会主义革命所用的方法是和平的方法。对于这种方法，过去在共产党内和共产党外，都有许多人表示怀疑。但是从去年夏季以来，由于农村中合作化运动的高潮和最近几个月以来城市中社会主义改造的高潮，他们的疑问已经大体解决了。在我国的条件下，用和平的方法，即用说服教育的方法，不但可以改变个体的所有制为社会主义的集体所有制，而且可以改变资本主义所有制为社会主义所有制。过去几个月来社会主义改造的速度大大超过了人们的意料。过去有些人怕社会主义这一关难过，现在看来，这一关也还是容易过的。

目前我们国家的政治形势已经起了根本的变化。去年夏季以前在农业方面存在的许多困难情况现在已经基本上改变了，许多曾经被认为办不到的事情现在也可以办了。我国的第一个五年计划〔3〕有可能提前完成或者超额完成。一九五六年到一九六七年全国农业发展纲要〔4〕的任务，就是在这个社会主义改造和社会主义建设的高潮的基础上，给农业生产和农村工作的发展指出一个远景，作为全国农民和农业工作者的奋斗目标。农业以外的各项工作，也都必须迅速赶上，以适应社会主义革命高潮的新形势。

我国人民应该有一个远大的规划，要在几十年内，努力改变我国在经济上和科学文化上的落后状况，迅速达到世界上的先进水平。为了实现这个伟大的目标，决定一切的是要有干部，要有数量足够的、优秀的科学技术专家；同时，要继续巩固和扩大人民民主统一战线，团结一切可能团结的力量。我国人民还要同世界各国人民团结一起，为维护世界的和平而奋斗。

根据一九五六年一月二十六日
《人民日报》刊印。

注　释

〔1〕这是毛泽东在最高国务会议第六次会议上的讲话要点。

〔2〕土地改革，这里指中华人民共和国成立后，中国共产党领导广大农民废除封建的土地所有制，实现农民的土地所有制的革命运动。一九五〇年六月，中央人民政府颁布《中华人民共和国土地改革法》，同年秋冬起，在新解放区陆续开展了土地改革运动。到一九五二年冬，除台湾省和一部分少数民族地区以外，全国的土地改革基本结束，使三亿无地或少地的农民分得了约七亿亩土地和其他生产资料。

〔3〕第一个五年计划，是一九五三年至一九五七年中华人民共和国发展国民经济的第一个五年计划的简称。这个计划的编制，从一九五一年开始进行，历时四年，五易其稿，于一九五五年七月由第一届全国人民代表大会第二次会议正式通过。执行的结果是，到一九五六年，基本上完成了对农业、手工业和资本主义工商业的社会主义改造，建立了社会主义的基本经济制度；到一九五七年，计划规定的各项建设任务也胜利实现，许多指标超额完成，这就为国家工业化打下了初步基础，同时人民生活也得到了很大改善。

〔4〕即《一九五六年到一九六七年全国农业发展纲要（草案）》。这个草案是中共中央提出的，一九五六年一月公布。一九五七年十月公布修正草案。后又经修改，于一九六〇年四月第二届全国人民代表大会第二次会议通过后作为正式文件颁发。纲要全文共四十条，提出了我国农业、畜牧业、林业、渔业、副业以及农村商业、信贷、交通、邮电、广播、科学、文化、教育、卫生等方面的发展规划。

同藏族人士的谈话

（一九五六年二月十二日）

西藏自治区筹备委员会筹备好了就要成立，你们还怕吗？对土地改革赞成不赞成？对西藏地区的土地改革要采用不同的办法，要采用云南的办法。云南有土司，他们也是贵族，那里是通过和平协商的办法进行土地改革的，人民满意，土司也满意。总之，贵族的生活不变，照老样子，可能还有些提高。宗教信仰也全照老样子，以前信什么，照样信什么。宗教信仰自由，可以是先信后不信，也可以是先不信后信。在中国，信仰宗教的人不少。信耶稣教的有八十万人；信天主教的有三百万人；信伊斯兰教的有一千多万人；信佛教的更多，有几千万人；还有信道教的，数目也很大，约有一千多万人。人们的宗教感情是不能伤害的，稍微伤害一点也不好。除非他自己不信教，别人强迫他不信教是很危险的。这件事不可随便对待。就是到了共产主义也还会有信仰宗教的。

西藏现在不是搞合作社的问题，而是进行民主改革的问题。什么时候进行，由你们自己去决定。自治区筹备委员会成立后，可以对这个问题进行研究，要由达赖喇嘛、班禅额尔德尼〔1〕下决心，要由西藏的僧俗官员和寺院里的喇嘛、堪布们决定。要有一个酝酿的时期，一年、二年、三年，通过讨论，打通思想。有人赞成，也有人反对，两方面的意见都可以讲。多酝酿、多讨论有好处，大家都讲，慢慢地就讲通了。贵族、喇嘛有好多人害怕改革，你们回去后要对贵族、喇嘛多做工作，不论如何改革，对他们的政治地位、生活水平都要维持。

我们同资本家、同各民主党派合作得很好，大家互相帮助，有了错误加以批评，共同进步。同时，也采用自我批评的办法，各民主党派也进行自我批评。少数民族自己内部也可以用批评和自我批评的办法，代替你打倒我、我打倒你，你毒死我、我毒死你的办法。你们西藏可以商量商量，破除老办法，采取新办法，用互相批评互相帮助的办法来处理人与人之间的关系。要用互相信任代替互相不信任。藏族和汉族过去互相不信任，慢慢地就可以互相信任。你们前藏、后藏、昌都过去也互相不信任，今天也要用互相信任来代替。前藏、后藏自己内部也有互相不信任的现象，这同汉族过去各个地方和各个部门的内部互相不信任或信任不够是一样的。过去资本家很怕我们，各民主党派也有一些怕我们。经过了六年的时间，现在他们和我们的相互信任大为增强。过去他们不信任共产党，共产党也不那么信任他们。大家在一起工作，搞久了，常常见面，慢慢地就互相信任了。我建议你们回去好好研究和协商，增强你们内部的互相信任互相帮助，也增强你们和我们之间的互相信任互相帮助。

关于民主改革这一条，这里要讲清楚，不要回去乱讲，说我讲了西藏现在要实行土地改革了。我是要你们回去酝酿，回去报告达赖和班禅，可行即行，你们如果都不同意，我也没有办法。我不能一定叫你们做什么，我只是提建议给你们，采纳不采纳是你们的事，不要误会。

参观团的参观很有益处，大家应当相互交流经验。西藏是个了不起的地方，占全国面积的八分之一。我同达赖说过，不要以为西藏落后，地方小，西藏地方可不小。西藏如果不参加祖国的大家庭，这个家庭的事便不好办了，西藏在祖国大家庭里占有很重要的地位。

再一条就是落后问题。在经济文化方面，藏族是落后的，汉族也落后，比美国、英国、法国、苏联、波兰落后，比捷克斯洛伐克、罗马尼亚、保加利亚、东德落后，比日本也落后，不要以为只是你们落后。我们的目的是使大家都发展起来，我们要经过几个五年计划来克服这种落后状况。我们支援你们，你们自己也要发展。你们应该发展人口，发展经济，发展文化。经济不发展，人口也不能发展，文化发展了，可以帮助经济发展。你们在座的都是知识分子，有文化。你们的普通老百姓文化就落后，和汉族农民一样。将来农民都要大学毕业，所有的人都要大学毕业，你们相信不相信？全国人民都从小学毕业要七八年才做得到；全国人民都从初中毕业要三十年到四十年，你们可能看得到，我们有些人就不在了；要做到全国人民都从大学毕业要一百年。西藏人都愿意大学毕业吗？这也是可以做到的。西藏的小学现在还赶不上内地的小学，将来是可以赶上的。西藏也要设立大学。只要努力去做，一年年地进步，就可以达到目的。

解放军进入西藏后，西藏的物价上涨了，西藏人民是受了些损失，以后老是这样可不行。解放军到西藏，要给人民办好事，不然要解放军干什么？修了两条公路是好事，但这还只是为做好事准备了有利的条件。好事要西藏地方自己做，我们可以帮助。你们也可以搞五年计划这么一套，一年也可以搞一个计划，标准是提高人民的生活。人民生活提不高，便不能持久。

民族区域自治地区要搞建设，便要有自己民族的干部，自己的科学家。青年要学科学，有很多科学要学，像电呀、机器呀这些东西。西藏地方大，地下有很多好东西。要有使用机器的人才，要有农业科学家，要有地质科学家。汉人也是一样。在反动派统治下，中国的科学不发达，但我们一搞起来就相当快。例如全国解放时，我们的地质科学家只有一百多人，不到二百人，搞了六年，已经发展到几千人了。现在柴达木盆地正在开采石油，离青藏公路不远，你们可以去看看。培养人才要慢慢来，不是几个月、几年的事，你们要有计划地培养科学干部。

西藏内部要更加团结起来，看见你们团结，我很高兴。你们回西藏后要多去见达赖喇嘛，听听他的指示，多增长些知识。西藏有两三个头不好，我们尊重班禅的重要地位，也尊重昌都的地位，整个西藏要有一个主席，那是达赖为好。你们已经搞清楚没有？你们是否讲我们偏心达赖？拉萨方面又怕我们偏心班禅，我们没有这些。主席让达赖喇嘛当，这样办好，对团结有利。

西藏这些年有了很大的进步，要承认这个进步，然后逐步发展，就有希望。

根据中央档案馆保存的谈话记录稿刊印。

注　　释

〔1〕达赖喇嘛，即达赖喇嘛·丹增嘉措，一九三五年生，青海湟中人，西藏地方宗教和政治领袖之一。当时任全国人大常委会副委员长、中国佛教协会名誉会长。一九五六年四月西藏自治区筹备委员会成立，任主任委员。班禅额尔德尼，即班禅额尔德尼·确吉坚赞（一九三八——一九八九），青海循化人，西藏地方宗教和政治领袖之一。当时任政协全国委员会副主席。一九五六年四月任西藏自治区筹备委员会第一副主任委员。

对学术问题的不同意见不应禁止谈论〔1〕

（一九五六年二月十九日）

我认为这种自由谈论〔2〕，不应当去禁止。这是对学术思想的不同意见，什么人都可以谈论，无所谓损害威信。因此，不要向尤金〔3〕谈此事。如果国内对此类学术问题和任何领导人有不同意见，也不应加以禁止。如果企图禁止，那是完全错误的。

毛　泽　东

二月十九日

根据手稿刊印。

注　　释

〔1〕这是毛泽东在中共中央宣传部一九五六年二月一日关于是否要向苏联共产党有关方面反映苏联学者在中国参观时讲的一些话给中央的报告上写的批语。

〔2〕指当时在中国讲学的一位苏联学者，在去访问广东中山县孙中山故居途中，向中国陪同人员谈到他对毛泽东《新民主主义论》中关于孙中山的世界观的论点的不同看法。

〔3〕尤金(一八九九——一九六八),苏联哲学家、科学院院士。当时任苏联驻中国大使。

加快手工业的社会主义改造[1]

（一九五六年三月四日）

（一）个体手工业社会主义改造的速度，我觉得慢了一点。今年一月省市委书记会议的时候，我就说过有点慢。一九五五年底以前只组织了二百万人。今年头两个月就发展了三百万人，今年基本上可以搞完，这很好。手工业的总产值，你们设想在三个五年计划期间平均每年增长百分之十点九，似乎低一点。第一个五年计划定低了[2]，吃了点亏，现在可以不更改，你们要在工作中掌握。

（二）手工业合作社的规模，一般的一百人左右为宜，有的也可以几百人，有的也可以几十人。

（三）组织铁、木业合作社为农业生产服务，下乡修理农具，这个办法很好，农民一定欢迎。中国手工业几千年来就有这样做的。组织合作社以后，提高了技术，就能更好地为农民服务。

（四）你们说，在手工业改造高潮中，修理和服务行业集中生产，撤点过多，群众不满意。这就糟糕！现在怎么办？“天下大势，分久必合，合久必分”。[3]

（五）手工业生产的劳动生产率，同半机械化、机械化生产比较，最高最低相差达三十多倍。每人每年平均产值，国营现代化工业是二万元到三万元，半机械化、机械化的合作社是五千元，百人以上的大型合作社是二千元，小型合作社是一千五百元，个体手工业是八百至九百元。把劳动生产率作一个比较，就清楚了：手工业要向半机械化、机械化方向发展，劳动生产率必须提高。

（六）手工业的各行各业都是做好事的。吃的、穿的、用的都有。还有工艺美术品，什么景泰蓝，什么“葡萄常五处女”〔4〕的葡萄。还有烤鸭子可以技术出口。有些服务性行业，串街游乡，修修补补，王大娘补缸，这些人跑的地方多，见识很广。北京东晓市〔5〕有六千多种产品。

提醒你们，手工业中许多好东西，不要搞掉了。王麻子、张小泉的刀剪一万年也不要搞掉。我们民族好的东西，搞掉了的，一定都要来一个恢复，而且要搞得更好一些。

（七）提高工艺美术品的水平和保护民间老艺人的办法很好，赶快搞，要搞快一些。你们自己设立机构，开办学院，召集会议。杨士惠〔6〕是搞象牙雕刻的，实际上他是很高明的艺术家。他和我坐在一个桌子上吃饭，看着我，就能为我雕像。我看人家几天，恐怕画都画不出来。

（八）国家调拨物资给合作社，要合理作价，不能按国家调拨价格作价。合作社和国家企业不一样，社会主义集体所有制和社会主义全民所有制有区别。合作社开始时期经济基础不大，需要国家帮助。国家将替换下来的旧机器和公私合营并厂后多余的机器、厂房，低价拨给合作社，很好。“将欲取之，必先与之”〔7〕。待合作社的基础大了，国家就要多收税，原料还要加价。那时，合作社在形式上是集体所有，在实际上成了全民所有。

国家要帮助合作社半机械化、机械化，合作社本身也要努力发展半机械化、机械化。机械化的速度越快，你们手工业合作社的寿命就越短。你们的“国家”越缩小，我们的事业就越好办了。你们努力快一些机械化，多交一些给国家吧。

（九）手工业产值占全国工业总产值的四分之一，它的供产销为什么没有纳入国家计划？手工业这样大，应当纳入国家计划。

（十）有些地方党委忙，手工业排不上队，这不好。为什么有些干部不大愿意做手工业的工作？我倒很想搞这样的事，很重要嘛！

（十一）你们要在六万多个手工业合作社组织中，选择突出的例子，编写典型材料。各地区、各行各业都要有；好的、坏的，大的、小的，集中的、分散的，半机械化的、机械化的都要有。出一本书，像《中国农村的社会主义高潮》〔8〕一样。

根据中央档案馆保存的谈话记录稿刊印。

注　　释

〔1〕这是毛泽东在国务院有关部门汇报手工业工作情况时谈话的一部分。

〔2〕第一个五年计划规定，手工业总产值平均每年递增百分之九点九。

〔3〕见《三国演义》第一回。

〔4〕指以吹制玻璃葡萄著名的北京手工艺人常家的五位妇女。

〔5〕东晓市，北京旧货集市。

〔6〕杨士惠（一九一一——一九八七），北京市人，象牙雕刻艺术家。曾任中国

工艺美术学会副理事长等职。

〔**7**〕参见《老子·三十六章》,原文是:“将欲夺之,必固与之”。又见《战国策·魏策》,原文是:“将欲取之,必姑与之”。

〔**8**〕《中国农村的社会主义高潮》,是毛泽东一九五五年主持编辑的。这部书共收入反映各地农业合作化情况的材料一百七十六篇,毛泽东为其中一百零四篇写了按语,并为全书写了序言。该书在一九五六年一月由人民出版社出版。

同长征、艾地的谈话[1]

（一九五六年三月十四日）

长征：《毛泽东选集》第四卷什么时候可以出版？

毛泽东：因为我怠工，所以拖迟了。出版之前想把过去写的东西再看一遍，但总懒得看。对已经发表过的东西，完全满意的很少。比如，《实践论》算是比较满意的，《矛盾论》就并不很满意。《新民主主义论》初稿写到一半时，中国近百年历史前八十年是一阶段、后二十年是一阶段的看法，才逐渐明确起来，因此重新写起，经过反复修改才定了稿。《论联合政府》则只是把政纲排列起来，加工不多，不好。

周恩来：《论联合政府》当时动员的力量和作用很大，甚至比《新民主主义论》还大。

艾地：《毛泽东选集》出了第三卷之后，毛主席对第一卷、第二卷有没有打算作什么修改。

毛：现在还没有这个打算，只是想到还可以补一些注解。

艾：《毛泽东选集》里有一篇文章[2]谈革命的武装斗争的问题，不知道那是就中国的特点说的，还是指所有国家说的。

毛：那不单是说中国的问题，也包括外国。

艾：现在是不是也还那样说？

毛：现在也还是那样说。波立特同志也曾提到这个问题，问要不要修改。在这个问题上，我们和波立特同志的意见是不一致的。[3]

要不要进行武装斗争，不是我们单方面能决定的，我们并不是资产阶级的参谋长。我们可以而且应当这样说，我们要争取和平进到社会主义；但还应当说，即使一时不说也要这样考虑问题，当资产阶级用武装来进攻的时候，我们就要被迫进行武装斗争来取得革命胜利。恩格斯生前曾经说过，在特定的条件下，英国和美国也可以和平进到社会主义。[4]但到二十世纪，到帝国主义时代，美国和英国都成为帝国主义国家，情况就不同了。列宁就不再那样说了。自然，也可以设想，今后会有少数国家，在全世界范围内整个力量对比发生了根本变化的条件之下，可能不再经过国内的武装斗争而和平取得革命的胜利。力量的因素是很重要的，包括武装力量在内。现在我们的阵营还只包括全世界三分之一的国家。到我们占大多数或绝大多数的时候，是会有一些国家在我们的巨大力量包围之下，不必经过国内的武装斗争而和平取得革命胜利的。在资产阶级掌握国家机关和军队的国家，我们如果只作和平取得革命胜利的打算，那是要吃亏的，因为我们并不是资产阶级的参谋长，他让不让你和平取得胜利，并不决定于你的主观愿望。我们现在也说要争取和平解放台湾，但我们并不是美国和蒋介石的参谋长，我们不能替他们做答案。

艾：印尼有许多同志认为毛主席思想成熟，写文章一定是一气呵成，不必修改。

毛：那样的说法是不符合实际的。我们的头脑、思想反映客观实际，无论什么时候谁都不可能一下子就反映得完全正确，无遗无误。客观实际是错综复杂的，不断发展变化的。我们的头脑、思想对客观实际的反映，是一个由不完全到更完全、不很明确到更明确、不深入到更深入的发展变化过程，同时还要随客观实际的发展变化而发展变化。写《新民主主义论》时，许多东西在起初是不明确的，在写的过程中才逐渐明确起来，而且经过反复修改，才把意思表达得比较准确。过去写的文章，很多现在并不满意。迷信是不好的。你们听我们的意见，要分析，要从你们本国的实际出发，我们对中国国内问题的意见还不都是一点错也没有的，何况用来处理外国的事。

还说一点，现在传播的关于我的故事，有些并不真实，是不可信的。例如，香港有一家报纸说我曾经在一个深夜到离开延安四十里地的地方去看一个伤兵，因为他说他死前一定要见一见毛主席。实际上并没有这回事。伤兵我是去看过的，但就在延安，而且在白天，并不是应一个快断气的伤兵的要求而赶去看他。还有一篇故事，说我八岁就不相信神，成为一个无神论者。但当时我还是相信神的，后来又曾经是唯心主义者、无政府主义者。那篇文章说的话不符合实际。那也是一种迷信，那样是不好的。

根据中央档案馆保存的谈话记录稿刊印。

注 释

〔1〕这是谈话的主要部分。长征(一九〇七——一九八八),当时任越南劳动党中央委员会总书记。艾地(一九二三——一九六五),当时任印度尼西亚共产党中央委员会总书记。

〔2〕指《战争和战略问题》(《毛泽东选集》第二卷,人民出版社1991年版,第541—554页)。

〔3〕波立特(一八九〇——一九六〇),当时任英国共产党中央委员会总书记。一九五四年三月二十九日,他给中共中央来信,提出他们在翻译《毛泽东选集》第二卷时,准备将《战争和战略问题》一文的头两段从英译本中删去。在这两段中,毛泽东指出:"革命的中心任务和最高形式是武装夺取政权,是战争解决问题。这个马克思列宁主义的革命原则是普遍地对的,不论在中国在外国,一概都是对的。""但是在同一个原则下,就无产阶级政党在各种条件下执行这个原则的表现说来,则基于条件的不同而不一致。"同年八月二十三日,中共中央复信波立特,明确表示:我们不能同意在《毛泽东选集》英译本中把《战争和战略问题》的头两段删去的提议,"因为毛泽东同志在该文件中所说到的原则,是马列主义的普遍真理,并不因为国际形势的变化,而须要作什么修正。而且《毛泽东选集》已经出版俄文版及其他外国文版,都没有作什么修改"。

〔4〕参见恩格斯《1891年社会民主党纲领草案批判》。原文是:"可以设想,在人民代议机关把一切权力集中在自己手里、只要取得大多数人民的支持就能够按照宪法随意办事的国家里,旧社会有可能和平长入新社会,比如在法国和美国那样的民主共和国,在英国那样的君主国"。(《马克思恩格斯选集》第4卷,人民出版社1995年版,第411页)

共产党人对错误必须采取分析的态度[1]

（一九五六年四月）

一

我们要是不愿意陷到这样的泥坑[2]里去的话，也就更加要充分地注意执行这样一种群众路线的领导方法，而不应当稍为疏忽。为此，我们需要建立一定的制度来保证群众路线和集体领导的贯彻实施，而避免脱离群众的个人突出和个人英雄主义，减少我们工作中的脱离客观实际情况的主观主义和片面性。

二

我们党的历史经验，也是在自己同各种错误路线作斗争的过程中使自己获得了锻炼，因此取得了伟大的革命胜利和建设胜利的。至于局部的和个别的错误，则在工作中时常发生，仅仅是依赖党的集体智慧和人民群众的智慧，及时地加以揭露和克服，才使它们不能获得发展的机会，没有成为全国性的和长期性的错误，没有成为危害人民的大错误。

三

共产党人对于共产主义运动中所发生的错误，必须采取分析的态度。有些人认为斯大林完全错了，这是严重的误解。斯大林是一个伟大的马克思列宁主义者，但是也是一个犯了几个严重错误而不自觉其为错误的马克思列宁主义者。我们应当用历史的观点看斯大林，对于他的正确的地方和错误的地方作出全面的和适当的分析，从而吸取有益的教训。不论是他的正确的地方，或者错误的地方，都是国际共产主义运动的一种现象，带有时代的特点。整个说来，国际共产主义运动还只有一百年多一点的时间，从十月革命胜利以来，还只有三十九年的时间，许多革命工作的经验还是不足的。我们有伟大的成绩，但是还有缺点和错误。如同一个成绩出现了接着又创造新的成绩一样，一个缺点或错误克服了，新的缺点或错误又可能产生，又有待于我们去克服。而成绩总是多于缺点，正确的地方总是多于错误的地方，缺点和错误总是要被克服的。好的领导者不在于不犯错误，而在于认真地对待错误。完全不犯错误的人在世界上是从来没有的。列宁说："公开承认错误，揭露错误的原因，分析产生错误的环境，仔细讨论改正错误的方法——这才是郑重的党的标志，这才是党执行自己的义务，这才是教育和训练阶级，以至于群众。"〔3〕苏联共产党遵循列宁的遗教，现在正在认真地对待斯大林在领导社会主义建设中所犯的某些性质严重的错误及其所遗留的后果。由于其后果的严重性，所以苏联共产党有必要在肯定斯大林的伟大功绩的同时，又尖锐地揭露斯大林所犯的错误的实质，号召全党以此为戒，坚决地消除这种错误所造成的不良后果。我们中国共产党人深信，经过苏联共产党二十次代表大会〔4〕这一次尖锐的批判之后，过去被某些错误政策所严重地压抑了的一切积极因素，必将普遍地活跃起来，苏联共产党和苏联人民将比较过去更好地团结一致，为了建设一个人类从来没有看见过的伟大的共产主义社会和争取全世界的持久和平而奋斗。

世界上一切反动势力正在讥笑这件事，他们在讥笑我们阵营中克服自己的错误。这种讥笑会有什么结果呢？毫无疑义，结果将是在他们面前站着一个比较过去更加强大和永远不可战胜的以苏联为首的和平和社会主义的伟大阵营，而讥笑者们的吃人事业却是很不美妙的。

根据毛泽东手稿刊印。

注　　释

〔1〕这是毛泽东审阅《人民日报》编辑部文章《关于无产阶级专政的历史经验》时加写的几段文字。这篇文章一九五六年四月五日发表。

〔2〕指《关于无产阶级专政的历史经验》一文中所说的“当革命胜利之后，在工人阶级和共产党已经成为领导全国政权的阶级和政党的时候，我们党和国家的领导工作人员，由于受到官僚主义的多方面的袭击，就面临到有可能利用国家机关独断独行、脱离群众、脱离集体领导、实行命令主义、破坏党和国家的民主制度的这样一个很大的危险性”。

〔3〕见列宁《共产主义运动中的“左派”幼稚病》。新的译文是：“公开承认错误，揭露犯错误的原因，分析产生错误的环境，仔细讨论改正错误的方法——这才是一个郑重的党的标志，这才是党履行自己的义务，这才是教育和训练阶级，进而

又教育和训练群众。”(《列宁选集》第4卷，人民出版社1995年版，第167页)

〔**4**〕苏联共产党第二十次全国代表大会，一九五六年二月十四日至二十五日在莫斯科举行。在完成会议的主要议程后，苏共中央第一书记赫鲁晓夫向全体代表作了《关于克服个人崇拜及其后果》的秘密报告。这个报告揭露了斯大林时期所犯的错误及其严重后果，对于破除迷信、解放思想起了一定作用，但报告全盘否定斯大林的历史地位和作用，给国际共产主义运动带来巨大冲击。

论十大关系[1]

（一九五六年四月二十五日）

最近几个月，中央政治局听了中央工业、农业、运输业、商业、财政等三十四个部门的工作汇报，从中看到一些有关社会主义建设和社会主义改造的问题。综合起来，一共有十个问题，也就是十大关系。

提出这十个问题，都是围绕着一个基本方针，就是要把国内外一切积极因素调动起来，为社会主义事业服务。过去为了结束帝国主义、封建主义和官僚资本主义的统治，为了人民民主革命的胜利，我们就实行了调动一切积极因素的方针。现在为了进行社会主义革命，建设社会主义国家，同样也实行这个方针。但是，我们工作中间还有些问题需要谈一谈。特别值得注意的是，最近苏联方面暴露了他们在建设社会主义过程中的一些缺点和错误，他们走过的弯路，你还想走？过去我们就是鉴于他们的经验教训，少走了一些弯路，现在当然更要引以为戒。

什么是国内外的积极因素？在国内，工人和农民是基本力量。中间势力是可以争取的力量。反动势力虽是一种消极因素，但是我们仍然要作好工作，尽量争取化消极因素为积极因素。在国际上，一切可以团结的力量都要团结，不中立的可以争取为中立，反动的也可以分化和利用。总之，我们要调动一切直接的和间接的力量，为把我国建设成为一个强大的社会主义国家而奋斗。

下面我讲十个问题。

一 重工业和轻工业、农业的关系

重工业是我国建设的重点。必须优先发展生产资料的生产，这是已经定了的。但是决不可以因此忽视生活资料尤其是粮食的生产。如果没有足够的粮食和其他生活必需品，首先就不能养活工人，还谈什么发展重工业？所以，重工业和轻工业、农业的关系，必须处理好。

在处理重工业和轻工业、农业的关系上，我们没有犯原则性的错误。我们比苏联和一些东欧国家作得好些。像苏联的粮食产量长期达不到革命前最高水平的问题，像一些东欧国家由于轻重工业发展太不平衡而产生的严重问题，我们这里是不存在的。他们片面地注重重工业，忽视农业和轻工业，因而市场上的货物不够，货币不稳定。我们对于农业、轻工业是比较注重的。我们一直抓了农业，发展了农业，相当地保证了发展工业所需要的粮食和原料。我们的民生日用商品比较丰富，物价和货币是稳定的。

我们现在的问题，就是还要适当地调整重工业和农业、轻工业的投资比例，更多地发展农业、轻工业。这样，重工业是不是不为主了？它还是为主，还是投资的重点。但是，农业、轻工业投资的比例要加重一点。

加重的结果怎么样?加重的结果,一可以更好地供给人民生活的需要,二可以更快地增加资金的积累,因而可以更多更好地发展重工业。重工业也可以积累,但是,在我们现有的经济条件下,轻工业、农业积累得更多更快些。

这里就发生一个问题,你对发展重工业究竟是真想还是假想,想得厉害一点,还是差一点?你如果是假想,或者想得差一点,那就打击农业、轻工业,对它们少投点资。你如果是真想,或者想得厉害,那你就要注重农业、轻工业,使粮食和轻工业原料更多些,积累更多些,投到重工业方面的资金将来也会更多些。

我们现在发展重工业可以有两种办法,一种是少发展一些农业、轻工业,一种是多发展一些农业、轻工业。从长远观点来看,前一种办法会使重工业发展得少些和慢些,至少基础不那么稳固,几十年后算总账是划不来的。后一种办法会使重工业发展得多些和快些,而且由于保障了人民生活的需要,会使它发展的基础更加稳固。

二 沿海工业和内地工业的关系

我国的工业过去集中在沿海。所谓沿海，是指辽宁、河北、北京、天津、河南东部、山东、安徽、江苏、上海、浙江、福建、广东、广西。我国全部轻工业和重工业，都有约百分之七十在沿海，只有百分之三十在内地。这是历史上形成的一种不合理的状况。沿海的工业基地必须充分利用，但是，为了平衡工业发展的布局，内地工业必须大力发展。在这两者的关系问题上，我们也没有犯大的错误，只是最近几年，对于沿海工业有些估计不足，对它的发展不那么十分注重了。这要改变一下。

过去朝鲜还在打仗，国际形势还很紧张，不能不影响我们对沿海工业的看法。现在，新的侵华战争和新的世界大战，估计短时期内打不起来，可能有十年或者更长一点的和平时期。这样，如果还不充分利用沿海工业的设备能力和技术力量，那就不对了。不说十年，就算五年，我们也应当在沿海好好地办四年的工业，等第五年打起来再搬家。从现有材料看来，轻工业工厂的建设和积累一般都很快，全部投产以后，四年之内，除了收回本厂的投资以外，还可以赚回三个厂，两个厂，一个厂，至少半个厂。这样好的事情为什么不做？认为原子弹已经在我们头上，几秒钟就要掉下来，这种形势估计是不合乎事实的，由此而对沿海工业采取消极态度是不对的。

这不是说新的工厂都建在沿海。新的工业大部分应当摆在内地，使工业布局逐步平衡，并且利于备战，这是毫无疑义的。但是沿海也可以建立一些新的厂矿，有些也可以是大型的。至于沿海原有的轻重工业的扩建和改建，过去已经作了一些，以后还要大大发展。

好好地利用和发展沿海的工业老底子，可以使我们更有力量来发展和支持内地工业。如果采取消极态度，就会妨碍内地工业的迅速发展。所以这也是一个对于发展内地工业是真想还是假想的问题。如果是真想，不是假想，就必须更多地利用和发展沿海工业，特别是轻工业。

三　经济建设和国防建设的关系

国防不可不有。现在，我们有了一定的国防力量。经过抗美援朝[2]和几年的整训，我们的军队加强了，比第二次世界大战前的苏联红军要更强些，装备也有所改进。我们的国防工业正在建立。自从盘古开天辟地以来，我们不晓得造飞机，造汽车，现在开始能造了。

我们现在还没有原子弹。但是，过去我们也没有飞机和大炮，我们是用小米加步枪打败了日本帝国主义和蒋介石的。我们现在已经比过去强，以后还要比现在强，不但要有更多的飞机和大炮，而且还要有原子弹。在今天的世界上，我们要不受人家欺负，就不能没有这个东西。怎么办呢？可靠的办法就是把军政费用降到一个适当的比例，增加经济建设费用。只有经济建设发展得更快了，国防建设才能够有更大的进步。

一九五〇年，我们在党的七届三中全会上，已经提出精简国家机构、减少军政费用的问题，认为这是争取我国财政经济情况根本好转的三个条件之一。第一个五年计划[3]期间，军政费用占国家预算全部支出的百分之三十。这个比重太大了。第二个五年计划[4]期间，要使它降到百分之二十左右，以便抽出更多的资金，多开些工厂，多造些机器。经过一段时间，我们就不但会有很多的飞机和大炮，而且还可能有自己的原子弹。

这里也发生这么一个问题，你对原子弹是真正想要、十分想要，还是只有几分想，没有十分想呢？你是真正想要、十分想要，你就降低军政费用的比重，多搞经济建设。你不是真正想要、十分想要，你就还是按老章程办事。这是战略方针的问题，希望军委讨论一下。

现在我们把兵统统裁掉好不好？那不好。因为还有敌人，我们还受敌人欺负和包围嘛！我们一定要加强国防，因此，一定要首先加强经济建设。

四　国家、生产单位和生产者个人的关系

国家和工厂、合作社的关系，工厂、合作社和生产者个人的关系，这两种关系都要处理好。为此，就不能只顾一头，必须兼顾国家、集体和个人三个方面，也就是我们过去常说的"军民兼顾"、"公私兼顾"。鉴于苏联和我们自己的经验，今后务必更好地解决这个问题。

拿工人讲，工人的劳动生产率提高了，他们的劳动条件和集体福利就需要逐步有所改进。我们历来提倡艰苦奋斗，反对把个人物质利益看得高于一切，同时我们也历来提倡关心群众生活，反对不关心群众痛痒的官僚主义。随着整个国民经济的发展，工资也需要适当调整。关于工资，最近决定增加一些，主要加在下面，加在工人方面，以便缩小上下两方面的距离。我们的工资一般还不高，但是因为就业的人多了，因为物价低和稳，加上其他种种条件，工人的生活比过去还是有了很大改善。在无产阶级政权下面，工人的政治觉悟和劳动积极性一直很高。去年年底中央号召反右倾保守，工人群众热烈拥护，奋

战三个月，破例地超额完成了今年第一季度的计划。我们需要大力发扬他们这种艰苦奋斗的精神，也需要更多地注意解决他们在劳动和生活中的迫切问题。

这里还要谈一下工厂在统一领导下的独立性问题。把什么东西统统都集中在中央或省市，不给工厂一点权力，一点机动的余地，一点利益，恐怕不妥。中央、省市和工厂的权益究竟应当各有多大才适当，我们经验不多，还要研究。从原则上说，统一性和独立性是对立的统一，要有统一性，也要有独立性。比如我们现在开会是统一性，散会以后有人散步，有人读书，有人吃饭，就是独立性。如果我们不给每个人散会后的独立性，一直把会无休止地开下去，不是所有的人都要死光吗？个人是这样，工厂和其他生产单位也是这样。各个生产单位都要有一个与统一性相联系的独立性，才会发展得更加活泼。

再讲农民。我们同农民的关系历来都是好的，但是在粮食问题上曾经犯过一个错误。一九五四年我国部分地区因水灾减产，我们却多购了七十亿斤粮食。这样一减一多，闹得去年春季许多地方几乎人人谈粮食，户户谈统销。农民有意见，党内外也有许多意见。尽管不少人是故意夸大，乘机攻击，但是不能说我们没有缺点。调查不够，摸不清底，多购了七十亿斤，这就是缺点。我们发现了缺点，一九五五年就少购了七十亿斤，又搞了一个“三定”，就是定产定购定销，加上丰收，一少一增，使农民手里多了二百多亿斤粮食。这样，过去有意见的农民也说“共产党真是好”了。这个教训，全党必须记住。

苏联的办法把农民挖得很苦。他们采取所谓义务交售制〔5〕等项办法，把农民生产的东西拿走太多，给的代价又极低。他们这样来积累资金，使农民的生产积极性受到极大的损害。你要母鸡多生蛋，又不给它米吃，又要马儿跑得好，又要马儿不吃草。世界上哪有这样的道理！

我们对农民的政策不是苏联的那种政策，而是兼顾国家和农民的利益。我们的农业税历来比较轻。工农业品的交换，我们是采取缩小剪刀差，等价交换或者近乎等价交换的政策。我们统购农产品是按照正常的价格，农民并不吃亏，而且收购的价格还逐步有所增长。我们在向农民供应工业品方面，采取薄利多销、稳定物价或适当降价的政策，在向缺粮区农民供应粮食方面，一般略有补贴。但是就是这样，如果粗心大意，也还是会犯这种或那种错误。鉴于苏联在这个问题上犯了严重错误，我们必须更多地注意处理好国家同农民的关系。

合作社同农民的关系也要处理好。在合作社的收入中，国家拿多少，合作社拿多少，农民拿多少，以及怎样拿法，都要规定得适当。合作社所拿的部分，都是直接为农民服务的。生产费不必说，管理费也是必要的，公积金是为了扩大再生产，公益金是为了农民的福利。但是，这几项各占多少，应当同农民研究出一个合理的比例。生产费管理费都要力求节约。公积金公益金也要有个控制，不能希望一年把好事都做完。

除了遇到特大自然灾害以外，我们必须在增加农业生产的基础上，争取百分之九十的社员每年的收入比前一年有所增加，百分之十的社员的收入能够不增不减，如有减少，也要及早想办法加以解决。

总之，国家和工厂，国家和工人，工厂和工人，国家和合作社，国家和农民，合作社和农民，都必须兼顾，不能只顾一头。

无论只顾哪一头，都是不利于社会主义，不利于无产阶级专政的。这是一个关系到六亿人民的大问题，必须在全党和全国人民中间反复进行教育。

五　中央和地方的关系

中央和地方的关系也是一个矛盾。解决这个矛盾，目前要注意的是，应当在巩固中央统一领导的前提下，扩大一点地方的权力，给地方更多的独立性，让地方办更多的事情。这对我们建设强大的社会主义国家比较有利。我们的国家这样大，人口这样多，情况这样复杂，有中央和地方两个积极性，比只有一个积极性好得多。我们不能像苏联那样，把什么都集中到中央，把地方卡得死死的，一点机动权也没有。

中央要发展工业，地方也要发展工业。就是中央直属的工业，也还是要靠地方协助。至于农业和商业，更需要依靠地方。总之，要发展社会主义建设，就必须发挥地方的积极性。中央要巩固，就要注意地方的利益。

现在几十只手插到地方，使地方的事情不好办。立了一个部就要革命，要革命就要下命令。各部不好向省委、省人民委员会下命令，就同省、市的厅局联成一线，天天给厅局下命令。这些命令虽然党中央不知道，国务院不知道，但都说是中央来的，给地方压力很大。表报之多，闹得泛滥成灾。这种情况，必须纠正。

我们要提倡同地方商量办事的作风。党中央办事，总是同地方商量，不同地方商量从来不冒下命令。在这方面，希望中央各部好好注意，凡是同地方有关的事情，都要先同地方商量，商量好了再下命令。

中央的部门可以分成两类。有一类，它们的领导可以一直管到企业，它们设在地方的管理机构和企业由地方进行监督；有一类，它们的任务是提出指导方针，制定工作规划，事情要靠地方办，要由地方去处理。

处理好中央和地方的关系，这对于我们这样的大国大党是一个十分重要的问题。这个问题，有些资本主义国家也是很注意的。它们的制度和我们的制度根本不同，但是它们发展的经验，还是值得我们研究。拿我们自己的经验说，我们建国初期实行的那种大区制度〔6〕，当时有必要，但是也有缺点，后来的高饶反党联盟〔7〕，就多少利用了这个缺点。以后决定取消大区，各省直属中央，这是正确的。但是由此走到取消地方的必要的独立性，结果也不那么好。我们的宪法规定，立法权集中在中央。但是在不违背中央方针的条件下，按照情况和工作需要，地方可以搞章程、条例、办法，宪法并没有约束。我们要统一，也要特殊。为了建设一个强大的社会主义国家，必须有中央的强有力的统一领导，必须有全国的统一计划和统一纪律，破坏这种必要的统一，是不允许的。同时，又必须充分发挥地方的积极性，各地都要有适合当地情况的特殊。这种特殊不是高岗的那种特殊，而是为了整体利益，为了加强全国统一所必要的特殊。

还有一个地方和地方的关系问题，这里说的主要是地方的上下级关系问题。省市对中央部门有意见，地、县、区、乡对省市就没有意见吗？中央要注意发挥省市的积极性，省市也要注意发挥地、县、区、乡的积极性，都不能够框得太死。当然，也要告诉下面的同志哪些事必须统一，不能乱来。总之，可以和应当统一的，必须统一，不可以和不应当统一的，不能强求统一。正当的独立性，正当的权利，省、市、地、县、区、乡都应当有，都应当争。这种从全国整体利益出发的争权，不是从本位利益出发的争权，不能叫做地方主义，不能叫做闹独立性。

省市和省市之间的关系，也是一种地方和地方的关系，也要处理得好。我们历来的原则，就是提倡顾全大局，互助互让。

在解决中央和地方、地方和地方的关系问题上，我们的经验还不多，还不成熟，希望你们好好研究讨论，并且每过一个时期就要总结经验，发扬成绩，克服缺点。

六　汉族和少数民族的关系

对于汉族和少数民族的关系，我们的政策是比较稳当的，是比较得到少数民族赞成的。我们着重反对大汉族主义。地方民族主义也要反对，但是那一般地不是重点。

我国少数民族人数少，占的地方大。论人口，汉族占百分之九十四，是压倒优势。如果汉人搞大汉族主义，歧视少数民族，那就很不好。而土地谁多呢？土地是少数民族多，占百分之五十到六十。我们说中国地大物博，人口众多，实际上是汉族“人口众多”，少数民族“地大物博”，至少地下资源很可能是少数民族“物博”。

各个少数民族对中国的历史都作过贡献。汉族人口多，也是长时期内许多民族混血形成的。历史上的反动统治者，主要是汉族的反动统治者，曾经在我们各民族中间制造种种隔阂，欺负少数民族。这种情况所造成的影响，就在劳动人民中间也不容易很快消除。所以我们无论对干部和人民群众，都要广泛地持久地进行无产阶级的民族政策教育，并且要对汉族和少数民族的关系经常注意检查。早两年已经作过一次检查，现在应当再来一次。如果关系不正常，就必须认真处理，不要只口里讲。

在少数民族地区，经济管理体制和财政体制，究竟怎样才适合，要好好研究一下。

我们要诚心诚意地积极帮助少数民族发展经济建设和文化建设。在苏联，俄罗斯民族同少数民族的关系很不正常，我们应当接受这个教训。天上的空气，地上的森林，地下的宝藏，都是建设社会主义所需要的重要因素，而一切物质因素只有通过人的因素，才能加以开发利用。我们必须搞好汉族和少数民族的关系，巩固各民族的团结，来共同努力于建设伟大的社会主义祖国。

七　党和非党的关系

究竟是一个党好，还是几个党好？现在看来，恐怕是几个党好。不但过去如此，而且将来也可以如此，就是长期共存，互相监督。

在我们国内，在抗日反蒋斗争中形成的以民族资产阶级及其知识分子为主的许多民主党派，现在还继续存在。在这一点上，我们和苏联不同。我们有意识地留下民主党派，让他们有发表意见的机会，对他们采取又团结又斗争的方针。一切善意地向我们提意见的民主人士，我们都要团结。像卫立煌、翁文灏[8]这样的有爱国心的国民党军政人员，我们应当继续调动他们的积极性。就是那些骂我们的，像龙云、梁漱溟、彭一湖[9]之类，我们也要养起来，让他们骂，骂得无理，我们反驳，骂得有理，我们接受。这对党，对人民，对社会主义比较有利。

中国现在既然还有阶级和阶级斗争，就不会没有各种形式的反对派。所有民主党派和无党派民主人士虽然都表示接受中国共产党的领导，但是他们中的许多人，实际上就是程度不同的反对派。在“把革命进行到底”、抗美援朝、土地改革[10]等等问题上，他们都是又反对又不反对。对于镇压反革命[11]，他们一直到现在还有意见。他们说《共同纲领》[12]好得不得了，不想搞社会主义类型的宪法，但是宪法起草出来了，他们又全都举手赞成。事物常常走到自己的反面，民主党派对许多问题的态度也是这样。他们是反对派，又不是反对派，常常由反对走到不反对。

共产党和民主党派都是历史上发生的。凡是历史上发生的东西，都要在历史上消灭。因此，共产党总有一天要消灭，民主党派也总有一天要消灭。消灭就是那么不舒服？我看很舒服。共产党，无产阶级专政，哪一天不要了，我看实在好。我们的任务就是要促使它们消灭得早一点。这个道理，过去我们已经说过多次了。

但是，无产阶级政党和无产阶级专政，现在非有不可，而且非继续加强不可。否则，不能镇压反革命，不能抵抗帝国主义，不能建设社会主义，建设起来也不能巩固。列宁关于无产阶级政党和无产阶级专政的理论，决没有像有些人说的那样“已经过时”。无产阶级专政不能没有很大的强制性。但是，必须反对官僚主义，反对机构庞大。在一不死人二不废事的条件下，我建议党政机构进行大精简，砍掉它三分之二。

话说回来，党政机构要精简，不是说不要民主党派。希望你们抓一下统一战线工作，使他们和我们的关系得到改善，尽可能把他们的积极性调动起来为社会主义服务。

八 革命和反革命的关系

反革命是什么因素？是消极因素，破坏因素，是积极因素的反对力量。反革命可不可以转变？当然，有些死心塌地的反革命不会转变。但是，在我国的条件下，他们中间的大多数将来会有不同程度的转变。由于我们采取了正确的政策，现在就有不少反革命被改造成不反革命了，有些人还做了一些有益的事。

有几点应当肯定：

第一点，应当肯定，一九五一年和一九五二年那一次镇压反革命是必须的。有这么一种意见，认为那一次镇压反革命也可以不搞。这种意见是错误的。

对待反革命分子的办法是：杀、关、管、放。杀，大家都知道是什么一回事。关，就是关起来劳动改造。管，就是放在社会上由群众监督改造。放，就是可捉可不捉的一般不捉，或者捉起来以后表现好的，把他放掉。按照不同情况，给反革命分子不同的处理,是必要的。

现在只说杀。那一次镇压反革命杀了一批人,那是些什么人呢?是老百姓非常仇恨的、血债累累的反革命分子。六亿人民的大革命,不杀掉那些"东霸天"、"西霸天",人民是不能起来的。如果没有那次镇压,今天我们采取宽大政策,老百姓就不可能赞成。现在有人听到说斯大林杀错了一些人,就说我们杀的那批反革命也杀错了,这是不对的。肯定过去根本上杀得对,在目前有实际意义。

第二点,应当肯定,还有反革命,但是已经大为减少。在胡风〔13〕问题出来以后,清查反革命是必要的。有些没有清查出来的,还要继续清查。要肯定现在还有少数反革命分子,他们还在进行各种反革命破坏活动,比如把牛弄死,把粮食烧掉,破坏工厂,盗窃情报,贴反动标语,等等。所以,说反革命已经肃清了,可以高枕无忧了,是不对的。只要中国和世界上还有阶级斗争,就永远不可以放松警惕。但是,说现在还有很多反革命,也是不对的。

第三点,今后社会上的镇反,要少捉少杀。社会上的反革命因为是老百姓的直接冤头,老百姓恨透了,所以少数人还是要杀。他们中的多数,要交给农业合作社去管制生产,劳动改造。但是,我们还不能宣布一个不杀,不能废除死刑。

第四点,机关、学校、部队里面清查反革命,要坚持在延安开始的一条,就是一个不杀,大部不捉。真凭实据的反革命,由机关清查,但是公安局不捉,检察机关不起诉,法院也不审判。一百个反革命里面,九十几个这样处理。这就是所谓大部不捉。至于杀呢,就是一个不杀。

什么样的人不杀呢？胡风、潘汉年、饶漱石[14]这样的人不杀，连被俘的战犯宣统皇帝、康泽[15]这样的人也不杀。不杀他们，不是没有可杀之罪，而是杀了不利。这样的人杀了一个，第二个第三个就要来比，许多人头就要落地。这是第一条。第二条，可以杀错人。一颗脑袋落地，历史证明是接不起来的，也不像韭菜那样，割了一次还可以长起来，割错了，想改正错误也没有办法。第三条，消灭证据。镇压反革命要有证据。这个反革命常常就是那个反革命的活证据，有官司可以请教他。你把他消灭了，可能就再找不到证据了。这就只有利于反革命，而不利于革命。第四条，杀了他们，一不能增加生产，二不能提高科学水平，三不能帮助除四害，四不能强大国防，五不能收复台湾。杀了他们，你得一个杀俘虏的名声，杀俘虏历来是名声不好的。还有一条，机关里的反革命跟社会上的反革命不同。社会上的反革命爬在人民的头上，而机关里的反革命跟人民隔得远些，他们有普遍的冤头，但是直接的冤头不多。这些人一个不杀有什么害处呢？能劳动改造的去劳动改造，不能劳动改造的就养一批。反革命是废物，是害虫，可是抓到手以后，却可以让他们给人民办点事情。

但是，要不要立条法律，讲机关里的反革命一个不杀呢？这是我们的内部政策，不用宣布，实际上尽量做到就是了。假使有人丢个炸弹，把这个屋子里的人都炸死了，或者一半，或者三分之一，你说杀不杀？那就一定要杀。

机关肃反实行一个不杀的方针，不妨碍我们对反革命分子采取严肃态度。但是，可以保证不犯无法挽回的错误，犯了错误也有改正的机会，可以稳定很多人，可以避免党内同志之间互不信任。不杀头，就要给饭吃。对一切反革命分子，都应当给以生活出路，使他们有自新的机会。这样做，对人民事业，对国际影响，都有好处。

镇压反革命还要作艰苦的工作，大家不能松懈。今后，除社会上的反革命还要继续镇压以外，必须把混在机关、学校、部队中的一切反革命分子继续清查出来。一定要分清敌我。如果让敌人混进我们的队伍，甚至混进我们的领导机关，那会对社会主义事业和无产阶级专政造成多么严重的危险，这是大家都清楚的。

九 是非关系

党内党外都要分清是非。如何对待犯了错误的人，这是一个重要的问题。正确的态度应当是，对于犯错误的同志，采取"惩前毖后，治病救人"的方针，帮助他们改正错误，允许他们继续革命。过去，在以王明〔16〕为首的教条主义者当权的时候，我们党在这个问题上犯了错误，学了斯大林作风中不好的一面。他们在社会上不要中间势力，在党内不允许人家改正错误，不准革命。

《阿Q正传》是一篇好小说，我劝看过的同志再看一遍，没看过的同志好好地看看。鲁迅在这篇小说里面，主要是写一个落后的不觉悟的农民。他专门写了"不准革命"一章，说假洋鬼子不准阿Q革命。其实，阿Q当时的所谓革命，不过是想跟别人一样拿点东西而已。可是，这样的革命假洋鬼子也还是不准。我看在这点上，有些人很有点像假洋鬼子。他们不准犯错误的人革命，不分犯错误和反革命的界限，甚至把一些犯错误的人杀掉了。我们要记住这个教训。无论在社会上不准人家革命，还是在党内不准犯错误的同志改正错误，都是不好的。

对于犯了错误的同志，有人说要看他们改不改。我说单是看还不行，还要帮助他们改。这就是说，一要看，二要帮。人是要帮助的，没有犯错误的人要帮助，犯了错误的人更要帮助。人大概是没有不犯错误的，多多少少要犯错误，犯了错误就要帮助。只看，是消极的，要设立各种条件帮助他改。是非一定要搞清楚，因为党内的原则争论，是社会上阶级斗争在党内的反映，是不允许含糊的。按照情况，对于犯错误的同志采取恰如其分的合乎实际的批评，甚至必要的斗争，这是正常的，是为了帮助他们改正错误。对犯错误的同志不给帮助，反而幸灾乐祸，这就是宗派主义。

对于革命来说，总是多一点人好。犯错误的人，除了极少数坚持错误、屡教不改的以外，大多数是可以改正的。正如得过伤寒病的可以免疫一样，犯过错误的人，只要善于从错误中取得教训，也可以少犯错误。倒是没有犯过错误的人容易犯错误，因为他容易把尾巴翘得高。我们要注意，对犯错误的人整得过分，常常整到自己身上。高岗本来是想搬石头打人的，结果却打倒了自己。好意对待犯错误的人，可以得人心，可以团结人。对待犯错误的同志，究竟是采取帮助态度还是采取敌视态度，这是区别一个人是好心还是坏心的一个标准。

“惩前毖后，治病救人”的方针，是团结全党的方针，我们必须坚持这个方针。

十　中国和外国的关系

我们提出向外国学习的口号，我想是提得对的。现在有些国家的领导人就不愿意提，甚至不敢提这个口号。这是要有一点勇气的，就是要把戏台上的那个架子放下来。

应当承认，每个民族都有它的长处，不然它为什么能存在？为什么能发展？同时，每个民族也都有它的短处。有人以为社会主义就了不起，一点缺点也没有了。哪有这个事？应当承认，总是有优点和缺点这两点。我们党的支部书记，部队的连排长，都晓得在小本本上写着，今天总结经验有两点，一是优点，一是缺点。他们都晓得有两点，为什么我们只提一点？一万年都有两点。将来有将来的两点，现在有现在的两点，各人有各人的两点。总之，是两点而不是一点。说只有一点，叫知其一不知其二。

我们的方针是，一切民族、一切国家的长处都要学，政治、经济、科学、技术、文学、艺术的一切真正好的东西都要学。但是，必须有分析有批判地学，不能盲目地学，不能一切照抄，机械搬用。他们的短处、缺点，当然不要学。

对于苏联和其他社会主义国家的经验，也应当采取这样的态度。过去我们一些人不清楚，人家的短处也去学。当着学到以为了不起的时候，人家那里已经不要了，结果栽了个斤斗，像孙悟空一样，翻过来了。比如，过去有人因为苏联是设电影部、文化局，我们是设文化部、电影局，就说我们犯了原则错误。他们没有料到，苏联不久也改设文化部，和我们一样。有些人对任何事物都不加分析，完全以“风”为准。今天刮北风，他是北风派，明天刮西风，他是西风派，后来又刮北风，他又是北风派。自己毫无主见，往往由一个极端走到另一个极端。

苏联过去把斯大林捧得一万丈高的人，现在一下子把他贬到地下九千丈。我们国内也有人跟着转。中央认为斯大林是三分错误，七分成绩，总起来还是一个伟大的马克思主义者，按照这个分寸，写了《关于无产阶级专政的历史经验》〔17〕。三七开的评价比较合适。斯大林对中国作了一些错事。第二次国内革命战争后期的王明“左”倾冒险主义〔18〕，抗日战争初期的王明右倾机会主义〔19〕，都是从斯大林那里来的。解放战争时期，先是不准革命，说是如果打内战，中华民族有毁灭的危险。仗打起来，对我们半信半疑。仗打胜了，又怀疑我们是铁托〔20〕式的胜利，一九四九、一九五〇两年对我们的压力很大。可是，我们还认为他是三分错误，七分成绩。这是公正的。

社会科学，马克思列宁主义，斯大林讲得对的那些方面，我们一定要继续努力学习。我们要学的是属于普遍真理的东西，并且学习一定要与中国实际相结合。如果每句话，包括马克思的话，都要照搬，那就不得了。我们的理论，是马克思列宁主义的普遍真理同中国革命的具体实践相结合。党内一些人有一个时期搞过教条主义，那时我们批评了这个东西。但是现在也还是有。学术界也好，经济界也好，都还有教条主义。

自然科学方面，我们比较落后，特别要努力向外国学习。但是也要有批判地学，不可盲目地学。在技术方面，我看大部分先要照办，因为那些我们现在还没有，还不懂，学了比较有利。但是，已经清楚的那一部分，就不要事事照办了。

外国资产阶级的一切腐败制度和思想作风，我们要坚决抵制和批判。但是，这并不妨碍我们去学习资本主义国家的先进的科学技术和企业管理方法中合乎科学的方面。工业发达国家的企业，用人少，效率高，会做生意，这些都应当有原则地好好学过来，以利于改进我们的工作。现在，学英文的也不研究英文了，学术论文也不译成英文、法文、德文、日文同人家交换了。这也是一种迷信。对外国的科学、技术和文化，不加分析地一概排斥，和前面所说的对外国东西不加分析地一概照搬，都不是马克思主义的态度，都对我们的事业不利。

我认为，中国有两条缺点，同时又是两条优点。

第一，我国过去是殖民地、半殖民地，不是帝国主义，历来受人欺负。工农业不发达，科学技术水平低，除了地大物博，人口众多，历史悠久，以及在文学上有部《红楼梦》等等以外，很多地方不如人家，骄傲不起来。但是，有些人做奴隶做久了，感觉事事不如人，在外国人面前伸不直腰，像《法门寺》里的贾桂〔21〕一样，人家让他坐，他说站惯了，不想坐。在这方面要鼓点劲，要把民族自信心提高起来，把抗美援朝中提倡的“藐视美帝国主义”的精神发展起来。

第二，我们的革命是后进的。虽然辛亥革命〔22〕打倒皇帝比俄国早，但是那时没有共产党，那次革命也失败了。人民革命的胜利是在一九四九年，比苏联的十月革命晚了三十几年。在这点上，也轮不到我们来骄傲。苏联和我们不同，一、沙皇俄国是帝国主义，二、后来又有了一个十月革命。所以许多苏联人很骄傲，尾巴翘得很高。

我们这两条缺点，也是优点。我曾经说过，我们一为“穷”，二为“白”。“穷”，就是没有多少工业，农业也不发达。“白”，就是一张白纸，文化水平、科学水平都不高。从发展的观点看，这并不坏。穷就要革命，富的革命就困难。科学技术水平高的国家，就骄傲得很。我们是一张白纸，正好写字。

因此，这两条对我们都有好处。将来我们国家富强了，我们一定还要坚持革命立场，还要谦虚谨慎，还要向人家学习，不要把尾巴翘起来。不但在第一个五年计划期间要向人家学习，就是在几十个五年计划之后，还应当向人家学习。一万年都要学习嘛！这有什么不好呢？

一共讲了十点。这十种关系，都是矛盾。世界是由矛盾组成的。没有矛盾就没有世界。我们的任务，是要正确处理这些矛盾。这些矛盾在实践中是否能完全处理好，也要准备两种可能性，而且在处理这些矛盾的过程中，一定还会遇到新的矛盾，新的问题。但是，像我们常说的那样，道路总是曲折的，前途总是光明的。我们一定要努力把党内党外、国内国外的一切积极的因素，直接的、间接的积极因素，全部调动起来，把我国建设成为一个强大的社会主义国家。

根据一九七六年十二月二十六日《人民日报》刊印。

注　释

〔1〕这是毛泽东在中共中央政治局扩大会议上的讲话。这次会议于一九五六年四月二十五日至二十八日在北京召开，各省、市、自治区党委书记也参加了会议。这篇讲话，以苏联的经验为鉴戒，总结了中国的经验，提出了调动一切积极因素为社会主义事业服务的基本方针，对适合中国情况的社会主义建设道路进行了

初步的探索。中央政治局扩大会议讨论了这个讲话，四月二十八日毛泽东就讨论情况作总结讲话。他在总结讲话中提出："艺术问题上的百花齐放，学术问题上的百家争鸣，我看应该成为我们的方针。"

〔2〕一九五〇年六月二十五日朝鲜内战爆发后，美国随即出兵入侵朝鲜，同时派军队侵略我国领土台湾。九月十五日又打着联合国军的旗号，派兵在朝鲜西海岸仁川登陆，随后越过朝鲜南北两方临时分界线"三八线"大举北犯，并且轰炸、扫射中国东北边境城市和村庄，严重威胁中国的安全。为了援助朝鲜人民的抗美救国战争，保卫刚刚诞生的新中国，中国人民响应毛泽东主席发出的抗美援朝、保家卫国的号召，组织以彭德怀为司令员兼政治委员的中国人民志愿军，开赴朝鲜前线，同朝鲜人民军并肩作战，抗击美国侵略军。十一月四日，中国共产党和各民主党派发表联合宣言，坚决支持志愿军的正义行动。全国人民以增产节约、报名参加志愿军、捐献武器等各种方式全力支援朝鲜前线的作战。在中朝人民军队的沉重打击下，美国侵略军连遭失败，被迫于一九五三年七月二十七日在朝鲜停战协定上签字。至此，朝鲜停战实现，中国人民的抗美援朝战争胜利结束。

〔3〕第一个五年计划，见本卷第3页注〔3〕。

〔4〕第二个五年计划，是一九五八年至一九六二年中华人民共和国发展国民经济的第二个五年计划的简称。一九五六年九月二十七日，中国共产党第八次全国代表大会通过了关于这个计划的建议。

〔5〕义务交售制，是苏联一九三三年至一九五七年实行的国家收购农产品的一项主要办法。集体农庄和个体农户每年必须按照国家规定的义务交售的数量和价格向国家提供农产品。

〔6〕建国初期，全国划分为东北、华北、华东、中南、西北、西南六大行政区。各大区设有中共中央的代表机关中央局，除华北外，其他五个大行政区都设有大区一级行政机构，东北称人民政府，华东、中南、西北、西南称军政委员会。一九五二年十一月，中央人民政府决定各大区行政机构一律改为行政委员会，作为中央人民政府的派出机关，不再是一级地方政府。华北也成立了行政委员会。一九五四年四月，中共中央政治局扩大会议决定撤销大区一级党政机构。

〔7〕高，指高岗（一九〇五——一九五四），陕西横山人，曾任中共中央政治局委员、中央人民政府副主席、中共中央东北局书记、东北行政委员会主席、国家计划委员会主席。饶，指饶漱石（一九〇三——一九七五），江西临川人，曾任中共中

央委员、中央人民政府委员、中共中央华东局第一书记、华东行政委员会主席、中共中央组织部部长。一九五三年，他们阴谋分裂党，篡夺党和国家最高权力。一九五四年二月，中共七届四中全会对他们进行了揭发和批判。一九五五年三月，中国共产党全国代表会议总结了这一重大斗争，通过决议开除他们的党籍。

〔**8**〕卫立煌（一八九七——一九六〇），安徽合肥人，原国民党军高级将领，当时任政协全国委员会常务委员、中国国民党革命委员会中央常务委员。翁文灏（一八八九——一九七一），浙江鄞县人，地质学家，曾任国民党政府行政院院长、资源委员会主任委员，当时任政协全国委员会委员、中国国民党革命委员会中央常务委员。

〔**9**〕龙云（一八八四——一九六二），云南昭通人，曾任国民党云南省政府主席，当时任全国人大常委会委员、国防委员会副主席、政协全国委员会常务委员、中国国民党革命委员会中央副主席。梁漱溟（一八九三——一九八八），广西桂林人，曾参与发起组织中国民主政团同盟（一九四四年改名中国民主同盟），当时任政协全国委员会委员。彭一湖（一八八七——一九五八），湖南岳阳人，中国民主建国会发起人之一，当时任政协全国委员会委员、民建中央常务委员。

〔**10**〕土地改革，见本卷第3页注〔2〕。

〔**11**〕镇压反革命，指一九五〇年至一九五三年在全国开展的镇压反革命运动。中华人民共和国成立初期，全国各地残存着大量的土匪、恶霸、特务、反动党团骨干和反动会道门头子等反革命分子。他们进行各种破坏活动，危害人民的革命和建设事业。根据中共中央《关于镇压反革命活动的指示》和中央人民政府公布的《中华人民共和国惩治反革命条例》，全国开展了镇压反革命运动。这次运动沉重打击了反革命残余势力，巩固了人民民主专政。

〔**12**〕《共同纲领》，即《中国人民政治协商会议共同纲领》，一九四九年九月二十九日由中国人民政治协商会议第一届全体会议通过。一九五四年《中华人民共和国宪法》颁布以前，它起了临时宪法的作用。

〔**13**〕胡风（一九〇二——一九八五），湖北蕲春人，文艺理论家和诗人。曾任中国左翼作家联盟宣传部部长、行政书记，中国作家协会理事，中国文联全国委员会委员等职。一九五五年在所谓“胡风反革命集团”一案中被错定为反革命分子，一九六五年被判刑。一九八〇年九月，经过法律程序并由中共中央发出通知，为“胡风反革命集团”和胡风本人平反。一九八一年后，任政协全国委员会常务委员、中

国作家协会顾问等职。

〔**14**〕潘汉年（一九〇六——一九七七），江苏宜兴人。一九二五年加入中国共产党。一九三六和一九三七年，曾任中国共产党同国民党谈判的代表。抗日战争和解放战争时期，在上海等地领导对敌隐蔽斗争和开展统一战线工作。一九四九年夏至一九五五年春，先后任中共中央华东局和上海市委的社会部部长、统战部部长，上海市委第三书记、副市长等职。一九五五年因所谓“内奸”问题被关押审查，一九六三年被错定为“内奸分子”，并被判刑。一九八二年八月，经过法律程序并由中共中央发出通知，对潘汉年被错定为内奸平反昭雪。饶漱石，一九二五年加入中国共产党。抗日战争和解放战争时期，曾任新四军政治部主任和华东军区政治委员。上海解放后，任中共中央华东局第一书记和上海市委第一书记。在这期间，他直接领导潘汉年等在反特方面的工作。由于潘汉年被错定为“内奸分子”，饶漱石主持反特工作中的一些活动被错定为内奸活动，因而被认为犯有反革命罪，并被判刑。

〔**15**〕宣统皇帝，即爱新觉罗·溥仪（一九〇六——一九六七），北京人，清朝末代皇帝。一九一二年中华民国建立后被迫退位。一九三二年在日本帝国主义策划下出任伪满洲国“执政”，一九三四年改称“满洲帝国皇帝”。一九四五年日本投降后被苏军俘虏，一九五〇年八月被移交给中华人民共和国政府。一九五九年十二月被特赦释放。一九六四年后任政协全国委员会委员。康泽（一九〇四——一九六七），四川安岳人，原国民党特务头子。一九四七年任国民党军第十五绥靖区司令官。一九四八年七月在襄樊战役中被中国人民解放军俘虏。一九六三年四月被特赦释放，后任政协全国委员会文史资料研究委员会专员。

〔**16**〕王明，即陈绍禹（一九〇四——一九七四），安徽六安金家寨（今属金寨县）人。在一九三一年一月中共六届四中全会上被补选为中央委员，并被选为中央政治局委员，是第三次“左”倾路线的主要代表。一九三一年十一月到莫斯科，担任中共驻共产国际代表。一九三七年十一月回国，随后任中共中央长江局书记。在抗日战争初期，他提出许多右倾投降主义的主张。他长期拒绝党的批评和帮助。一九五六年以后一直滞留苏联。

〔**17**〕《关于无产阶级专政的历史经验》，是一九五六年四月五日发表的《人民日报》编辑部文章。这篇文章是根据中共中央政治局扩大会议讨论的意见写成的。

〔**18**〕一九三一年一月，在中共六届四中全会上，王明等人在共产国际及其代

表米夫的支持下，取得了在党中央的领导地位。他们在政治上混淆民主革命和社会主义革命的界限，把反资产阶级和反帝反封建并列；否认九一八事变后国内阶级关系的明显变化，把中间势力当成“最危险的敌人”；继续推行“城市中心论”，主张红军夺取中心城市以实现一省数省首先胜利而形成全国的胜利。在军事上，先是推行冒险主义，后来又变为保守主义和逃跑主义。在组织上，实行宗派主义，对不同意他们错误主张的人，进行“残酷斗争，无情打击”。王明“左”倾冒险主义在党内统治达四年之久，给党和革命事业造成了重大的损失。一九三五年一月，中共中央政治局召开遵义会议，确立了以毛泽东为代表的新的中央的正确领导，从而结束了王明“左”倾冒险主义在党中央的统治。

〔**19**〕一九三七年十二月，刚从苏联回国的王明在中共中央政治局会议上作《如何继续全国抗战和争取抗战胜利呢？》的报告，提出了许多右倾投降主义的主张。随后在任中共中央长江局书记期间，又发表了一些包括右倾错误的宣言、决议和文章。他相信国民党超过相信共产党，不敢放手发动群众斗争，不敢放手发展人民军队，不敢在日本占领地区扩大解放区，主张“一切经过统一战线”，将抗日战争的领导权送给国民党。由于毛泽东为代表的正确路线已经在全党占统治地位，王明的这些错误只在局部地区一度产生过影响。在一九三八年九月至十一月中共中央扩大的六届六中全会上，批判了王明的右倾投降主义错误，确立了全党独立自主地领导抗日武装斗争的方针和政策。

〔**20**〕铁托（一八九二——一九八〇），前南斯拉夫主要领导人和国际共产主义运动著名活动家，不结盟运动创始人之一。第二次世界大战中，曾领导南斯拉夫各族人民进行反法西斯民族解放战争。一九四五年创建南斯拉夫联邦人民共和国（一九六三年后改称南斯拉夫社会主义联邦共和国）。一九四八年六月二十八日，由保、罗、匈、波、苏、法、捷、意八国共产党和工人党代表参加的情报局会议，通过《关于南斯拉夫共产党状况的决议》，对南共进行公开的指责，并把南共开除出情报局。决议说：“以前用伪装形式存在的民族主义分子，在过去五六个月中，在南斯拉夫共产党的领导机关中取得了统治地位，因此，南斯拉夫共产党的领导机关就背离了南斯拉夫共产党的国际主义传统，走上了民族主义的道路。”

〔**21**〕《法门寺》是一出京剧，描写明武宗时专权的宦官刘瑾随皇太后去法门寺拈香，在那里审理一宗案件的过程。贾桂是这出戏中刘瑾的亲信奴才。戏中有这样一个情节：郿坞县县令赵廉向贾桂行贿，贾桂就在刘瑾面前为赵廉说情开脱。当赵

廉去见刘瑾时，刘瑾叫赵廉坐，赵廉请贾桂也坐，贾桂回答说："您倒甭让，我站惯了。"

〔**22**〕辛亥革命，是以孙中山为首的资产阶级政党同盟会所领导的推翻清朝专制王朝的革命。一九一一年（辛亥年）十月十日，革命党人发动新军在湖北武昌举行起义，接着各省热烈响应，外国帝国主义所支持的清朝反动统治迅速瓦解。一九一二年一月在南京成立了中华民国临时政府，孙中山就任临时大总统。两千多年的中国封建帝制从此结束，民主共和国的观念从此深入人心。但是资产阶级革命派力量很弱，并具有妥协性，没有能力发动广大人民的力量比较彻底地进行反帝反封建的革命。辛亥革命的成果迅即被北洋军阀袁世凯篡夺，中国仍然没有摆脱半殖民地、半封建社会的状态。

在中共中央政治局扩大会议上的总结讲话

（一九五六年四月二十八日）

很多问题周恩来同志都讲了，我就不要讲很多了。

第一，党内生活问题。七届四中全会〔1〕以来，我们的党内生活有些呆板，不活泼。四中全会是应该召开的，反对了高岗〔2〕那一种破坏性的煽动，增强了党的团结。这以前，我们党内有相当一些同志不够警觉，不够自觉，上了高岗的当。所以，把高岗这个“围子”塞起来是必要的。如果不塞起来，还让他再搞一年，那我们的党就会被搞得很乱。可是在高岗问题被揭露出来以后，我们党内又产生了另外一种现象：谨小慎微，莫谈国事。这也是可以理解的，因为大家都生怕犯那个错误。现在我们就讲清楚，国事有两种：一种是破坏性的，一种是建设性的。像高岗那种破坏性的国事就不要去谈，但建设性的国事就要大谈特谈，因为它是建设性的。

我们党有这样一段历史。在北伐战争时期，我们党是比较活泼的，五万多党员，生气勃勃，但是由于后一个时期陈独秀的右倾路线错误〔3〕，革命失败了。后来我们就搞武装斗争，进入了土地革命战争时期。在这个时期，党内出现过三次“左”倾机会主义的错误，一连搞了七八年。当然，这中间也有正确的时候，例如一九二七年八七会议〔4〕以后有一个短时期，第六次全国代表大会〔5〕以后有一个短时期，六届三中全会〔6〕以后有一个短时期。三中全会也有缺点。这三次“左”倾路线都跟共产国际〔7〕有关系，特别是王明路线〔8〕。第一次“左”倾路线〔9〕同共产国际的关系不是很大；第二次“左”倾路线〔10〕从共产国际学了一些东西，但那个总的路线算是中国自己的；第三次“左”倾路线就不同了，连六届四中全会〔11〕的决议案都是俄国人给写的。第三次“左”倾路线在党内的统治长达四年之久，造成的损失最大，革命力量损失百分之九十以上。此外，还有张国焘的右倾路线〔12〕。鉴于这些教训，我们开展了一个整风运动〔13〕，接受好的东西，批评和纠正错的东西，主要口号是又团结又斗争，方针是惩前毖后，治病救人。

统一和分散的问题也有历史的经验教训。在第三次“左”倾路线时期，非常强调集中统一，不许讲不同的话。比如“失败”这两个字就是讲不得的，事实上是失败了，可是不能讲失败，如果讲了，你就是机会主义。在抗日战争时期，我们给了各个抗日根据地很大的独立性。但是，后来又发展到了有些根据地闹独立性，不应当由根据地自己发表的意见也发表了，应当听中央指挥的也不听。当然，这同第二次王明路线〔14〕是有关系的。于是中央作出了关于增强党性的决定、关于党的领导一元化的决定〔15〕等来进行纠正。在纠正的时候，我们仍然给各根据地保留了很大的自治权力。到了解放战争时期，中央又发出关于建立请示报告制度的指示〔16〕，逐步把这种过于分散的状态纠正过来。这种过于分散，在抗日战争时期是适用的，后来形势发生了很大的变化，它就不适用了，不能再像过去那样各自独立地去搞了。

但是最近这几年又有一种偏向产生了，这就是集中过多了。有些问题，比如工业的集中问题，工厂要有多大的自主权，农业生产合作社要有多大的自主权，地方要有多大的自主权，都还没有研究好。如果说苏联革命成功四十年了对这些问题都还没有研究好，似乎我们也可以原谅自己，因为我们革命胜利才只有这么几年，而且有些东西既不是中央的决定，也不是地方的决定，就是那么照搬过来了。

总而言之，我们党有这么一段历史，要想一想这段历史。曾经有很集中的时期，那就是第一次王明路线时期。也曾经有很分散的时期，不应当分散的也分散了，那就是第二次王明路线时期。那个时期地方的权力太大了，有一段时间事实上等于没有中央了，后头才逐步纠正过来，这是完全必要的。记得有一次会议上，我一共念了八个文件，这些文件的内容是讲需要集体领导，不要分散主义。现在我们讲，过分的集中是不利的，不利于调动一切力量来达到建设强大国家的目的。在这个问题上，鉴于苏联的教训，请同志们想一想我们党的历史，以便适当地来解决这个分权、集权的问题。恩来同志说了，现在由国务院组织一个机构，跟地方的同志一道，拟一个方案出来。

第二，个人和集体的利益分配问题。我同意这样一种意见，即农业总收入的百分之六十到七十应该归社员，百分之三十到四十归合作社和国家，其中包括合作社的公益金、公积金、生产费、管理费和各种杂费，包括国家的公粮和公粮附加〔17〕。合作社和国家顶多占百分之四十，最好只占百分之三十，让农民多分一点。这中间有百分之十是各地方可以调剂的。

第三，社会主义整个经济体制问题。关于企业的独立自主，列宁所说的独立自主，应搞到什么程度，请大家注意研究。我想，企业无非是这样两类：一类是生产过程的企业，工业是厂矿，农业是生产合作社；一类是流通过程的企业，就是运输业和商业。这些企业应当有怎样一种独立性呢？我这里是随便这么讲，表述不是很准确，叫做要有点“独立王国”。高岗的那种独立王国当然是应该反对的。这里的所谓“独立王国”，是说要有半独立性，或者是几分之几的独立性，公开的、合法的“半独立王国”。我这个话不能上宪法，不能上党章，也不能上决议案。总之，如果因为反对独立王国就把一切独立自主都反掉了，没有一点自主权了，那事情也很难办。这个问题是很值得研究的。关于中央同地方分权的问题，中央要设多少部门，它们有多大的权力，地方有哪些部门，管哪些事，有多大权力，恐怕在几个月之内就可以搞出一个草案来。

我请同志们注意，请中央各部门的同志们注意，要教育自己的工作人员。听说，现在到中央部门办事见不到人，中央部门处理问题拖延不决，这两点相当普遍。地方要解决问题，到中央部门就是见不到人，连处长都不容易见到，有些问题拖了几年不得解决。应当检查这个问题，看用一种什么方式，又能见到人，又能比较快地解决问题。中央曾经发过一个通知〔18〕，说地方有权制止中央部门发出的行不通的一切命令和指示。这里是说行不通的，你不能一切都制止，如果一切都制止，那就是高岗的独立王国了。也许你们会制止得多了一点，但并非出于坏意，也是可以原谅的。我们信任现在的省委、市委和区党委，给了你们这个权。这个权不能给地委，也不能给县委，只给省委、市委和区党委，因为省委、市委和区党委这一级领导干部在政治上比较成熟。总之，你们有权制止一切行不通的、不合实际的、主观主义的命令、训令、指示、表格，制止“五多”〔19〕的东西。

第四，修改党章问题。陆定一〔20〕同志说，党章应当充分体现纪律性和创造性，体现群众路线。现在党章草案已经发给省委、市委和区党委去讨论了，请你们在这上面多提意见。我认为，党章确实应当充分体现纪律性和创造性，体现群众路线。没有纪律是不行的。但是纪律太死了也不行，妨碍创造性的发挥，这样的纪律是不好的，应当不要。

中央究竟是设一个副主席还是设几个副主席，也请你们讨论。少奇同志提出设几个副主席，现在的这个党章草案上是说设一个副主席。还有，是否可以仿照人民代表大会的办法，设党的常任代表。我们有人民的国会，有党的国会，党的国会就是党的代表大会。设常任代表有什么好处呢？就是可以一年开一次代表大会。我们已经有十年没有开党的代表大会了，有了常任代表制度，每年就非开会不可。是不是可以考虑采用这个办法，比如五年一任。这还没有写到党章草案上去，提出来请大家考虑，看是否可以。

第五，百花齐放、百家争鸣问题。艺术问题上的百花齐放，学术问题上的百家争鸣，我看应该成为我们的方针。“百花齐放”是群众中间提出来的，不晓得是谁提出来的。人们要我题词，我就写了“百花齐放，推陈出新”〔21〕。“百家争鸣”，这是两千年以前就有的事,春秋战国时代,百家争鸣。讲学术,这种学术也可以讲,那种学术也可以讲,不要拿一种学术压倒一切。你讲的如果是真理,信的人势必就会越来越多。

第六,民主管理问题。是哪一个同志在这里讲了,这个问题很重要。现在是发展了命令主义,合作社什么都得听命令。过去是个体经济,就是搞自由主义。现在集体化了,能听命令,一起上工,这就有极大的利益。但是什么都得听命令,这就宽了。命令要正确,范围不要太宽了,要给农民一些自己活动的时间,就是要有一点自由,如同我们每天都要有一点自由一样。我们这些人没有一点自由能活下去吗?我就不相信。比如你们回到家里就可以随便谈谈,跟你们的夫人、小孩讲一点笑话。整天要板起一副面孔,那又何必呢?如果每天二十四小时都板起一副面孔,我看只要一个星期,所有的人都要死光的。严肃是同不严肃相对立而存在的,没有不严肃哪有严肃呢?纪律是对没有纪律而来的,是对自由主义而来的,不搞一点"自由主义"怎么行?总是要有一点"自由主义"的。现在我们反对自由主义,是反对在不应当搞自由的地方也搞了自由的那一部分,不是反对一切自由。如果反对一切自由,那就要在每一个家庭设一个检查长去检查,看看他是不是一天到晚都那么严肃,都不搞一点自由。

第七,全国平衡问题。全国的平衡还是需要的。有一个同志讲,地方要有独立性,同时还要有全国的平衡,我看这句话很好。有一些事情地方是不享有独立性的,只有国家的统一性;另一些事情地方是享有独立性的,但也还需要有全国的平衡,没有全国的平衡,就会搞得天下大乱。如果上海的货不运到四川去，你李井泉[22]就要叫喊；如果上海的货统统到北京来销，就要把北京的货都打倒。所以还是要有全国的平衡，没有平衡，没有调剂，我们全国的大工业、全国的工业化就搞不起来。我们在讲地方的独立性、讲地方独立自主的时候，要注意不要走向极端，偏到另一方面去了。当然，在现在地方缺少独立性的时候，强调一下地方的独立自主，是很有必要的。

第八，摸经济工作问题。我们搞了六年了，今年、明年这两年要切实摸一下经济工作，中央同你们每年来搞一次，每一年省委、市委、区党委都来汇报一次。但是总还要找一些委、部、局、厂，搞一些典型来研究一下，因为我们也不大懂。请各位同志切实研究一下，着重研究一下，跟我们一起来做这个工作。

根据中央档案馆保存的讲话记录稿刊印。

注　　释

〔1〕七届四中全会，指一九五四年二月六日至十日在北京召开的中国共产党第七届中央委员会第四次全体会议。刘少奇代表中央政治局向全会作报告，朱德、周恩来、陈云、邓小平在会上作了发言。会议肯定了七届三中全会以来各项工作中的成绩，批准了中央政治局提出的党在过渡时期的总路线和关于召开党的全国代表会议的决定，讨论了第一个五年计划纲要及有关问题。会议揭发批判了高岗、饶漱石阴谋分裂党、篡夺党和国家最高权力的活动，通过了根据毛泽东的意见起草的《关于增强党的团结的决议》，维护和加强了党的团结和统一。

〔2〕高岗，参见本卷第45页注〔7〕。

〔3〕陈独秀（一八七九——一九四二），安徽怀宁人。在中国共产党成立后的最初六年中是党的主要领导人。第一次国内革命战争后期，他放弃对于农民群众、城市小资产阶级和中等资产阶级的领导权，尤其是放弃对于武装力量的领导权，

主张一切联合，否认斗争，对国民党右派反共反人民的阴谋活动采取妥协投降的政策，以致当大地主大资产阶级的代表蒋介石、汪精卫先后背叛革命，向人民突然袭击的时候，中国共产党和广大人民不能组织有效的抵抗，使第一次国内革命战争遭到失败。一九二七年八月七日，中共中央在汉口召开紧急会议，总结大革命失败的经验教训，纠正了陈独秀右倾机会主义错误。其后，陈独秀对于革命前途悲观失望，接受托派观点，在党内成立小组织，进行反党活动，于一九二九年十一月被开除出党。一九三二年十月被国民党政府逮捕，一九三七年八月出狱。一九四二年病故于四川江津。

〔4〕八七会议，指一九二七年八月七日在汉口召开的中共中央紧急会议。这次会议总结了第一次国内革命战争失败的经验教训，纠正了陈独秀右倾机会主义错误，确定了实行土地革命和武装反抗国民党反动派统治的总方针，并把发动农民举行秋收起义作为当时党的最主要的任务。

〔5〕中国共产党第六次全国代表大会，一九二八年六月十八日至七月十一日在莫斯科召开。会上，瞿秋白作《中国革命与共产党》的报告，周恩来作组织问题和军事问题的报告，刘伯承作军事问题的补充报告。会议通过政治、军事、组织等问题的决议案，肯定中国社会是半殖民地半封建社会，当时中国革命依然是资产阶级民主革命，指出当时的政治形势是在两个革命高潮之间和革命发展的不平衡，党在当时的总任务不是进攻，不是组织起义，而是争取群众。会议在批判右倾机会主义的同时，特别指出当时党内最主要的危险倾向是脱离群众的盲动主义、军事冒险主义和命令主义。这次大会的主要方面是正确的，但也存在缺点和错误。大会对于中间阶级的两面性和反动势力的内部矛盾缺乏正确的估计和适当的政策；对于大革命失败后党所需要的策略上的有秩序的退却，对于农村根据地的重要性和民主革命的长期性，缺乏必要的认识。

〔6〕六届三中全会，指一九三〇年九月二十四日至二十八日在上海召开的中国共产党第六届中央委员会扩大的第三次全体会议。这次会议指出了李立三的错误，停止了李立三等组织全国总起义和集中全国红军进攻中心城市的冒险行动，决定恢复党、团、工会的独立组织和经常性工作，这样就结束了李立三"左"倾冒险主义错误在中央的统治。但是会议没有完全摆脱"左"的观点，认为李立三只是犯了"策略上的错误"，而不认为是路线错误。

〔7〕共产国际，即第三国际，一九一九年三月在列宁领导下成立。一九二二年

中国共产党参加共产国际，成为它的一个支部。一九四三年五月，共产国际执行委员会主席团通过决定，提议解散共产国际，六月共产国际正式宣布解散。

〔**8**〕王明路线，指以王明为代表的“左”倾冒险主义错误，又称第三次“左”倾路线。见本卷第47页注〔18〕。

〔**9**〕第一次“左”倾路线，指以瞿秋白为代表的“左”倾盲动主义错误。一九二七年八月七日，在大革命失败后的紧要关头，瞿秋白主持召开中共中央紧急会议。会后任中共中央临时政治局常委，主持中央工作。同年十一月，主持召开中央临时政治局扩大会议，接受共产国际代表罗米那兹的“左”倾错误观点，认为当时中国革命的性质是所谓“无间断的革命”，混淆了民主革命和社会主义革命的界限，并断言“现时全中国的状况是直接革命的形势”，从而确定实行全国武装暴动的总策略，犯了“左”倾盲动主义错误。至一九二八年四月，这次“左”倾错误在全国范围的实际工作中基本结束。

〔**10**〕第二次“左”倾路线，指以李立三为代表的“左”倾冒险主义错误。一九三〇年六月十一日，中共中央政治局在李立三主持下通过了《新的革命高潮与一省或几省首先胜利》的决议，形成了以他为代表的“左”倾冒险主义错误。不久，李立三等又制定了组织以武汉为中心的全国中心城市武装起义和集中全国红军进攻中心城市的冒险计划，随后又将党、青年团、工会的各级领导机关，合并为准备武装起义的各级行动委员会，使一切经常工作陷于停顿。同年九月，中国共产党召开六届三中全会，纠正了李立三的“左”倾冒险主义错误。

〔**11**〕六届四中全会，指一九三一年一月七日在上海召开的中国共产党第六届中央委员会第四次全体会议。王明等人在共产国际及其代表米夫的支持下，通过这次会议取得了在中共中央的领导地位，开始了长达四年之久的“左”倾冒险主义在党内的统治。

〔**12**〕张国焘（一八九七——一九七九），江西萍乡人。一九三五年六月红军第一、第四方面军在四川懋功（今小金）地区会师后，任红军总政治委员。当时中共中央确定了一、四方面军北上建立川陕甘根据地的战略方针。张国焘拒绝执行中央的北上决定，命令第四方面军和第一方面军一部南下，向四川、西康边境地区退却，进行分裂党和红军的活动，并另立中央。由于中共中央的积极争取，并经过朱德、刘伯承等以及第四方面军广大指战员的斗争，一九三六年六月张国焘被迫取消第二中央，与第二、第四方面军一起北上，十二月到达陕北。一九三七年九月起，

任陕甘宁边区政府副主席、代主席。一九三八年四月，他乘祭黄帝陵之机逃出陕甘宁边区，经西安到武汉，投入国民党特务集团，成为中国革命的叛徒，随即被开除出党。一九七九年死于加拿大。

〔**13**〕指中国共产党自一九四二年起在全党范围内开展的一个马克思列宁主义的思想教育运动，历时三年多。主要内容是：反对主观主义以整顿学风，反对宗派主义以整顿党风，反对党八股以整顿文风。经过这次整风，全党进一步地掌握了马克思列宁主义的普遍真理与中国革命的具体实践的统一这样一个基本方向。

〔**14**〕第二次王明路线，指王明右倾机会主义错误。见本卷第48页注〔19〕。

〔**15**〕指一九四一年七月一日《中共中央关于增强党性的决定》和一九四二年九月一日《中共中央关于统一根据地党的领导及调整各组织间关系的决定》。

〔**16**〕指一九四八年一月七日《中共中央关于建立报告制度的指示》。

〔**17**〕公粮附加，即农业税附加。一九五〇年九月五日，中央人民政府公布的《新解放区农业税暂行条例》规定，农业税地方附加不超过正税的百分之十五。一九五一年六月二十一日，中央人民政府政务院公布的《关于一九五一年农业税收工作的指示》规定，将全国各地区的农业税地方附加提高到不超过正税的百分之二十。

〔**18**〕指一九五三年四月二日《中共中央关于推迟群众戒烟时间和给地方党政以权力推迟或停止上级所发那些不合实际情况的命令指示问题的指示》。指示中说："凡对生产有妨碍的工作，不论是中央哪一个部门部署的，只要当地党委认为有必要推迟进行，均可提出请求，推迟进行。此外，根据主观主义设想根本不符合实际情况的任何上级的命令指示，必须加以废止或修改者，地方党政有权提出意见。遇到这种情况，地方党政从实际出发提出意见是正确的，不提意见，将不正确的命令指示，违反群众意见，硬着头皮往下推，则是不正确的。"

〔**19**〕"五多"，指任务多、会议集训多、公文报告表册多、组织多、积极分子兼职多。

〔**20**〕陆定一（一九〇六——一九九六），江苏无锡人。当时任中共中央宣传部部长。

〔**21**〕这是毛泽东一九五一年给中国戏曲研究院的题词。

〔**22**〕李井泉（一九〇九——一九八九），江西临川人。当时任中共四川省委第一书记。

要团结一切可以团结的力量〔1〕

（一九五六年四月二十九日）

我很高兴见到同志们。跟同志们见面是不容易的，南北美洲同中国相距很远，中间隔着一个太平洋，再加上美国的人为的障碍。目前中国同世界上很多国家还没有建交，特别是同南北美洲的国家，商务与文化的往来也少。但是，我们相信外交关系是可以逐步建立的。

中国从前是半殖民地，现在也还是一个经济比较落后的国家。帝国主义是最吝啬的，根本不愿意帮助别的国家建立工业，他们撤走的时候没有给我们留下什么东西。

争取中间势力很重要。在中国，在南北美洲，民族资产阶级都起着很大的作用。他们人数不多，但影响很大，在某些时候甚至比工人阶级的影响还大。所以对这些人的争取工作就很重要。现在，我们对民族资产阶级不但要作斗争，同时要团结他们，要给他们利益，这样他们才能拥护社会主义改造。给什么利益呢？一是给他们工作，二是给他们选举权。

对民族资本家的改造不是一下子就能完成的，我们给他们时间。中华人民共和国成立已经六年了，我们还打算再给他们三年的时间，一共九年。这样做对工人农民是有利的，生产不中断，市场上群众需要的商品不短缺，物价稳定，货币购买力稳定。现在我们革民族资产阶级的命,取消他们对生产资料的私有制。我们的办法是教育资本家,给他们上课、开会,让他们进行自我批评,我们也对他们进行批评帮助,并鼓励他们积极的一面,打通他们的思想。资本家走社会主义道路不是没有痛苦的,不是没有斗争的。我们动员了广泛的社会力量来帮助他们进行改造工作。不但工人对资本家作斗争,资本家家庭里的进步子女也同父母作斗争。这样,六年后的今天,资本主义工商业基本上就被纳入社会主义改造的轨道了。

我们在实行社会主义改造时,对资本家很好地进行了安排,使他们逐步变为工人阶级的组成部分。目前有的工厂的厂长是资本家,副厂长是我们的同志。要他们当厂长是因为他们懂技术,但他们的企业在逐步变为国营企业。资本家要比封建地主有用得多。对地主我们只给一些土地,让他们自己种地,变为农民,现在不给他们选举权。但对资本家就不同,他们有技术,有管理能力,在这些方面无产阶级必须向他们学习。

中国对民族资产阶级的方针,可供中南美洲兄弟党作参考。你们可以考虑在革命前对民族资产阶级多做一些工作,争取他们反对帝国主义。他们对帝国主义是不满意的,你们可以联合他们,争取他们,或者使他们保持中立。如果你们能让全部农民接受无产阶级的领导,再加上争取了资产阶级,你们的工作就好做了,在目前的民族解放运动和将来的社会解放运动中,你们的希望会很大。无产阶级要团结小资产阶级,主要是团结不剥削别人的小资产阶级,即独立生产的农民和手工业者。这是被剥削者同不剥削别人的独立生产者的联盟。这种联盟是很重要的。此外,无产阶级还要有另外的一种联盟,这就是同民族资产阶级、开明的宗教人士以及开明地主的联盟。半殖民地国家要争取获得独立和解放，没有这种联盟也是不行的。

总而言之，要团结一切可以团结的人，这样，我们就可以把敌人缩小到最少，只剩下帝国主义和本国的少数亲帝国主义分子，即同帝国主义有密切联系的大资本家和大地主。对我们来说，朋友越多越好，敌人越少越好。

为了这个目的，我们党必须充分利用一切可以利用的力量。对于党内犯过错误的同志要有正确的政策，帮助他们，而不是把他们整死。批评并不等于一推了事。人总是要犯错误的。不同的是，有的犯得多一些，有的犯得少一些；有的改正得早一些，有的改正得晚一些。我们党内曾经有过对犯错误的同志实行“无情打击”的偏向。人总是有情的，何况是对同志呢？“无情打击”只会在党内造成对立，闹不团结，今天我打你，明天你打我，打来打去弄得大家不和气，党的事业不兴旺、不发达，同志们大家都不高兴。后来我们党纠正了这种偏向，帮助在改正错误的同志，能团结的力量越多越好。

犯过错误的同志有了经验教训，在这一点上可能比没有犯过错误的同志要强。没有犯过错误的同志，下一次有可能会犯错误。

大敌当前，我们必须调动一切可以调动的力量，包括社会的、党内的一切可以团结的力量。

在国际上也一样，没有国际进步力量的支持，我们的革命就不能取得胜利。帝国主义是世界性的，因此我们有必要调动一切国际进步力量，包括南美洲中美洲北美洲的、亚洲的、欧洲的、非洲的进步力量。我们可以同你们相配合，牵制帝国主义的一部分力量。帝国主义到处都插一手，我们就每一处都抓住它一点，这样它就难以行动了。我们的胜利也是靠全世界进步力量的支持。例如朝鲜战争〔2〕期间，美国只能把它的兵力的三分之一放在朝鲜和东方，另有三分之一放在欧洲，还有三分之一在美洲。它不得不这样做。这样就帮助了我们，要不然我们怎么能胜利呢？怎么能在三八线〔3〕上停战呢？在反对蒋介石统治的斗争中，在建设社会主义的斗争中，我们都是这样得到各国的帮助的。

你们对我们的帮助很大，可能你们还没有感觉出来。美国是不放心中南美洲的，怕你们起来造反。美国到处有火药库，亚洲是一个，欧洲是一个，非洲是一个，你们中南美洲也是一个。

有一些从中国大陆被赶走的中国人在巴西吧。对于在外面的中国人，我们的方针也是争取，争取一切愿意回头而不帮助美帝国主义的人，不管他们过去犯了多大的罪，我们都可以赦免他们。我们希望他们回来，回来看看再走也好，回来找工作也好。蒋介石如果愿意也可以回来，但他很顽固，不肯回来。

对一些国家也是这样，不管它多反动，只要愿意同我们做生意的，愿意同我们建立外交关系的，我们都争取，不论是小的还是大的资本主义国家。对日本我们也尽量争取，不管对它过去侵略中国的仇恨有多么大，我们对日本的资本家、日本的前高级军官也争取。一批过去侵略过中国的日本军人要求来中国看看，我们说可以。他们已经组织了一个十几个人的代表团，在五一节以后来。这是因为今天日本的地位和过去大大不相同了，现在它实际上是一个处在半殖民地地位的国家了。过去日本欺负别人，而今天美国欺负它。美国虽然同日本、菲律宾、泰国、巴基斯坦签订了军事协定，可是它在这些国家中的地位是极不巩固的。

中国现在经济上文化上还很落后，要取得真正的独立，实现国家的富强和工业现代化，还需要很长的时间，需要各国同志和人民的支持。

有一点要跟大家说清楚，就是中国的经验只能提供作为参考，照抄则不可。各国应根据自己国家的特点决定方针、政策，把马克思主义同本国特点结合起来。中国的经验，有好的也有不好的，有成功的也有失败的。即使是好的经验，也不一定同别的国家的具体情况相适合。照抄是很危险的，成功的经验，在这个国家是成功的，但在另一个国家如果不同本国的情况相结合而一模一样地照搬就会导向失败。照抄别国的经验是要吃亏的，照抄是一定会上当的。这是一条重要的国际经验。

听说同志们在这里都很认真，肯钻研。认真学习是很好的，这是战胜敌人取得成功的一种保证。对任何事情都要分析，弄清什么是正确的，什么是不正确的，因为事情都有好的光明的一面和不好的黑暗的一面。我们应当把中国的这两个方面都给外国人看。你们已经看到了好的一面，还应该再看看不好的一面。

失败的教训同样值得研究，它可以使人少走弯路。王明的教条主义错误〔4〕，曾给我国的革命造成很大的损失。但是他的错误对我们有帮助，教育了党，教育了人民，从这一点上讲，我本人就是他的学生。我们的教员不只是马克思、恩格斯、列宁、斯大林。帝国主义是我们的教员，蒋介石是我们的教员，犯错误的同志也是我们的教员。没有他们，我们就学不会办事。

斯大林有正确的地方，也有不正确的地方。王明的“左”倾机会主义错误就是从斯大林那里学来的。他主张打倒一切，否认同资产阶级的团结。在社会上是打倒一切，在党内则闹不团结。后来他的右倾错误〔5〕也是从斯大林那里学来的。这一点我们没有公布，因为我们自己也有责任。斯大林大体上是七分功劳、三分错误。如果说他是八分功劳、两分错误，同志们不会通过；说他是六分功劳、四分错误，也不会被通过。但否认他的正确的东西是不对的。

斯大林问题不是个别人、个别国家的事情，而是整个国际无产阶级事业中的事情。对斯大林的错误，大家心里都不会好过。《人民日报》编辑部的那篇文章〔6〕是由我们政治局扩大会议讨论，经过六七次的修改才发表的。

犯错误是难免的。谁不犯错误呢？难道帝国主义犯错误犯得少吗？算账总有正负，对错误即负的必须批评，成功的经验即正的必须保护。错误往往是由于经验不足造成的，马克思主义总共只有一百多年的历史。错误是一定会犯的，各个国家的革命和建设都会发生错误。中国将来也一定会犯错误。认真一些，就会少犯错误，少犯全国性的错误，即使犯了全国性的错误也会及早纠正。不犯错误是不可能的，如果我们相信唯物论的话。人的思维不可能完全确切地反映客观实际。人类只能在认识事物的过程中逐渐克服认识的不足，这是没有办法的事。事物是十分错综复杂的，又是在发展变化的，人的思维的反映跟不上客观实际，就一定会犯错误，如果我们相信辩证法的话。

矛盾是永远存在的，一万年以后还是有的。一个矛盾克服了，又一个矛盾产生了。在任何时间、任何地方、任何人身上，总是有矛盾存在的，没有矛盾就没有世界。有人以为一到了社会主义社会，国家就十分美好，没有什么坏的东西了，这其实是一种迷信。

根据中央档案馆保存的谈话记录稿刊印。

注　释

〔1〕这是毛泽东同拉丁美洲一些国家党的代表谈话的主要部分。

〔2〕一九五〇年六月，朝鲜半岛三八线北南两方（朝鲜民主主义人民共和国和韩国）发生战争。随后，美国打着联合国的旗号出兵干涉，并越过三八线向中朝边境大举进犯，严重威胁中国的安全。为抗美援朝、保家卫国，中国人民志愿军同朝鲜人民军并肩作战，沉重打击了美国的侵略，迫使它于一九五三年七月在朝鲜停战协定上签字。

〔3〕第二次世界大战临近结束时，美国和苏联商定以朝鲜国土上北纬三十八度线，作为对日本采取军事行动和受降范围的暂时分界线，这条界线通称“三八线”。

〔4〕王明的教条主义错误，指王明“左”倾冒险主义错误。见本卷第47页注〔18〕。

〔5〕王明的右倾错误，见本卷第48页注〔19〕。

〔6〕指《关于无产阶级专政的历史经验》。

农业生产合作社要注意多种经营

（一九五六年六月十四日）

各省委、市委、自治区党委：

现将两件调查材料发给你们参考。一件是谭震林[1]同志关于湖南攸县农村情况的报告，一件是河北省委关于河北省农业和副业产值中各项产物所占的比例。两件材料都说明，有必要号召各农业生产合作社立即注意开展多种经营，才能使百分之九十以上的社员每年增加个人的收入，否则就是一个很大的偏差，甚至要犯严重错误。河北省的粮食产值只占该省全部农业产值的百分之二十八多一点，而粮食以外的农产物则占百分之七十一多一点，这是一个非常值得注意的数目字。河北省产棉花较多，产粮食较少，其他各省情形与此有些不同，但是粮食产值似乎不会超过百分之五十，而粮食以外作物及副业的产值至少占百分之五十，或者在百分之五十以上。我们如果不立即注意这个问题，不论在社员的收入方面，合作社的积累方面，国家的积累方面，势必都要大受影响。因此请你们自己，并且通知专、县、区、乡直到合作社，都对这个问题作一调查，加以分析，算出一笔粮食与非粮食产值比例的账，借以教育干部和群众。

中　央

一九五六年六月十四日

根据毛泽东手稿刊印。

注　　释

〔1〕谭震林（一九○二——一九八三），湖南攸县人。当时任中共中央副秘书长、中央书记处第二办公室主任。

不要迷信在社会主义国家里一切都是好的[1]

（一九五六年六月二十八日）

你可以找我们政府各部、军队、党和群众团体的负责人谈谈。你希望同谁谈，你就可以找谁。如果同你谈的人只谈成绩，不谈错误和缺点，那末他们就没有反映现实的真实情况。经验多一些的人是不会相信这些的。我们不要迷信，认为在社会主义国家里一切都是好的。事物都有两面：有好的一面，有坏的一面。在我们的社会里，一定有好的东西，也有坏的东西，有好人，也有坏人，有先进的，也有落后的。正因为是这样，我们才要进行改造，把坏的东西改造成为好的东西。我们必须准备着还有坏的东西，否则一个问题出来了，就会认为不得了了。过去认为苏联是没有错误的，现在斯大林问题出来了，许多人就惊讶不止。世界是美丽的，但也不是美丽的，世界上有斗争、有矛盾。希望一切都是好的，这是我们的主观，而现实是客观。世界上有好的东西，也有坏的东西，自古以来是这样，一万年后也会是这样。正因为世界上有坏的东西，我们才要改造，才要做工作。但是我们不会把一切都做好，否则我们的后代就没有工作可做了。

什么事情都不能过分，过分了就要犯错误。斯大林基本上是正确的，是有很大功绩的，但是他犯了很大的错误，做了很多错事。斯大林就是过分了。镇压反革命分子本来是好事，但是过了分，把革命同志也看做反革命分子，就是一个大错误。我跟苏联同志说，过去他们犯过错误，今后还会有错误，他们不大相信。我们也犯过很多错误、很大的错误。我们党内有过陈独秀的右倾机会主义〔2〕、李立三的“左”倾机会主义〔3〕、王明的“左”倾机会主义〔4〕、张国焘的右倾机会主义〔5〕、王明的右倾机会主义〔6〕、高岗的右倾反党的机会主义〔7〕，今后还一定会有错误，还会有如高岗等等的人。我们要使错误小一些，这是可能的。但否认我们会有错误，那是不现实的，那就不是世界，不是地球，而是火星了。

根据中央文献出版社、世界知识出版社一九九四年出版的《毛泽东外交文选》刊印。

注　　释

〔1〕这是毛泽东同罗马尼亚驻中国大使尼古拉·乔洛尤谈话的主要部分。

〔2〕陈独秀的右倾机会主义，见本卷第56页注〔3〕。

〔3〕李立三的“左”倾机会主义，见本卷第58页注〔10〕。

〔4〕王明的“左”倾机会主义，见本卷第47页注〔18〕。

〔5〕张国焘的右倾机会主义，见本卷第58页注〔12〕。

〔6〕王明的右倾机会主义，见本卷第48页注〔19〕。

〔7〕高岗的右倾反党的机会主义，参见本卷第45页注〔7〕。

美帝国主义是纸老虎[1]

（一九五六年七月十四日）

美国到处打着反共的招牌，为着达到侵略别人的目的。

美国到处欠账。欠中南美国家、亚非国家的账，还欠欧洲、大洋洲国家的账，全世界，包括英国在内，都不喜欢美国。广大人民都不喜欢美国。日本不喜欢美国，因为美国压迫日本。东方各国，没有一国不受到美国的侵略。美国侵略中国的台湾省。日本、朝鲜、菲律宾、越南、巴基斯坦，都受到美国的侵略，其中有些还是美国的盟国。人民不高兴，有些国家的当局也不高兴。

一切受压迫的民族都要独立。

一切会有变化。腐朽的大的力量要让位给新生的小的力量。力量小的要变成大的，因为大多数人要求变。美帝国主义力量大要变小，因为美国人民也不高兴本国的政府。

我这一辈子就经历了这种变化。我们这里在座的有清朝出生的人，有民国出生的人。

清朝，早被推翻了。什么人推？孙中山领导的党和人民一起推。孙中山力量很小，清朝的官员看不起他。他多次起义总是失败。最后，还是孙中山推翻了清朝。大，不可怕。大的要被小的推翻。小的要变大。推翻清朝以后，孙中山失败了。因为他没有满足人民的要求，比如没有满足人民对土地的要求，对反帝的要求。他也不晓得镇压反革命，当时反革命到处跑。后来，他就失败于北洋军阀首领袁世凯[2]之手。袁世凯的力量比孙中山的大。但还是照这个规律：力量小的，同人民联系的，强；力量大的，反人民的，弱。尔后，孙中山的资产阶级民主革命派同我们共产党合作，把袁世凯留下来的军阀系统打败了。

蒋介石统治中国，得到全世界各国政府的承认，统治了二十二年，力量最大。我们力量小，原先有五万多党员，经过反革命的镇压，只剩下一万多党员。敌人到处捣乱。但还是照这个规律：强大的失败，因为它脱离人民；弱小的胜利，因为它同人民联系在一起，为人民工作。结果，也就是这样。

抗日战争的时候，日本很强大，国民党的军队被赶到了偏僻的地区，共产党领导的武装力量，也只能在敌后农村开展游击战争。日本占领了中国的大城市北京、天津、上海、南京、武汉、广州。但是，日本军国主义，还有德国希特勒[3]，也是照这个规律，没几年就倒了台。

我们经过了很多困难，从南方被赶到北方，从几十万人到只剩下几万人。长征二万五千里，剩下二万五千人。

我们党的历史上有过多次"左"倾和右倾的路线错误。其中最严重的是陈独秀的右倾[4]和王明的"左"倾[5]。此外，还有张国焘、高岗等人的右倾错误[6]。

犯错误也有好处，可以教育人民，教育党。我们有很多反面教员，如日本、美国、蒋介石、陈独秀、李立三[7]、王明、张国焘、高岗。向这些反面教员学习，付出了很大的代价。在历史上，英国同我们打过很多仗。英国、美国、日本、法国、德国、意大利、沙俄、荷兰，都很喜欢我们这块地方。他们都是我们的反面教员，我们是他们的学生。

经过抗战时期，打日本，我们的军队发展到了九十万。然后是解放战争。我们的枪炮不如国民党。国民党军队四百万，打了三年，累计起来，被我们消灭了八百万。在美帝国主义帮助下的国民党打不赢我们。强大的打不赢，弱小的总是胜利。

现在美帝国主义很强，不是真的强。它政治上很弱，因为它脱离广大人民，大家都不喜欢它，美国人民也不喜欢它。外表很强，实际上不可怕，纸老虎。外表是个老虎，但是，是纸的，经不起风吹雨打。我看美国就是个纸老虎。

整个历史证明这一点，人类阶级社会的几千年的历史证明这一点：强的要让位给弱的。美洲也是这样。

只有帝国主义被消灭了，才会有太平。总有一天，纸老虎会被消灭的。但是它不会自己消灭掉，需要风吹雨打。

我们说美帝国主义是纸老虎，是从战略上来说的。从整体上来说，要轻视它。从每一局部来说，要重视它。它有爪有牙。要解决它，就要一个一个地来。比如它有十个牙齿，第一次敲掉一个，它还有九个，再敲掉一个，它还有八个。牙齿敲完了，它还有爪子。一步一步地认真做，最后总能成功。

从战略上说，完全轻视它。从战术上说，重视它。跟它作斗争，一仗一仗的，一件一件的，要重视。现在美国强大，但从广大范围、从全体、从长远考虑，它不得人心，它的政策人家不喜欢，它压迫剥削人民。由于这一点，老虎一定要死。因此不可怕，可以轻视它。但是，美国现在还有力量，每年产一亿多吨钢，到处打人。因此还要跟它作斗争，要用力斗，一个阵地一个阵地地争夺。这就需要时间。

看样子，美洲国家、亚洲非洲国家只有一直同美国吵下去，吵到底，直到风吹雨打把纸老虎打破。

为了反对美帝国主义，中南美国家的欧洲移民要同本地印第安人团结起来。从欧洲移入的白种人，是不是可以分为两部分，一部分人是统治者，另外一部分人是被统治者。这样，这一部分被压迫的白种人就容易同本地人接近了，因为所处的地位相同。

我们和拉丁美洲的朋友，和亚洲非洲的朋友，是处在同一种地位，做同样的工作，为人民办点事，减少帝国主义对人民的压迫。搞得好了，可以根本取消帝国主义的压迫。在这一点上，我们是同志。

在反对帝国主义的压迫上，我们同你们性质相同，只是所在地区、民族、语言不同。我们同帝国主义却有性质上的分别，我们看到帝国主义就不舒服。

要帝国主义干什么？中国人民不要帝国主义，全世界人民也不要帝国主义。帝国主义无存在之必要。

根据中央档案馆保存的谈话记录稿刊印。

注　　释

〔1〕这是毛泽东同危地马拉前总统阿本斯谈话的主要部分。

〔2〕袁世凯（一八五九——一九一六），河南项城人。清朝末年曾任山东巡抚、直隶总督兼北洋大臣等职，成为北洋军阀首领。一九一一年辛亥革命时，出任清政

府内阁总理大臣。一九一二年在英、美、日等帝国主义国家支持下窃取中华民国临时大总统职务，组织了代表大地主大买办阶级的第一个北洋军阀政府。

〔3〕希特勒（一八八九——一九四五），德国法西斯首领、纳粹党党魁。一九三三年在德国垄断资产阶级支持下出任总理，次年总统兴登堡死后，自称国家元首，实行法西斯统治，积极扩军备战。一九三九年九月派德军入侵波兰，挑起第二次世界大战；一九四一年六月大举进攻苏联。一九四五年四月在苏军解放柏林时自杀。

〔4〕陈独秀的右倾，见本卷第 56 页注〔3〕。

〔5〕王明的“左”倾，见本卷第 47 页注〔18〕。

〔6〕张国焘的右倾错误，见本卷第 58 页注〔12〕。高岗的右倾错误，参见本卷第 45 页注〔7〕。

〔7〕李立三（一八九九——一九六七），湖南醴陵人。一九二一年加入中国共产党，是中国工人运动的主要领导人之一。一九二九年起任中共中央政治局常委、中央宣传部部长。他在担负中共中央领导工作期间，于一九三〇年六月至九月犯了“左”倾冒险主义错误。后来他接受党对他所犯错误的批评，认识和改正了错误。

同音乐工作者的谈话[1]

（一九五六年八月二十四日）

实现社会主义革命的基本原则，各个国家都是相同的。但是在小的原则和基本原则的表现形式方面是有不同的。比如打仗的原理是一样的，都是攻、守、进、退、胜、败，但是在打法上，怎么攻，怎么守，各有不同，有很多的不同。抗美援朝[2]，打到三八线[3]双方顶住了，这种形式就是世界上少有的。革命的表现形式一定有许多样子。十月革命和中国革命，就有许多不同。苏联是由城市到乡村，我们是从乡村到城市。

艺术的基本原理有其共同性，但表现形式要多样化，要有民族形式和民族风格。一棵树的叶子，看上去是大体相同的，但仔细一看，每片叶子都有不同。有共性，也有个性，有相同的方面，也有相异的方面。这是自然法则，也是马克思主义的法则。作曲、唱歌、舞蹈都应该是这样。

说中国民族的东西没有规律，这是否定中国的东西，是不对的。中国的语言、音乐、绘画，都有它自己的规律。过去说中国画不好的，无非是没有把自己的东西研究透，以为必须用西洋的画法。当然也可以先学外国的东西再来搞中国的东西，但是中国的东西有它自己的规律。音乐可以采取外国的合理原则，也可以用外国乐器，但是总要有民族特色，要有自己的特殊风格，独树一帜。

艺术上“全盘西化”被接受的可能性很少，还是以中国艺术为基础，吸收一些外国的东西进行自己的创造为好。现在各种各样的东西都可以搞，听凭人选择。外国的许多东西都要去学，而且要学好，大家也可以见见世面。但是在中国艺术中硬搬西洋的东西，中国人就不欢迎。这和医学不同。西医的确可以替人治好病。剖肚子，割阑尾，吃阿斯匹灵，并没有什么民族形式。当归、大黄也不算民族形式。艺术有形式问题，有民族形式问题。艺术离不了人民的习惯、感情以至语言，离不了民族的历史发展。艺术的民族保守性比较强一些，甚至可以保持几千年。古代的艺术，后人还是喜欢它。

我们要熟悉外国的东西，读外国书。但是并不等于中国人要完全照外国办法办事，并不等于中国人写东西要像翻译的一样。中国人还是要以自己的东西为主。

我们当然提倡民族音乐。作为中国人，不提倡中国的民族音乐是不行的。但是军乐队总不能用唢呐、胡琴，这等于我们穿军装，还是穿现在这种样式的，总不能把那种胸前背后写着“勇”字的褂子穿起。民族化也不能那样化。乐器是工具。当然工具好坏也有关系，但是如何使用工具才是根本的。外国乐器可以拿来用，但是作曲不能照抄外国。

地球上有二十七亿人，如果唱一种曲子是不行的。无论东方西方，各民族都要有自己的东西。西方国家发展了资本主义，在历史上是起了作用的。但是现在世界的注意力正在逐渐转向东方，东方国家不发展自己的东西还行吗？

不中不西的东西也可以搞一点，只要有人欢迎。全盘西化，有人提倡过，但是行不通。马列主义的基本原理应该接受，不接受是没有道理的，也不利。第二国际〔4〕曾经否定这些基本原理，但是被列宁驳倒了。中国也有过“第二国际”——江亢虎的社会党〔5〕，影响很小。马列主义的基本原理在实践中的表现形式，各国应有所不同。在中国，马列主义的基本原理要和中国的革命实际相结合。十月革命就是俄国革命的民族形式。社会主义的内容，民族的形式，在政治方面是如此，在艺术方面也是如此。西洋的一般音乐原理要和中国的实际相结合，这样就可以产生很丰富的表现形式。

中国的豆腐、豆芽菜、皮蛋、北京烤鸭是有特殊性的，别国比不上，可以国际化。穿衣吃饭也是各国不同。印度人穿的衣服就和中国人不同，它是适合印度的环境的。中国人吃饭用筷子，西方人用刀叉。一定说用刀叉的高明、科学，用筷子的落后，就说不通。

历史总是要重视的。历史久，有好处也有坏处。美国历史短，也许有它的好处，负担轻，可以不记这么多东西。我们历史久，也有它的好处。把老传统丢掉，人家会说是卖国，要砍也砍不断，没有办法。但是要回顾那么久的历史，是有些麻烦的。

要向外国学习科学的原理。学了这些原理，要用来研究中国的东西。我们要西医学中医，道理也就是这样。自然科学、社会科学的一般道理都要学。水是怎么构成的，人是猿变的，世界各国都是相同的。艺术又怎么样呢？中国的音乐、舞蹈、绘画是有道理的，问题是讲不大出来，因为没有多研究。应该学外国的近代的东西，学了以后来研究中国的东西。如果先学了西医，先学了解剖学、药物学等等，再来研究中医、中药，是可以快一点把中国的东西搞好的。马克思讲过，首先研究近代社会，就容易理解古代社会[6]。这是倒行的，却要快些。

手工艺品的事情，请美术家请不到。对中国民间艺术看不起，这是个兴趣问题。应该逐步地引起他们的兴趣。可能一时说不通，要长期说服。

要反对教条主义。在政治上我们是吃过亏的。什么都学习俄国，当成教条，结果是大失败，把白区搞掉几乎百分之百，根据地和红军搞掉百分之九十，使革命的胜利推迟了好些年。这就是因为不从实际出发，从教条出发的原故。教条主义者没有把马克思列宁主义的基本原理同中国革命实际相结合。他们说中国革命是民主革命，但是又要革一切资产阶级的命。照那样办，就搞错了，那就不是民主革命，而是社会主义革命了。这个道理他们没有搞通。革命办法没有搞对，党内关系没有搞对，使革命遭到了很大的损失。必须反对教条主义，假使不反，革命就不能胜利。

对资产阶级，对知识分子的问题处理不好的话，对革命事业是不利的。对资产阶级的办法，中国就与苏联不同。中国的资产阶级和他们的知识分子，人数虽少，但是他们有近代文化，我们现在还是要团结他们。地主阶级也有文化，那是古老文化，不是近代文化。做几句旧诗，做几句桐城派[7]的文章，今天用不着。拿工人农民来说，工人比较有文化，他们有技术，但还不能当工程师，比较资产阶级和知识分子就差。农民不能说没有文化，精耕细作，唱民歌、跳舞也是文化。但是他们大多数不识字，没有现代的文化技术，能用锄头、木犁，不能用拖拉机。资产阶级在近代文化、近代技术这些方面，比其他阶级要高，因此必须团结他们，并且把他们改造过来。资产阶级掌握的文化，有些是旧的、用不到的，但是许多东西用得到。音乐家中的许多人在思想上是属于资产阶级的。我们这些人过去也是这样。但是我们从那方面转过来了，他们为什么不能过来呢？事实上已经有许多人过来了。团结他们是有利于工人阶级的革命事业的。要团结他们，帮助他们改造，把他们化过来。在座的都是"西医"，是学西洋音乐的，要依靠你们。请吹鼓手来办音乐专门学校是不行的，这些事还是要靠你们办。

中国革命有中国的特点。苏联革命采取苏联当时的那种形式，有其不得不如此的原因。列宁也曾经想到过对资产阶级采取别的办法〔8〕。但是那个时候资产阶级不相信布尔什维克〔9〕会胜利，他们要反抗。无产阶级开始又没有军队，只有八万党员。我们的情况和苏联不同。中国不是帝国主义国家。我们打了二十多年仗，有军队，有二百万党员。中国的民族资产阶级也受帝国主义压迫。因此，革命的表现形式不同。

表现形式应该有所不同，政治上如此，艺术上也如此。特别像中国这样大的国家，应该"标新立异"，但是，应该是为群众所欢迎的标新立异。为群众所欢迎的标新立异，越多越好，不要雷同。雷同就成为八股。过去有人搞八股文章〔10〕，搞了五六百年。形式到处一样就不好。妇女的服装和男的一样，是不能持久的。在革命胜利以后的一个时期内，妇女不打扮，是标志一种风气的转变，表示革命，这是好的，但不能持久。还是要多样化为好。

民族形式可以掺杂一些外国东西。小说一定要写章回小说，就可以不必；但语言、写法，应该是中国的。鲁迅是民族化的，但是他还主张过硬译。我倒赞成理论书硬译，有个好处，准确。

要把根本道理讲清楚：基本原理，西洋的也要学。解剖刀一定要用中国式的，讲不通。就医学来说，要以西方的近代科学来研究中国的传统医学的规律，发展中国的新医学。音乐的基本原理各国是一样的，但运用起来不同，表现形式应该是各种各样的。比如写游记，我们一起去游香山，游的地方虽然一样，但是每个人写出来的就不一样。

要把外国的好东西都学到。比如学医，细菌学、生物化学、解剖学、病理学，这些都要学。也要把中国的好东西都学到。要重视中国的东西，否则很多研究就没有对象了。中国历史上有好多东西没有传下来。唐明皇〔11〕不会做皇帝，前半辈会做，后半辈不会做。他是懂艺术的，他是导演，也会打鼓，但是没有把东西传下来。还要靠你们。你们是“西医”，但是要中国化，要学到一套以后来研究中国的东西，把学的东西中国化。

学了外国的，就对中国的没有信心，那不好。但不是说不要学外国。

近代文化，外国比我们高，要承认这一点。艺术是不是这样呢？中国某一点上有独特之处，在另一点上外国比我们高明。小说，外国是后起之秀，我们落后了。鲁迅对于外国的东西和中国的东西都懂，但他不轻视中国的。只在中医和京剧方面他的看法不大正确。中医医死了他的父亲。他对地方戏还是喜欢的。

孔子是教育家，也是音乐家，他把音乐列为六门课程中的第二门。〔12〕

我们接受外国的长处，会使我们自己的东西有一个跃进。中国的和外国的要有机地结合，而不是套用外国的东西。学外国织帽子的方法，要织中国的帽子。外国有用的东西，都要学到，用来改进和发扬中国的东西，创造中国独特的新东西。搬要搬一些，但要以自己的东西为主。要《死魂灵》〔13〕，也要《阿Q正传》〔14〕。鲁迅翻译了《死魂灵》、《毁灭》〔15〕等等，但是他的光彩主要不在这方面，是在创作。

中国的文化应该发展。外国的乐曲不会听，不会奏，是不好的。外国作品不翻译是错误的，像西太后〔16〕反对“洋鬼子”是错误的。要向外国学习，学来创作中国的东西。

演些外国音乐，不要害怕。隋朝、唐朝的九部乐、十部乐，多数是西域音乐，还有高丽、印度来的外国音乐〔17〕。演外国音乐并没有使我们自己的音乐消亡了，我们的音乐继续在发展。外国音乐我们能消化它，吸收它的长处，就对我们有益。文化上对外国的东西一概排斥，或者全盘吸收，都是错误的。

应该越搞越中国化，而不是越搞越洋化。这样争论就可以统一了。要反对教条主义，反对保守主义，这两个东西对中国都是不利的。学外国不等于一切照搬。向古人学习是为了现在的活人，向外国人学习是为了今天的中国人。

中国的和外国的，两边都要学好。半瓶醋是不行的，要使两个半瓶醋变成两个一瓶醋。

这不是什么“中学为体，西学为用”〔18〕。“学”是指基本理论，这是中外一致的，不应该分中西。

非驴非马也可以。骡子就是非驴非马。驴马结合是会改变形象的，不会完全不变。中国的面貌，无论是政治、经济、文化，都不应该是旧的，都应该改变，但中国的特点要保存。应该是在中国的基础上面，吸取外国的东西。应该交配起来，有机地结合。

西洋的东西也是要变的。西洋的东西也不是什么都好，我们要拿它好的。我们应该在中国自己的基础上，批判地吸收西洋有用的成分。

吸收外国的东西，要把它改变，变成中国的。鲁迅的小说，既不同于外国的，也不同于中国古代的，它是中国现代的。

你们是学西洋的东西的，是“西医”，是宝贝，要重视你们，依靠你们。不要学西洋的东西的人办事，是不对的。要承认他们学的东西是进步的，要承认近代西洋前进了一步。不承认这一点，只说他们教条主义，不能服人。教条主义要整，但是要和风细雨地整。要重视他们，但是要说服他们重视民族的东西，不要全盘西化。应该学习外国的长处，来整理中国的，创造出中国自己的、有独特的民族风格的东西。这样道理才能讲通，也才不会丧失民族信心。

根据一九七九年九月九日
《人民日报》刊印。

注　释

〔1〕这是毛泽东同中国音乐家协会负责人的谈话。

〔2〕抗美援朝，见本卷第45页注〔2〕。

〔3〕三八线，见本卷第66页注〔3〕。

〔4〕第二国际，是各国社会党的国际联合组织，一八八九年七月在巴黎成立。在恩格斯的指导和影响下，第二国际初期基本上保持了革命的立场。一八九五年

恩格斯逝世后，第二国际各国党内的机会主义迅速滋长，以伯恩施坦为首的右派和以考茨基为首的中派占据了第二国际的领导地位。第一次世界大战爆发后，大多数社会民主党公开支持本国资产阶级政府参加帝国主义战争。

〔5〕江亢虎（一八八三——一九五四），江西弋阳人。早年游历日本和欧洲，受第二国际机会主义的影响。一九一一年辛亥革命后，标榜社会主义，在上海创办中国社会党。一九一三年，该党被解散。一九二四年，他为了投靠北洋军阀，重新组织中国社会党，次年又把该党改组为中国新社会民主党。一九二七年，当北伐战争节节胜利时，他不得不把他的党解散。抗日战争时期，他投身敌伪政府，堕落为汉奸。

〔6〕马克思在《〈政治经济学批判〉导言》中说："人体解剖对于猴体解剖是一把钥匙。反过来说，低等动物身上表露的高等动物的征兆，只有在高等动物本身已被认识之后才能理解。因此，资产阶级经济为古代经济等等提供了钥匙。"（《马克思恩格斯选集》第2卷，人民出版社1995年版，第23页）

〔7〕桐城派，是古文中的一个流派，主张"义理"、"考据"、"辞章"合而为一，主要代表人物是清朝康熙、乾隆年间的方苞、刘大櫆、姚鼐。由于他们都是安徽桐城人，所以后人把他们和他们这一派的人称为桐城派。这一派的作家并不都是桐城人。

〔8〕十月革命后，列宁曾考虑对资本家实行"赎买"的政策。由于发生了国内战争，由于资本家阶级一般地站在反对苏维埃政权的立场上，列宁关于国家资本主义的这种设想没有能行得通。

〔9〕布尔什维克，指布尔什维克党，原苏联共产党的前身，一九一二年正式建立。

〔10〕八股文，是中国明、清封建皇朝考试制度所规定的一种特殊文体。八股文每篇由破题、承题、起讲、入手、起股、中股、后股、束股八部分组成。"破题"一般用两句，说破题目的要义。"承题"一般用三句至五句，承接破题的意义而说明之。"起讲"概说全体，为议论的开始。"入手"为起讲后入手之处。起股、中股、后股和束股这四个段落才是正式的议论，中股为全篇文字的重心。在这四个段落中，每一段落都有两股两相比偶的文字，合共有八股，所以叫作八股文，也称为八比。

〔11〕唐明皇，即唐玄宗李隆基（六八五——七六二），公元七一二至七五六年在位。

〔12〕孔子（公元前五五一——前四七九），名丘，字仲尼，陬邑（今山东曲阜）

人。春秋末期思想家、政治家、教育家，儒家的创始人。他设立的六门课程（即六艺）是：礼、乐、射、御、书、数。

〔13〕《死魂灵》，俄国作家果戈理创作的长篇小说。

〔14〕《阿Q正传》，鲁迅小说的代表作。

〔15〕《毁灭》，苏联作家法捷耶夫创作的长篇小说。

〔16〕西太后，即叶赫那拉氏（一八三五——一九〇八），清朝咸丰皇帝的妃子。一八六一年其子载淳（同治皇帝）即位后，被尊为慈禧太后，因住在西宫，所以又称西太后。她是同治、光绪两朝的实际统治者，清末顽固势力的总代表，对内实行残酷统治，对外妥协投降同时又盲目地排外。一八九八年，她镇压了主张向西方学习的戊戌维新运动。

〔17〕隋朝的九部乐是：清乐、西凉、龟兹、天竺、康国、疏勒、安国、高丽、礼毕（据《隋书》卷十五，音乐下）。唐朝的十部乐是：燕乐、清商、西凉、天竺、高丽、龟兹、安国、疏勒、康国、高昌（据《新唐书》卷二十一，礼乐十一）。其中，龟兹、康国、安国、疏勒、高昌都属于西域，高丽即朝鲜，天竺即印度。

〔18〕“中学为体，西学为用”，这一中国近代有关中学与西学关系的命题，是由洋务派思想家张之洞提出的。他在《劝学篇·设学》中说：“旧学为体，新学为用，不使偏废。”所谓“中学为体”，就是要以儒家的三纲五常等伦理道德作为立国的不能改变的根本原则。所谓“西学为用”，就是采用西方资本主义国家的一些科学技术，作为维持中国封建地主阶级统治的一种手段。

增强党的团结，继承党的传统[1]

（一九五六年八月三十日）

今天开第八次全国代表大会[2]的预备会议。预备会议要开十几天，要作的主要事情，一是准备大会文件，二是进行中央委员会的预选，三是准备大会发言稿。

现在我讲几点意见。

第一点，关于大会的目的和宗旨。这次大会要解决什么问题，达到什么目的？总的说来，就是总结七大[3]以来的经验，团结全党，团结国内外一切可以团结的力量，为建设伟大的社会主义中国而奋斗。

关于总结经验，我们的经验是很丰富的，但是不能够罗列很多事情，而是要抓住重点，从实际出发，根据马克思主义的观点，加以总结。这样总结，会给我们全党一个推动力，使我们的工作比过去做得更好些。

我们党是一个伟大的、光荣的、正确的党，这是全世界公认的。过去有些外国同志怀疑：究竟你们搞些什么事情？有许多人不了解我们对待民族资产阶级的政策，也不太了解我们的整风运动。现在，我看了解的人更多了，可以说一般是了解了。当然，还会有些人不了解。在国内，甚至在党内，也还会有些人不了解，认为七大以来的路线不见得那么正确。但是，事实摆在面前，我们进行了两个革命：一个是资产阶级民主革命，夺取全国政权；一个是无产阶级社会主义革命，实行社会主义改造，建设社会主义国家。七大以来的十一年，我们的成绩是很大的，全国承认，全世界承认，甚至连外国资产阶级也不得不承认。两个革命证明，从七大到现在，党中央的路线是正确的。

十月革命推翻了资产阶级，这在世界上是个新鲜事情。对这个革命，国际资产阶级不管三七二十一，骂的多，总是说不好。俄国资产阶级是个反革命阶级，那个时候，国家资本主义这一套他不干，他怠工，破坏，拿起枪来打。俄国无产阶级没有别的办法，只好干掉他。这就惹火了各国资产阶级，他们就骂人。我们这里对待民族资产阶级比较缓和一点，他就舒服一点，觉得还有些好处。现在艾森豪威尔、杜勒斯[4]不让美国的新闻记者到中国来，实际上就是承认我们的政策有这个好处。如果我们这里是一塌糊涂，他们就会放那些人来，横直是写骂人文章。他们就是怕写出来的文章不专门骂人，还讲一点好话，那个事情就不好办。

过去说中国是“老大帝国”，“东亚病夫”，经济落后，文化也落后，又不讲卫生，打球也不行，游水也不行，女人是小脚，男人留辫子，还有太监，中国的月亮也不那么很好，外国的月亮总是比较清爽一点，总而言之，坏事不少。但是，经过这六年的改革，我们把中国的面貌改变了。我们的成绩是谁也否认不了的。

领导我们革命事业的核心是我们的党。这次大会总结经验，首先要使全党更加团结。我们党，到六月为止，有一千零七十三万党员。对这一千多万党员，要进行广大的教育工作、说服工作、团结工作，使他们在人民中间更好地起核心的作用。单有党还不行，党是一个核心，它必须要有群众。我们的各项具体工作，包括工业、农业、商业、文化教育等等工作，百分之九十不是党员做的，而是非党员做的。所以，要好好团结群众，团结一切可以团结的人一道工作。过去，在团结全党和团结党外人士方面，我们还有许多毛病。我们要在这次大会上和大会以后进行宣传教育，把这方面的工作好好加以改进。

在国际上，我们要团结全世界一切可以团结的力量，首先是团结苏联，团结兄弟党、兄弟国家和人民，还要团结所有爱好和平的国家和人民，借重一切有用的力量。这次有五十几个国家的共产党的代表来参加我们的大会，这是很好的事。过去我们没有取得全国政权，没有两个革命的胜利，没有建设的成绩，现在不同了。外国同志对我们是比较尊重的。

我们团结党内外、国内外一切可以团结的力量，目的是为了什么呢？是为了建设一个伟大的社会主义国家。我们这样的国家，可以而且应该用“伟大的”这几个字。我们的党是伟大的党，我们的人民是伟大的人民，我们的革命是伟大的革命，我们的建设事业是伟大的建设事业。六亿人口的国家，在地球上只有一个，就是我们。过去人家看我们不起是有理由的。因为你没有什么贡献，钢一年只有几十万吨，还拿在日本人手里。国民党蒋介石专政二十二年，一年只搞到几万吨。我们现在也还不多，但是搞起一点来了，今年是四百多万吨，明年突破五百万吨，第二个五年计划要超过一千万吨，第三个五年计划就可能超过两千万吨。我们要努力实现这个目标。虽然世界上差不多有一百个国家，但是超过两千万吨钢的国家只有几个。所以，我们这个国家建设起来，是一个伟大的社会主义国家，将完全改变过去一百多年落后的那种情况，被人家看不起的那种情况，倒霉的那种情况，而且会赶上世界上最强大的资本主义国家，就是美国。美国只有一亿七千万人口，我国人口比它多几倍，资源也丰富，气候条件跟它差不多，赶上是可能的。应不应该赶上呢？完全应该。你六亿人口干什么呢？在睡觉呀？是睡觉应该，还是做工作应该？如果说做工作应该，人家一亿七千万人口有一万万吨钢，你六亿人口不能搞它两万万吨、三万万吨钢呀？你赶不上，那你就没有理由，那你就不那么光荣，也就不那么十分伟大。美国建国只有一百八十年，它的钢在六十年前也只有四百万吨，我们比它落后六十年。假如我们再有五十年、六十年，就完全应该赶过它。这是一种责任。你有那么多人，你有那么一块大地方，资源那么丰富，又听说搞了社会主义，据说是有优越性，结果你搞了五六十年还不能超过美国，你像个什么样子呢？那就要从地球上开除你的球籍！所以，超过美国，不仅有可能，而且完全有必要，完全应该。如果不是这样，那我们中华民族就对不起全世界各民族，我们对人类的贡献就不大。

第二点，关于继承党的传统。这次大会应当继续发扬我们党在思想方面和作风方面的优良传统，把主观主义、宗派主义这两个东西切实反一下，此外，还要反对官僚主义。官僚主义那个东西我今天不讲，只讲主观主义和宗派主义。这两个东西，扫了又发生，发生了又要扫。

所谓犯错误，就是那个主观犯错误，那个思想不对头。我们看到的批评斯大林错误的许多文章，就是没有提到这个问题，或者很少提到这个问题。斯大林为什么犯错误呢？就是在一部分问题上他的主观跟客观实际不相符合。现在我们的工作中还经常有许多这样的事情。主观主义就是不从客观实际出发，不从现实可能性出发，而是从主观愿望出发。我们这次大会的文件所规定的东西，所讲的东西，要尽可能符合和接近中国的实际。同时，要根据我们过去的经验，批评那些不符合实际的观点，批评这个主观主义，打击这个主观主义。这个任务，早几年我们就开始提出来了。现在，我们反对的是社会主义革命和社会主义建设中的主观主义。过去，在民主革命中，我们受主观主义的害时间很长，受了很大的惩罚，根据地差不多丧失干净，革命力量丧失百分之九十以上，一直到这个时候我们才开始觉悟。经过延安整风〔5〕，着重调查研究，从实际出发，才把这个问题搞清楚。马克思主义的普遍真理一定要同中国革命的具体实践相结合，如果不结合，那就不行。这就是说，理论与实践要统一。理论与实践的统一，是马克思主义的一个最基本的原则。按照辩证唯物论，思想必须反映客观实际，并且在客观实践中得到检验，证明是真理，这才算是真理，不然就不算。我们这几年的工作是有成绩的，但是主观主义的毛病到处都有。不仅现在有，将来还会有。主观主义永远都会有，一万年，一万万年，只要人类不毁灭，总是有的。有主观主义，总要犯错误。

还有另外一个东西，叫宗派主义。一个地方有一个地方的全局，一个国家有一个国家的全局，一个地球有一个地球的全局。现在地球以外不去讲，因为交通路线还没有打通。如果发现火星或者金星上有人，那个时候我们再来交涉关于团结他们，建立统一战线的问题。现在我们是讲党内、国内和全世界的团结问题。我们的原则，就是不管你什么人，外国的党，外国的非党人士，只要是对世界和平和人类进步事业有一点用处的，我们就应该团结。首先是要团结几十个共产党，团结苏联。因为苏联发生了一些错误，这方面讲得多了，吹得多了，似乎那种错误不得了，这种观察是不妥的。任何一个民族，不可能不犯错误，何况苏联是世界上第一个社会主义国家，经历又那么长久，不发生错误是不可能的。苏联发生的错误，像斯大林的错误，它的位置是什么呢？是部分性质的，暂时性质的。虽然听说有些什么东西有二十年了，但总是暂时的、部分的，是可以纠正的。苏联那个主流，那个主要方面，那个大多数，是正确的。俄国产生了列宁主义，经过十月革命变成了第一个社会主义国家。它建设了社会主义，打败了法西斯，变成了一个强大的工业国。它有许多东西我们可以学。当然，是要学习先进经验，不是学习落后经验。我们历来提的口号是学习苏联先进经验，谁要你去学习落后经验呀？有一些人，不管三七二十一，连苏联人放的屁都是香的，那也是主观主义。苏联人自己都说是臭的嘛！所以，要加以分析。我们说过，对斯大林要三七开。他们的主要的、大量的东西，是好的，有用的；部分的东西是错误的。我们也有部分的东西是不好的，我们自己就要丢掉，更不要别国来学这些坏事。但是，坏事也算一种经验，也有很大的作用。我们就有陈独秀、李立三、王明、张国焘、高岗、饶漱石〔6〕这些人，他们是我们的教员。此外，我们还有别的教员。在国内来说，最好的教员是蒋介石。我们说不服的人，蒋介石一教，就说得服了。蒋介石用什么办法来教呢？他是用机关枪、大炮、飞机来教。还有帝国主义这个教员，它教育了我们六亿人民。一百多年来，几个帝国主义强国压迫我们，教育了我们。所以，坏事有个教育作用，有个借鉴作用。

反对宗派主义，特别值得谈一下的，就是要团结那些跟自己作过斗争的人。他跟你打过架，把你打倒在地，你吃了亏，脸上无光，而你并不那么坏，却封你一个“官”，叫机会主义者。至于打得对的，那就应该打，你本来是机会主义，为什么不应该打呢？我这里是讲打得不对的，斗争得不对的。如果那些人后头改变了态度，承认打你打错了，封你为机会主义王国的国王是不妥的，只要有这一条就行了。如果个别的人还不承认，可不可以等待呢？也可以等待。所谓团结，就是团结跟自己意见分歧的，看不起自己的，不尊重自己的，跟自己闹过别扭的，跟自己作过斗争的，自己在他面前吃过亏的那一部分人。至于那个意见相同的，已经团结了，就不发生团结的问题了。问题就是那个还没有团结的。所谓还没有团结的，就是那些意见不相同的，或者缺点大的。比如，现在我们党里头，有许多组织上入了党而思想上还没有入党的人，他虽然没有跟你打过架，交过手，但是因为他思想上还没有入党，于是乎做的事情就势必不很妥当，有些缺点，或者做出一些坏事。对这一部分人，要团结他们，教育他们，帮助他们。从前我讲过，对于任何有缺点的人，犯过错误的人，不仅要看他改不改，而且要帮助他改，一为看，二为帮。如果只是看，站在那里不动，看你怎么样，你搞得好那也好，你搞得不好该你遭殃。这种态度是一种消极的态度，不是积极的态度。马克思主义者应该采取积极的态度，不但要看，还应该帮。

第三点，关于中央委员会的选举。刚才小平[7]同志讲，第八届中央委员会的名额为一百五十到一百七十人。七届中委是七十七人，这次加一倍多一点，这样恐怕比较妥当。等几年，比如等五年，那个时候再来扩大，恐怕是比较有利。现在，很多很有用的人才是在抗日战争时期培养起来的，这就是所谓“三八式”的干部。他们是我们现在工作的很重要的基础，没有他们不行。但是这部分干部人数很多，如果要安排，这届中委的名额就要增加到好几百人。所以这次就不考虑安排了。中央提的一百五十到一百七十这个人数究竟妥当不妥当，究竟多少为好，请同志们考虑。

应该肯定，上届中委是做了工作的，没有辜负七次代表大会的委托。在十一年间，他们正确地领导了中国的民主革命，正确地领导了社会主义革命和社会主义建设，没有出大毛病，并且同各种各样的机会主义的东西作斗争，同错误的东西作斗争，克服了各种不利于革命、不利于建设的因素。他们是有成绩的，其中也包括一些犯错误的同志。这是讲中央委员会的整体。至于个别同志，就不能那么估计。特别是王明，他在七次大会的时候，为了应付起见，写了一个书面声明，承认中央路线正确，承认七大政治报告，愿意服从大会的决定。但是，后头我跟他谈话，他又翻了，他忘记那个东西了。他回去一想，第二天又说，我写过一个东西，是承认了错误的。我说，你那个时候承认，如果现在不承认了，你也可以撤回去。他又不撤回去。后头，在二中全会[8]上，我们希望他讲一讲他自己的错误，但是他讲别的东西，只讲我们这些人怎么好怎么好。我们说，你这些话可以不讲，你讲一讲你王明有些什么错误，他不干。他答应在二中全会以后写反省。但是后头他又说，他有病，用不得脑筋，一动手写，他那个病就来了。也许他是故意这样，那也难说。他一直害病，这次大会也不能出席。是不是选举他呢？还有李立三同志选不选？谅解李立三的人比较多一些，谅解王明的人就比较少。像小平同志讲的，我们如果选举他们，意义还是跟七次大会选举他们一样。七次大会的时候，就有很多代表不愿意选他们（不仅是王明，还有相当几个同志）。当时我们说，如果采取这个方针，我们就要犯错误。我们不选举犯错误的人，为什么叫做犯错误呢？因为那是照他们的办法办事。他们的办法，就是不管你是真犯错误，假犯错误，一经宣布你是机会主义，就不要了。如果我们也照这样办，我们就是走他们的路线，就是走王明路线，或者立三路线。这样的事情不干，让我们走王明路线、立三路线，不干。他们搞的党内关系就是那样一种关系，对犯过错误的，或者跟他们作过斗争的，骂过他们是机会主义的，他们都不要。他们把自己封为百分之百的布尔什维克，后头一查，他们是百分之百的机会主义，而我们这些被他们封为“机会主义者”的，倒是多少有点马克思主义。

这里，最基本的道理，就是他们不是孤立的个人，而是代表小资产阶级里头相当大的一部分人。中国是一个小资产阶级群众广大的国家。小资产阶级中间有相当大一部分人是动摇的。比如富裕中农，大家看到，无论在哪个革命中间，他们总是动摇的，不坚定的，高兴起来可以发狂，悲观起来可以垂头丧气。他们的眼睛经常看到的是他们那一点小财产，无非是一两匹牲口呀，一辆大车呀，十几亩地呀。他们患得患失，生怕失掉这些东西。这种人跟贫农不同。中国的贫农在北方占百分之五十，在南方占百分之七十。我们党，拿成分来说，基本上是工人和贫农组成的，即无产阶级和半无产阶级组成的。半无产阶级也是小资产阶级，但是它的坚定性要比中农好得多。我们党也吸收了一部分知识分子，在一千多万党员里头，大中小知识分子大概占一百万。这一百万知识分子，说他们代表帝国主义不好讲，代表地主阶级不好讲，代表官僚资产阶级不好讲，代表民族资产阶级也不好讲，归到小资产阶级范畴比较适合。他们主要代表小资产阶级范畴里哪一部分人呢？就是城市和农村中生产资料比较多的那一部分人，如富裕中农。这一部分知识分子党员，前怕龙后怕虎，经常动摇，主观主义最多，宗派主义不少。我们选举王明路线和立三路线这两位代表人物是表示什么呢？这是表示我们对待这种犯思想错误的人，跟对待反革命分子和分裂派（像陈独秀、张国焘、高岗、饶漱石那些人）有区别。他们搞主观主义、宗派主义是明火执仗，敲锣打鼓，拿出自己的政治纲领来征服人家。王明有政治纲领，李立三也有政治纲领。当然，陈独秀也有政治纲领，但他搞托派，搞分裂，在党外搞反党活动。张国焘搞阴谋，搞分裂，跑到国民党那里去了。所以，王明、李立三的问题，不单是他们个人的问题，重要的是有它的社会原因。这种社会原因在我们党内的反映，就是党内有相当一部分人遇到重要关头就要动摇。这种动摇就是机会主义。所谓机会主义，就是这里有利就干这件事，那里有利就干那件事，没有一定的原则，没有一定的章程，没有一定的方向，他今天是这样，明天又是那样。比如王明就是如此，从前“左”得不得了，后头又右得不得了。

七次大会的时候，我们说服了那些同志，选举了王明、李立三。那末，七大以后这十一年来，我们有什么损失没有？毫无损失，并没有因为选举了王明、李立三，我们的革命就不胜利了，或者迟胜利几个月。

是不是选举了他们，犯错误的人得到奖励了呢？犯错误的人当了中央委员，那我们大家一齐犯错误好了，横直有当中央委员的机会，会不会这样呢？也不会这样。你看，我们七十几个中央委员，他们并不故意犯几个错误以便再当中央委员。没有当中央委员的，“三八式”以前也好，“三八式”也好，“三八式”以后也好，会不会就学王明、李立三，也搞两条路线，变成四条路线，以便争取当中央委员呢？不会，没有人这样，而是鉴于他们的错误，自己更谨慎一些。

还有，从前有所谓“早革命不如迟革命，革命不如不革命”那么一种话，那末，选举他们，党内会不会发生正确不如错误、小错误不如大错误这样的问题呢？王明、李立三犯路线错误，要选他们当中央委员，结果就要正确的人或者犯小错误的人空出两个位置来，让他们登台。这样的安排是不是世界上最不公道的呢？从这一点看，那是很不公道的：你看，正确的或者犯小错误的人要把位置让给那个犯大错误的人，这是很明显的不公道，这里头没有什么公道。如果这样来比，应该承认，是所谓正确不如错误，小错误不如大错误。但是，从另外一点看，就不是这样。他们犯路线错误是全国著名、全世界著名的，选举他们的道理就是他们出了名。你有什么办法呀，他们是出了名的，你那个不犯错误的和犯小错误的名声没有他们大。在我们这个有广大小资产阶级的国家，他们是旗帜。选举他们，许多人就会这么说：共产党还是等待他们的，宁可让出两个位置来给他们，以便他们好改正错误。他们改不改是另一个问题，那个问题很小，只是他们两个人。问题是我们这个社会有这么多小资产阶级，我们党内有这么多小资产阶级动摇分子，知识分子中间有许多这样动摇的人，他们要看这个榜样。他们看到这两面旗帜还在，他们就舒服了，他们就睡得着觉了，他们就高兴了。你把这两面旗帜一倒，他们就恐慌了。所以，不是王明、李立三改不改的问题，他们改或者不改关系不大，关系大的是党内成百万容易动摇的出身于小资产阶级的成分，特别是知识分子，看我们对王明、李立三是怎样一种态度。正如我们在土地改革〔9〕中间对待富农一样，我们不动富农，中农就安心。如果我们八大对他们两位采取的态度还是同七大的态度一样，那我们党就可以得到一种利益，得到一种好处，就是对于改造全国广大的小资产阶级比较容易些。这在全世界也有影响。在外国对犯错误的人采取我们这个态度的很少，可以说没有。

我们这次大会的预备会议，从今天算起，只有十几天的时间，但是安排得好，是完全可以把准备工作做好的。我们相信，这次大会是可以开好的，代表们的水平是能够保证这次大会开好的。但是要兢兢业业，大家努力。

根据中央档案馆保存的讲话记录稿刊印。

注　释

〔1〕这是毛泽东在中国共产党第八次全国代表大会预备会议第一次会议上的讲话。

〔2〕中国共产党第八次全国代表大会，一九五六年九月十五日至二十七日在北京举行。这次大会分析了生产资料私有制的社会主义改造基本完成以后的形势，提出了全面开展社会主义建设的任务。毛泽东致开幕词，刘少奇作政治报告，周恩来作《关于发展国民经济的第二个五年计划的建议的报告》，邓小平作《关于修改党的章程的报告》；朱德、陈云、董必武等作了重要发言。大会通过了《关于政治报告的决议》、《中国共产党章程》和《关于发展国民经济的第二个五年计划（一九五八年到一九六二年）的建议》，并选举了新的中央委员会。这次大会制定了正确的路线，为社会主义事业的发展和党的建设指明了方向。

〔3〕中国共产党第七次全国代表大会，一九四五年四月二十三日至六月十一日在延安举行。会上，毛泽东作《论联合政府》的政治报告，朱德作《论解放区战场》的军事报告，刘少奇作《关于修改党章的报告》；周恩来作关于统一战线问题的重要发言。大会决定了党的路线——“放手发动群众，壮大人民力量，在我党的领导下，打败日本侵略者，解放全国人民，建立一个新民主主义的中国”，通过了新的党章，选举了新的中央委员会。新的党章规定以马克思列宁主义理论与中国革命的实践之统一的思想——毛泽东思想，作为中国共产党的一切工作的指针。这次大会是一次团结的大会、胜利的大会。

〔4〕艾森豪威尔（一八九〇——一九六九），美国共和党人，当时任美国总统。杜勒斯（一八八八——一九五九），美国共和党人，当时任美国国务卿。

〔5〕延安整风，见本卷第59页注〔13〕。

〔6〕陈独秀，参见本卷第56页注〔3〕。李立三，见本卷第75页注〔7〕。王明，见本卷第47页注〔16〕。张国焘，参见本卷第58页注〔12〕。高岗、饶漱石，参见本卷第45页注〔7〕。

〔7〕小平，即邓小平（一九〇四——一九九七），四川广安人。当时任中共中央政治局委员、中央秘书长。

〔8〕二中全会，指一九四九年三月五日至十三日在河北省平山县西柏坡村举

行的中国共产党第七届中央委员会第二次全体会议。毛泽东向全会作了报告。会议根据毛泽东的报告，提出了促进中国革命迅速取得全国胜利和组织这个胜利的各项方针；讨论了在夺取全国胜利的局面下，党的工作重心必须由乡村移到城市，城市工作必须以生产建设为中心的问题；规定了全国胜利以后，党在政治、经济、外交方面应当采取的基本政策，特别着重分析了当时中国经济各种成分的状况和党所必须采取的正确政策，指出了中国由农业国转变为工业国、由新民主主义社会转变为社会主义社会的发展方向；号召全党在胜利面前务必保持谦虚、谨慎、不骄、不躁和艰苦奋斗的作风。

〔**9**〕土地改革，见本卷第3页注〔2〕。

关于第八届中央委员会的选举问题[1]

（一九五六年九月十日）

我们这次大会跟七大[2]有相同的性质。那一次，为了革命在全国的胜利，我们开了一个团结的大会。那一次对政治问题的解决、对党内历史问题的解决，那一次的选举，达到了团结全党、使革命在全国胜利的目的。

我们的民主革命搞的时间很长，从一九二一年到一九四九年，一共二十八年。二十八年中间，我们走过很多曲折的道路，犯过多少次路线错误，使革命遭受过大的损失，吃过很多苦头，死了多少人，牺牲了多少革命的人民，牺牲了多少党员和干部。犯错误，受损失，不单是犯错误的人要负责，不犯错误的人也有责任。为什么呢？如果是我们都觉悟，我们党内的人都觉悟，干部都觉悟，那个错误路线就行不通。错误路线在一个时候能够风行，就证明我们那个时候还不觉悟，一直要到错误路线发展得非常显明、非常清楚了，我们才弄明白，才作出结论来。但是作出一个结论来也还会犯错误。所以，有陈独秀右倾机会主义路线的错误[3]，有三次“左”倾路线的错误[4]，有张国焘路线的错误[5]，还有王明右倾路线的错误[6]。从一九二一年到一九三五年遵义会议〔7〕,经过十四年的时间,才结束了多次错误路线对全党的统治。经过延安整风〔8〕,我们全党才觉悟起来。我们民主革命的时间那么长,打了那么久的仗,犯了那么多的错误,才搞出一套正确的政治路线、军事路线和组织路线。我们才逐步学会如何处理党内关系,如何处理党跟非党人员的关系,如何搞统一战线,如何搞群众路线,等等。这就是说,我们有了经验,才能写出一些文章。比如我的那些文章,不经过北伐战争、土地革命战争和抗日战争,是不可能写出来的,因为没有经验。所以,那些失败,那些挫折,给了我们很大的教育,没有那些挫折,我们党是不会被教育过来的。

现在是搞建设,搞建设对于我们是比较新的事情。早几年在中央范围内就谈过,我们希望建设中所犯的错误,不要像革命中所犯的错误那么多、时间那么长。我们搞建设,是不是还要经过十四年的曲折,也要栽那么多筋斗呢?我说可以避免栽那么多筋斗。因为过去栽筋斗主要是个思想问题,是不认识、不觉悟的问题。

搞经济,我们也有了一些经验,现在搞这些新的科学技术我们还没有经验。安排经济,对人、对资本家、对民主党派、对知识分子的工作,我们比较学会了,我们有二十二年根据地的经验。世界上新的工业技术、农业技术我们还没有学会,虽然我们已经有了六年的经验,学会了许多东西,但是从根本上说,我们还要作很大的努力,主要靠第二个五年计划和第三个五年计划来学会更多的东西。

我们要造就知识分子。现在我们只有很少的知识分子。旧中国留下来的高级知识分子只有十万，我们计划在三个五年计划之内造就一百万到一百五十万高级知识分子（包括大学毕业生和专科毕业生）。到那个时候，我们在这个方面就有了十八年的工作经验，有了很多的科学家和很多的工程师。那时党的中央委员会的成分也会改变，中央委员会中应该有许多工程师，许多科学家。现在的中央委员会，我看还是一个政治中央委员会，还不是一个科学中央委员会。所以，有人怀疑我们党能领导科学工作、能领导卫生工作，也是有一部分道理的，因为你就是不晓得，你就是不懂。现在我们这个中央的确有这个缺点，没有多少科学家，没有多少专家。

我想，我们应该避免而且可以避免走那么多弯曲道路，主观主义这个东西可以更多地肃清，宗派主义也可以更少一点。我们这个党，在最近若干年以来，就中央来说，就高级干部来说，是个宗派主义比较少的党，也是主观主义比较少的党。你说主观主义有那么多，你就不能解释，为什么革命搞胜利了，现在搞建设又有了成绩。你说宗派主义有那么多，那为什么我们没有陷于孤立？在革命时期没有陷于孤立，在建设时期也没有陷于孤立。可见我们的主观主义不是那么多，宗派主义也比较少。但是我们还是有主观主义，还是有宗派主义，包括中央发布的文件中间也有。例如一长制〔9〕，中央曾经批转过某些地区的经验，认为可以试行。那个时候对这个问题还没有经验，就不能下一个断语，说一长制不好。一直到不久以前，我们才断定一长制不好，集体领导同个人负责相结合的制度好。

现在讲党内的关系。党内的关系如何，关系极大，关系到能不能团结全国人民、团结全世界人民。所以，这一次的大会有一点跟七大相同，就是要开成一个团结的大会。

关于中央委员会的名单，刚才陈云[10]同志说了，几位同志也说了，这个名单反映了我们的革命过程。这个名单里头，工人少，上海工人差不多没有，天津工人也没有，武汉、重庆、广州、沈阳、鞍山、大连、青岛的工人也没有，北京工人也没有。那好，你这个中央是不是马克思主义的中央？是不是无产阶级的中央？我们这个中央历来就是无产阶级成分很少。现在开八大，全国搞工业化建设，无产阶级成分还这么少，为什么？因为中国革命走的是农村包围城市的道路，革命在农村先发展先胜利。许多同志在根据地搞了很久，二十多年，也有一部分同志是在白区奋斗，有的长期坐班房。这些人在斗争中积累了经验，学会了马克思主义，思想发展得成熟了，有一部分便进入了中央委员会。而在产业工人集中的城市，革命是最后胜利的，到现在才有几年时间。所以现在，也许到九大、十大，都不可能有很多工人选到中央委员会里头来。刚才陈云同志讲了，有些工人将来发展起来，做了一些负责工作，当了工程师或者厂长，表现出他们的能力了，那时候，我们中央委员会的成分就会要起变化。所以，不能因为工人成分少就说我们这个中央不是马克思主义的中央。不能说我们的党是伟大的、光荣的、正确的，但又不是马克思主义的。我们的中央是一个马克思主义的中央。你说不是马克思主义的中央，我们为什么会反对帝国主义呀？为什么会搞社会主义呀？世界无产阶级的领袖马克思、恩格斯、列宁、斯大林这几位也都不是工人出身。我们的党按成分来说，是无产阶级和过去的半无产阶级为主要成分的党，还有一部分中农和知识分子。应该肯定，我们的中央是马克思主义的中央，我们的党是马克思主义的党。我们的党能够领导民主革命，这已经在历史上证明了，又能够领导社会主义革命，现在也证明了，我们的社会主义革命已经基本上胜利了。我们党能够领导经济建设，这一点还没有完全证明，需要经过三个五年计划。现在我们已经差不多完成第一个五年计划〔11〕了，连恢复国民经济的三年，搞经济建设也有七年了。根据我们在革命时期自己的觉悟，即觉悟到过去犯的错误是什么，后头改正错误应该怎么改法，现在我们虽然还有主观主义、宗派主义、官僚主义的残余，这些东西是可能减少的。完全肃清很难说，肃清了还会有，但是可以减少，可以大为减少。

关于一百七十个人的中央委员会名单，有很多同志，才也好，德也好，错误犯得也比较少，论才、论德、论犯错误的情况，他们都很好，但是没有列上，是否不公道呢？这一点陈云同志讲了，别的同志也讲了，问题是这个名单如果要扩大，就要扩大到二百多、二百五六十，一扩大到二百五六十，就要扩大到三百多。我们取得革命胜利还只有七年，如果照苏联那样算下去，到革命胜利四十年那个时候，可能要搞个两三千人的中央委员会！那就只开中央委员会会议，不要开代表大会了。

我还想起一个理由，应该再加以解释。别人的例子很多，我想我这个人也可以作为一个例子。有些话我过去也没有讲过，想在今天跟你们谈一谈。我在第五次代表大会上只有发言权，没有选举权。我这个人也是犯错误不少，但是当时他们又不讲我的错误在哪个地方，只让当个候补代表。第一次代表大会我到了。第二次代表大会没有到。第三次代表大会是在广州开的，又到了，被选为中央委员。第四次代表大会又没有到，丢了中央委员。大概我这个人逢双不吉利。第五次代表大会到了，当候补代表，也很好，被选为候补中央委员。这对于我有坏处没有呢？我说是有好处，没有什么坏处。至于其他，主要是三次“左”倾路线时期，给我的各种处分、打击，包括“开除党籍”、开除政治局候补委员，赶出红军等，有多少次呢？记得起来的有二十次。比如，不选作中央委员，只给发言权不给表决权；撤销一些职务，如中央农民委员会书记、党代表（井冈山时候）、前委书记等。“开除党籍”了又不能不安个职务，就让我当师长。我这个人当师长，就不那么能干，没有学过军事，因为你是个党外民主人士了，没有办法，我就当了一阵师长。你说开除党籍对于一个人是高兴呀，我就不相信，我就不高兴。井冈山时期一个误传消息来了，说中央开除了我的党籍，这就不能过党的生活了，只能当师长，开支部会我也不能去。后头又说这是谣传，是开除出政治局，不是开除党籍。啊呀，我这才松了一口气！那个时候，给我安了一个名字叫“枪杆子主义”，因为我说了一句“枪杆子里头出政权”。他们说政权哪里是枪杆子里头出来的呢？马克思没有讲过，书上没有那么一句现成的话，因此就说我犯了错误，就封我一个“枪杆子主义”。的确，马克思没有这么讲过，但是马克思讲过“武装夺取政权”，我那个意思也就是武装夺取政权，并不是讲步枪、机关枪那里头就跑出一个政权来。后头又被封为“一贯机会主义”。对我最有益处的，就是封我为“狭隘经验论”。我在《中国革命战争的战略问题》那本书中就学鲁迅的办法，“报复”了一笔，批评那些骂“狭隘经验论”的人是错误的。所谓“狭隘经验论”就不是马克思主义。那个时候他们认为山里头没有马克思主义，因为我们在山里头，城市里头就有马克思主义。他们就忘记了，他们也来到山上了，而我们从前也是在城里的。我们早到山上两三年，就没有马克思主义了。他们刚刚来，因为是在城市里待的时间长，就有那么多马克思主义。填表的时候不是要填过去受过什么处罚吗？这些事情，现在填表我都不填，因为这样多，要填一大堆，而且这些没有一条是我承认的。我是犯过错误的。比如打仗，高兴圩打了败仗，那是我指挥的；南雄打了败仗，是我指挥的；长征时候的土城战役是我指挥的，茅台那次打仗也是我指挥的。在井冈山时我提的那个土地法很蹩脚，不是一个彻底的土地纲领。肃反时我犯了错误，第一次肃反肃错了人。如此等等。这些真错误他们不处罚，而那大约二十次左右的处罚和打击，都是没有确实根据的。特别是那个“狭隘经验论”刺激了我。似乎马克思主义只有一家，别无分店。是不是分店也可以搞一点马克思主义呢？我又不懂外国文，外国也没有去过，只是看了一些翻译的书。我总是跟一些同志讲，马克思列宁主义是可以学到的，即便学不到那么多，多少总可以学到一点。

我想同志们中间可能也有多多少少受过冤枉受过委屈的。对于那些冤枉和委屈，对于那些不适当的处罚和错误的处置，比如把自己打成什么“机会主义”，撤销自己的职务，调离自己的职务等等，可以有两种态度。一种态度是从此消极，很气愤，不满意；另一种态度是把它看作一种有益的教育，当作一种锻炼。你晓得，这个世界就是这么个世界，要那么完全公道是不可能的，现在不可能，永远也不可能。我是这么看，也许我比较悲观。有那么一些人非常乐观，说到了共产主义社会一点矛盾也没有了，我就不相信。有矛盾，就要出主观主义，就要犯错误。那些人并不是跟我们前世有冤，今世有仇，从前都不认识，他为什么要整你呢？就是因为思想不同，对问题的看法不一样。后来证明，政策问题上思想统一了，就完全团结了。所谓不团结，都是思想上有距离，政治问题、政策问题上有争论。除开极个别的别有用心钻到党内来破坏的敌对分子以外，所有犯错误的人，不管他犯的错误怎么严重，哪怕是路线错误，也只是思想不对头。既是思想问题，那末改正错误就是改正思想的问题，就是整风学习的问题，讨论研究的问题。而各种不公平的事情在任何社会都是难免的。那怎么办呢？我们就是力争求得一个比较的公平。应该说，我们党的七大的选举，七大以后到现在，党内是比较地公平一些。凡事都是有比较的，不是绝对的，绝对的公平或者绝对的不公平，是不可能的。如果地方的同志说中央搞得不好，那末，地方同志的事情是不是搞得十全十美，一点不公平都没有？我就不相信。有些事情想不到，有些事情想错了，有些事情安排不恰当，是难免的。

事情往往有很大的偶然性。有这样一个故事，一些人去考试，一个名叫孙山的人去看了榜回来，别人问他自己的儿子考上没有，他说“解名尽处是孙山，贤郎更在孙山外”。意思是说最后一名是我孙山，你的儿子在我孙山后面，没有考取。这就是所谓“名落孙山”的典故。我说今天没有列上名单的同志，即名落孙山的同志，很可能是将来在中国起很大作用的同志。当然这是说可能，也不一定是这样。也许是孙山以内的人将来起很大作用。这有两种可能。至于将来几十年以后怎么样，那是二十一世纪的事，我们可以不去管他。我们这个名单管不了。我们这个名单大概只管到二十世纪。同志们，我并不是许愿，也不是说你们现在不选上更好一些，是说要斟酌，要各方面平衡。至于哪个起作用大一点，哪个起作用小一点，这里头有很大的偶然性。比如刚才讲的名单中上海工人、天津工人、大城市的工人很少，这就是一种偶然性。必然性是经过偶然性来表现的。因为大革命失败后中国的革命是在乡村里头先搞的，乡村里搞革命的人学到了马克思主义。你说山上没有马克思主义，我看山上确有马克思主义，因为大家都上了山，有这么多根据地嘛！

刚才政治局跟各代表团的负责同志商量，觉得可以增加少数人，如果通不过，也可以减少几个人。七大就是这样，有两位同志，几次在候选名单上提了他们，最后就是没有选上。这次也可能有个别同志虽然在名单中提出了，但是选不上。我们可以建议，但不能强加于人，不能强加于代表们，权利完全在代表们手里头。因此，代表们在预选时，这张一百七十人的名单里头可以调换某些人，可以减少某些人，就是不要超过这个总人数。为了开票的时候好计算，不混在一起，可以在另外一张纸上写上你认为可以增加的人选，增加几个也可以，增加十几个也可以，你爱增加多少就增加多少。这样搞有什么好处呢？可以提供一些情况让中央考虑正式名单里头是否要增加若干同志。这样，中央可以根据得票数的多少，根据各方面情况，斟酌出一个正式的候选人名单，并且分出正式中央委员候选人和候补中央委员候选人，提出最后确定的名额。比如不是一百七十人，而是一百七十几，或者还是一百七十，或者如果划掉的多，就再减少几个。这些都请同志们考虑。

根据中央档案馆保存的讲话记录稿刊印。

注　　释

〔1〕这是毛泽东在中国共产党第八次全国代表大会预备会议第二次全体会议上的讲话。

〔2〕七大，即中国共产党第七次全国代表大会。见本卷第98页注〔3〕。

〔3〕陈独秀右倾机会主义路线的错误，见本卷第56页注〔3〕。

〔4〕三次“左”倾路线的错误，指一九二七年十一月至一九二八年四月以瞿秋白为代表的“左”倾盲动主义错误，一九三〇年六月至九月以李立三为代表的“左”倾冒险主义错误和一九三一年一月至一九三五年一月遵义会议前以王明为代表的“左”倾冒险主义错误。

〔5〕张国焘路线的错误，见本卷第58页注〔12〕。

〔6〕王明右倾路线的错误，见本卷第48页注〔19〕。

〔7〕遵义会议，指长征途中一九三五年一月十五日至十七日在贵州遵义举行的中共中央政治局扩大会议。这次会议集中讨论和纠正了军事上和组织上的错误，结束了王明“左”倾冒险主义在党中央的统治，确立了以毛泽东为代表的新的中央的正确领导，在最危急的关头挽救了红军，挽救了党。

〔8〕延安整风，见本卷第59页注〔13〕。

〔9〕一长制，是当时苏联实行的一项重要的生产管理制度，其主要内容是赋予各个企业的行政主要负责人在履行职责过程中做出裁决的充分权力。

〔10〕陈云（一九〇五——一九九五），江苏青浦（今属上海市）人。当时任中共中央政治局委员、中央书记处书记。

〔11〕第一个五年计划，见本卷第3页注〔3〕。

关于中共中央设副主席和总书记的问题[1]

（一九五六年九月十三日）

我在这里还要谈一下关于设副主席和总书记的问题。上一次也谈过，中央准备设四位副主席，就是少奇同志，恩来同志，朱德同志，陈云[2]同志。另外，还准备设一个书记处，书记处的名单还没有定，但总书记准备推举邓小平[3]同志。四位副主席和总书记的人选是不是恰当？当然，这是中央委员会的责任，由中央委员会去选举。但是要使代表们与闻，请你们去征求征求意见，好不好？对于我们这样的大党，这样的大国，为了国家的安全、党的安全，恐怕还是多几个人好。

党章上现在准备修改，叫做“设副主席若干人”。首先倡议设四位副主席的是少奇同志。一个主席、一个副主席，少奇同志感到孤单，我也感到孤单。一个主席，又有四个副主席，还有一个总书记，我这个“防风林”就有几道。“天有不测风云，人有旦夕祸福”，这样就比较好办。除非一个原子弹下来，我们几个恰恰在一堆，那就要另外选举了。如果只是个别受损害，或者因病，或者因故，要提前见马克思，那末总还有人顶着，我们这个国家也不会受影响，不像苏联那样斯大林一死就不得下地了。我们就是要预备那一手。同时，多几个人，工作上也有好处。设总书记完全有必要。我说我们这些人，包括我一个，总司令[4]一个，少奇同志半个（不包括恩来同志、陈云同志跟邓小平同志，他们是少壮派），就是做跑龙套工作的。我们不能登台演主角，没有那个资格了，只能维持维持，帮助帮助，起这么一个作用。你们不要以为我现在在打退堂鼓，想不干事了，的确是身体、年龄、精力各方面都不如别人了。我是属于现状维持派，靠老资格吃饭。老资格也有好处，因为他资格老。但是能力就不行了，比如写文章，登台演说，就不行了。同志们也很关心我们这些人，说工作堆多了恐怕不好，这种舆论是正确的。那末，什么人当主席、副主席呢？就是原来书记处的几个同志。这并不是说别的同志不可以当主席、副主席，同志们也可以另外提名，但是按照习惯，暂时就是一个主席、四个副主席。我是准备了的，就是到适当的时候就不当主席了，请求同志们委我一个名誉主席。名誉主席是不是不干事呢？照样干事，只要能够干的都干。

请同志们酝酿酝酿，看这样是否妥当。中心的目的就是为了国家的安全，多几个人，大家都负一点责任。至于秘书长改为总书记，那只是中国话变成外国话。（邓小平：我还是比较安于担任秘书长这个职务。）他愿意当中国的秘书长，不愿意当外国的总书记。其实，外国的总书记就相当于中国的秘书长，中国的秘书长就相当于外国的总书记。他说不顺，我可以宣传宣传，大家如果都赞成，就顺了。我看邓小平这个人比较公道，他跟我一样，不是没有缺点，但是比较公道。他比较有才干，比较能办事。你说他样样事情都办得好呀？不是，他跟我一样，有许多事情办错了，也有的话说错了；但比较起来，他会办事。他比较周到，比较公道，是个厚道人，使人不那么怕。我今天给他宣传几句。他说他不行，我看行。顺不顺要看大家的舆论如何，我观察是比较顺的。不满意他的人也会有的，像有人不满意我一样。有些人是不满意我的，我是得罪过许多人的，今天这些人选我，是为了顾全大局。你说邓小平没有得罪过人？我不相信，但大体说来，这个人比较顾全大局，比较厚道，处理问题比较公正，他犯了错误对自己很严格。他说他有点诚惶诚恐，他是在党内经过斗争的。

至于陈云同志，他也无非是说不行、不顺。我看他这个人是个好人，他比较公道、能干，比较稳当，他看问题有眼光。我过去还有些不了解他，进北京以后这几年，我跟他共事，我更加了解他了。不要看他和平得很，但他看问题尖锐，能抓住要点。所以，我看陈云同志行。至于顺不顺，你们大家评论，他是工人阶级出身，不是说我们中央委员会里工人阶级成分少吗？我看不少，我们主席、副主席五个人里头就有一个。请你们在代表里头酝酿一下，因为政治局委员、书记处书记、主席、副主席要一道提出一个整个的名单，要一道选。至于常委，准备就由主席、副主席和总书记组成。这不是说别的人不可以当常委，别人也可以，因为要提一个就可以有第二个，还可以有第三个，所以暂时用这么一种办法。这就是把过去的书记处变成常委，只是比过去多了一个总书记。还要设一个书记处，书记处的人数可能要多几个，书记、候补书记可以有十几个人。很多事情要在那里处理，在那里提出议案。政治局委员的名额也要扩大，不是十三个，要扩大到二十人左右。因为我们的中央委员会是一百七十人，也许一百七十几。看是不是可以这样安排？今天不作决定。

根据中央档案馆保存的讲话记录稿刊印。

注 释

〔1〕这是毛泽东在中共七届七中全会第三次会议上讲话的一部分。

〔2〕陈云，当时任中共中央政治局委员、中央书记处书记。在一九五六年九月二十八日举行的中共八届一中全会上，当选为中央政治局常委、中央副主席。

〔3〕邓小平，当时任中共中央政治局委员、中央秘书长。在一九五六年九月二十八日举行的中共八届一中全会上，当选为中央政治局常委、中央总书记。

〔4〕指朱德。

中国共产党
第八次全国代表大会开幕词

（一九五六年九月十五日）

同志们：

中国共产党第八次全国代表大会，现在开幕了。（全体起立，长时间的热烈鼓掌）

从我们党的第七次全国代表大会[1]以来的十一年间，在全中国和全世界，为了共产主义和人类解放事业而英勇奋斗和辛勤工作，因而付出了自己生命的同志和朋友，是很多的，我们应当永远纪念他们。（全体起立，默哀）

我们这次大会的任务是：总结从七次大会以来的经验，团结全党，团结国内外一切可能团结的力量，为了建设一个伟大的社会主义的中国而奋斗。（热烈鼓掌）

在七次大会以来的十一年中，我们在一个地广人多、情况复杂的大国内，彻底地完成了资产阶级民主革命，又取得了社会主义革命的决定性的胜利。在两个革命的实践中，证明了从七次大会到现在，党中央委员会的路线是正确的，我们的党是一个政治上成熟的伟大的马克思列宁主义的政党。（热烈鼓掌）我们的党现在比过去任何时期都更加团结，更加巩固了。

(热烈鼓掌)我们的党已经成了团结全国人民进行社会主义建设的核心力量。(热烈鼓掌)我们各方面的工作都有很大的成绩。我们的工作是做得正确的,但是也犯过一些错误。在这次大会上,需要把我们工作中的主要经验,包括成功的经验和错误的经验,加以总结,使那些有益的经验得到推广,而从那些错误的经验中取得教训。

就国内的条件来说,我们胜利的获得,是依靠了工人阶级领导的工农联盟,并且广泛地团结了一切可能团结的力量。为了进行伟大的建设工作,在我们的面前,摆着极为繁重的任务。虽然我们有一千多万党员,但是在全国人口中仍然只占极少数。在我们的各个国家机关和各项社会事业中,大量的工作要依靠党外的人员来做。如果我们不善于依靠人民群众,不善于同党外的人员合作,那就无法把工作做好。在我们继续加强全党的团结的时候,我们还必须继续加强各民族、各民主阶级、各民主党派、各人民团体的团结,继续巩固和扩大我们的人民民主统一战线,必须认真地纠正在任何工作环节上的任何一种妨害党同人民团结的不良现象。

在国际范围内,我们胜利的获得,是依靠了以苏联为首的和平民主社会主义阵营的支持,(热烈鼓掌)以及全世界爱好和平的人民的深厚同情。(热烈鼓掌)现在,国际形势的发展对于我国的建设事业是更加有利了。我国和各社会主义国家都需要和平,世界各国的人民也都需要和平。渴望战争、不要和平的,仅仅是少数帝国主义国家中的某些依靠侵略发财的垄断资本集团。由于爱好和平的国家和人民的不断努力,国际的局势已经趋向和缓。(鼓掌)为了争取世界的持久和平,我们必须进一步地发展同社会主义阵营中各个兄弟国家的友好合作，（热烈鼓掌）并且同一切爱好和平的国家加强团结。（热烈鼓掌）我们必须争取同一切愿意和我们和平相处的国家，在互相尊重领土主权和平等互利的基础上，建立正常的外交关系。亚洲、非洲和拉丁美洲各国的民族独立解放运动，以及世界上一切国家的和平运动和正义斗争，我们都必须给以积极的支持。（热烈鼓掌）我们坚决支持埃及政府收回苏伊士运河公司的完全合法的行动，坚决反对任何侵犯埃及主权和对于埃及实行武装干涉的企图。（热烈鼓掌）我们必须使帝国主义的制造紧张局势和准备战争的阴谋彻底破产。（长时间的热烈的鼓掌）

我国的革命和建设的胜利，都是马克思列宁主义的胜利。把马克思列宁主义的理论和中国革命的实践密切地联系起来，这是我们党的一贯的思想原则。许多年来，特别是从一九四二年整风运动〔2〕以来，我们在加强党内的马克思列宁主义的教育方面，做了许多工作。现在，比起整风运动以前，我们党的马克思列宁主义的思想水平，已经提高了一步。但是我们还有严重的缺点。在我们的许多同志中间，仍然存在着违反马克思列宁主义的观点和作风，这就是：思想上的主观主义、工作上的官僚主义和组织上的宗派主义。这些观点和作风都是脱离群众、脱离实际的，是不利于党内和党外的团结的，是阻碍我们事业进步、阻碍我们同志进步的。必须用加强党内的思想教育的方法，大力克服我们队伍中的这些严重的缺点。（鼓掌）

十月革命以后，列宁给苏联共产党提出了这样的任务：学习，再学习。〔3〕苏联的同志们，苏联的人民，按照列宁的指示做了。他们在不长的时间内，取得了极其灿烂的成就。（长时间的热烈的鼓掌）苏联共产党在不久以前召开的第二十次代表大会上，又制定了许多正确的方针，批判了党内存在的缺点。可以断定，他们的工作，在今后将有极其伟大的发展。（长时间热烈的鼓掌）

我们现在也面临着和苏联建国初期大体相同的任务。要把一个落后的农业的中国改变成为一个先进的工业化的中国，我们面前的工作是很艰苦的，我们的经验是很不够的。因此，必须善于学习。要善于向我们的先进者苏联学习，（鼓掌）要善于向各人民民主国家学习，（鼓掌）要善于向世界各兄弟党学习，（鼓掌）要善于向世界各国人民学习。（鼓掌）我们决不可有傲慢的大国主义的态度，决不应当由于革命的胜利和在建设上有了一些成绩而自高自大。国无论大小，都各有长处和短处。即使我们的工作得到了极其伟大的成绩，也没有任何值得骄傲自大的理由。虚心使人进步，骄傲使人落后，我们应当永远记住这个真理。（热烈鼓掌）

同志们，我和大家都相信：已经得到解放的中国人民的力量是无穷无尽的，我们又有伟大的盟国苏联和其他兄弟国家的援助，（鼓掌）我们又有世界上一切兄弟党的支持，（鼓掌）又有世界上一切同情者的支持，（鼓掌）我们并没有孤立的感觉，这样，我们就一定能够一步一步地把我国建设成为一个伟大的社会主义工业化的国家。（热烈鼓掌）我们这次大会，对于我国的建设事业的前进，将要起很大的推动作用。（鼓掌）

今天在座的有五十几个国家的共产党、工人党、劳动党和人民革命党的代表。（长时间热烈的鼓掌）他们都是马克思列宁主义者，他们和我们有一种共同的语言。（鼓掌）他们走了很长的路程来到我国，以崇高的友谊参加我们党的这次代表大会。这对于我们是一个很大的鼓舞和支持。（热烈鼓掌）我们对他们表示热烈的欢迎。（全体起立，长时间的热烈的鼓掌）

今天在座的还有我们国内各民主党派和无党派民主人士的代表。（热烈鼓掌）他们是和我们一道工作的亲密的朋友。（鼓掌）他们一向给了我们很多的帮助。（鼓掌）我们对他们表示热烈的欢迎。（全体起立，长时间的热烈的鼓掌）

根据一九五六年九月十六日
《人民日报》刊印。

注　　释

〔1〕中国共产党第七次全国代表大会，见本卷第98页注〔3〕。

〔2〕整风运动，见本卷第59页注〔13〕。

〔3〕见列宁《俄国革命的五年和世界革命的前途》："我们今天最重要的任务就是学习再学习"。（《列宁选集》第4卷，人民出版社1995年版，第728页）又见列宁《宁肯少些，但要好些》："为了革新我们的国家机关，我们一定要给自己提出这样的任务：第一是学习，第二是学习，第三还是学习"。（《列宁选集》第4卷，人民出版社1995年版，第786页）

吸取历史教训，反对大国沙文主义[1]

（一九五六年九月二十四日）

我们欢迎你们来到中国。你们来，我们很高兴。我们得到你们的支持，得到各国兄弟党的支持。当然，我们也支持你们，支持所有的兄弟党。现在世界上马列主义的共产党的阵线，不管是在取得胜利的地方，或者是在尚未取得胜利的地方，都是团结一致的。但是也有过不团结的时候。我们有对不起你们的地方。过去听了情报局[2]的意见，我们虽然没有参加情报局，但对它也很难不支持。这是一九四八年的事。一九四九年情报局骂你们是刽子手、希特勒[3]分子，对那个决议我们没表示什么。一九四八年我们写过文章[4]批评你们。其实也不应该采取这种方式，该和你们商量。假如你们有些观点是错了，可以向你们谈，由你们自己来批评，不必那样急。反过来，你们对我们有意见，也可以采取这种办法，采取商量、说服的办法。在报纸上批评外国的党，成功的例子很少。这次事件对国际共产主义运动来说，是取得了一个深刻的历史教训。你们吃了亏，但对国际共产主义运动说来，却取得了犯错误的教训。要充分认识这个错误。

你们承认新中国，我们没有回答，也没有反对。当然我们不能也不应该反对，而且也没有理由反对。英国帝国主义承认我国的时候，我们都没有反对，你们社会主义国家承认的时候，又有什么理由反对呢？

那时没有回答你们，也有一个原因，就是苏联朋友不愿意我们和你们建交。那末中国是不是独立国呢？当然是独立国。既然独立，为何要听他们的话呢？同志！那时苏联提出这样的意见，我们不同意也很难办。当时有人说世界上有两个铁托〔5〕，一个在南斯拉夫，一个在中国。当然没有作出决议说毛泽东就是铁托。我对苏联同志讲过，你们怀疑我是半个铁托，现在他们不承认。从何时起才摘下半个铁托的帽子呢？从抗美援朝〔6〕打击了美帝国主义以后，才摘下了这个帽子。

过去的王明路线〔7〕，实际上就是斯大林路线。它把当时我们根据地的力量搞垮了百分之九十，把白区几乎搞垮了百分之百。少奇同志在八大〔8〕的报告中也谈到这一点。为什么不公开说明这就是斯大林的路线呢？这也有原因。苏联可以公开批评斯大林，我们公开批评就不那么好。我们应该和苏联搞好关系。也许过一些时候可能公开提出。世界上的事总是这样，事实就是事实。那时第三国际〔9〕做了许多错事。第三国际前后两段还好，中间有一大段不好：列宁在世的时候好，后来季米特洛夫〔10〕负责的时候也较好。中国第一次王明路线搞了四年，对中国革命的损失最大。王明现在在莫斯科养病，我们还要选他当中央委员。他是我们党的教员，是教授，无价之宝，用钱都买不到的。他教育了全党不能走他的路线。

这是我们第一次吃斯大林的亏。

第二次是抗日战争的时候。王明是可以直接见斯大林的，他能讲俄文，很会捧斯大林。斯大林派他回国来。过去他搞“左”倾，这次则搞右倾。在和国民党合作中，他是“梳妆打扮，送上门去”，一切都服从国民党。他提出了六大纲领[11]，推翻我们党中央的十大纲领[12]，反对建立抗日根据地，不要自己有军队，认为有了蒋介石，天下就太平了。我们纠正了这个错误。蒋介石也“帮助”我们纠正了错误。王明是“梳妆打扮，送上门去”，蒋介石则是“一个耳光，赶出大门”。蒋介石是中国最大的教员，教育了全国人民，教育了我们全体党员。他用机关枪上课，王明则用嘴上课。

第三次是在第二次世界大战结束、日本投降以后。斯大林和罗斯福、丘吉尔[13]开会，决定把中国全部都给美国，给蒋介石。当时从物质上和道义上，尤其是道义上，斯大林都没有支持我们共产党，而是支持蒋介石的。决定是在雅尔塔会议[14]上作出的。斯大林把这件事告诉了铁托，在铁托自传中有这段谈话。

共产国际解散后我们比较自由些。这以前，我们已经开始批评机会主义，开展整风运动[15]，批评王明路线。整风实际上也是批判斯大林和第三国际在指导中国革命问题上的错误，但是关于斯大林和第三国际我们是一字未提。不久的将来也许要提。过去不提的原因有二：一、既然中国人听了他们的话，那末中国人自己就应该负责。谁叫我们去听他们的话呢？谁叫我们去犯“左”倾、右倾的错误呢？有两种中国人：一种是教条主义者，他们就听斯大林那一套；另一种中国人就不听那一套，并且批评教条主义者。二、我们和苏联的关系中不愿引起不愉快。第三国际没有检讨这些错误，苏联也没有提到这些错误，我们提出批评就会同他们闹翻的。

第四次，就是说我是半个铁托或准铁托。不仅苏联，就是在其他社会主义国家和非社会主义国家中，都有相当一些人曾经怀疑中国是否真正的革命。

你们可能不很了解，为什么现在中国还挂斯大林的像。莫斯科的同志通知我们，他们不挂斯大林的像了，游行的时候只拿列宁及其他活着的领袖的像，当然没说也让中国照办。我们很为难。斯大林的四条错误，中国人民并不知道，就我们整个的党来说也是不知道的。这和你们的情况不同，你们的事人民都知道，全世界都知道。我们党内知道两次王明路线的错误，但人民并不知道这是来自斯大林的错误。至于斯大林不让中国革命和怀疑我是半个铁托的错误，只有我们党中央知道。

我们支持苏联作为中心，这对社会主义运动有利。这一点你们也许不同意。赫鲁晓夫〔16〕批评斯大林，你们从上到下都欢迎，而我们就不同，我们人民不满意。因此，中国不挂斯大林像不行。过去我们游行中拿着马、恩、列、斯的像，拿着几个中国人——毛、刘、周、朱〔17〕的像和兄弟党领袖的像。现在我们采取了“打倒一切”的办法：谁的像都不拿。今年“五一”波波维奇大使在北京，你看游行时不是没有拿像吗？但是有五个死人——马、恩、列、斯、孙〔18〕的像，和一个活人——毛泽东的像，还挂着。挂就挂吧。你们南斯拉夫人可能说，苏联都不挂斯大林的像了，你们中国人还挂。

到现在还有人怀疑我们社会主义建不成功，说我们是假共产党，那又有什么办法呢？这些人吃完饭，睡完觉，就在那里宣传，说什么中国党不是真正的共产党，中国建不成社会主义，要建成那才怪呢！看吧，中国也许要变成一个帝国主义，除了美、英、法帝国主义以外，又出现了第四个帝国主义——中国！现在中国没有工业，没有资本，可是过一百年以后，那才厉害呢！成吉思汗〔19〕复活，欧洲又要吃亏，也许要打到南斯拉夫去！要防范“黄祸”呀！

绝不会如此！中国党是个马列主义的政党，中国人民是爱好和平的。我们认为，侵略就是犯罪，我们不侵犯别人一寸土、一根草。我们是爱好和平的，是马克思主义的。

在国际上，我们反对大国主义。我们工业虽少，但总算是大国，所以就有些人把尾巴翘起来。我们就告诉这些人“不要翘尾巴，要夹紧尾巴做人”。我小的时候，我的妈妈就常常教育我“夹紧尾巴做人”。这句话很对，现在我就时常对同志们讲。

在国内，我们反对大汉族主义。这种倾向危害各民族的团结。大国主义和大汉族主义都是宗派主义。有大国主义的人，只顾本国的利益，不顾人家。大汉族主义，只顾汉族，认为汉族最高级，就危害少数民族。

以前有人认为，中国人不愿和别人友好，要和苏联分裂，要成为祸害。现在，在社会主义国家里，这样的人少了，从抗美援朝起开始减少。而帝国主义则不同了，中国愈强大，他们就愈怕。但他们也知道中国工业不发达，只靠人多力量大，没什么可怕。他们第一怕苏联，第二才怕中国，怕我们的政治，怕我们在亚洲起影响。所以他们就经常说，中国不得了，将要侵略，等等。

我们非常谨慎小心，不盛气凌人，遵守五项原则〔20〕。我们自己曾是被欺侮的，知道受欺侮的滋味不好受。你们可能也有同感吧？

关于中国的前途，就是搞社会主义。要使中国变成富强的国家，需要五十到一百年的时光。现在已不存在障碍中国发展的力量。中国是一个大国，它的人口占全世界人口的四分之一，但是它对人类的贡献是不符合它的人口比重的。将来这种状况会改变的，可是这已不是我这一辈的事，也不是我儿子一辈的事。将来要变成什么样子，是要看发展的。中国也可能犯错误，也可能腐化，由现在较好的阶段发展到不好的阶段，然后又由不好的阶段发展到较好的阶段。当然即便不好总不会像蒋介石时代那样黑暗，是辩证的，即肯定、否定、否定之否定，这样曲折地发展下去。

腐化、官僚主义、大国主义、骄傲自大，中国都可能犯。现在中国人有谦虚的态度，愿意向别人学习，这也是有原因的，我们没有本钱：一、我们原先没有马列主义，这是学别人的；二、我们没有十月革命，是在十月革命三十二年以后才在一九四九年取得革命胜利的；三、第二次世界大战中我们是一个支队，不是主力军；四、我们没有工业化，主要是农业和破破烂烂的手工业。因此，就是有人想翘尾巴，也没有本钱，顶多翘一两公尺。但是我们要预防将来，十年、二十年以后就危险了，四十年、五十年以后就更危险了。

同志们，我劝你们也要注意这一点。你们工业化程度比较高，发展比较快，斯大林整了你们，但是有理的是你们，真理在你们这一方面。这都可能成为你们的包袱。

上面讲的斯大林对我们犯的四条错误，也可能变成为我们的包袱。中国过几十年在工业化后，翘尾巴的可能性就更大了。你们回去以后，请告诉你们的下一代，将来中国如果翘尾巴，翘到一万公尺以上，就批评它。要监督中国，要全世界都来监督中国。那个时候我就不在了，去找马克思开代表大会了。

我们过去对不起你们，欠了你们的账。杀人偿命，欠债还钱。我们写过文章批评你们，为什么现在还要沉默呢？在批评斯大林以前，有些问题不能说得这样清楚。过去我和波波维奇谈话时只是说：苏联不批评斯大林，我们就不好批评；苏联不与南斯拉夫恢复关系，我们也不好和你们建交。现在就可以讲了，关于斯大林的四条错误，我就和苏联朋友讲过，和尤金〔21〕讲过，将来见到赫鲁晓夫时也要对他讲。你们是同志，所以也和你们讲了，但是现在还不能登报，不能让帝国主义知道。以后也许有一两条错误要公开讲的。我们和你们不同，你们在铁托自传中提到斯大林的错误，因为你们和苏联断绝了关系。

斯大林提倡辩证唯物主义，有时也缺乏唯物主义，有点形而上学；写的是历史唯物主义，但做的常是历史唯心主义。他有些做法走极端，个人神化、使人难堪等等，都不是唯物主义的。

我在见到斯大林之前，从感情上说对他就不怎么样。我不太喜欢看他的著作，只看过《论列宁主义基础》、批判托洛茨基的一篇长文章〔22〕、《胜利冲昏头脑》等。他写的关于中国革命的文章我更不爱看。他和列宁不同，列宁是把心给别人，平等待人，而斯大林则站在别人的头上发号施令。他的著作中都有这种气氛。我见到他以后就更不高兴了，在莫斯科的时候和他吵得很厉害。斯大林有脾气，有时冲动起来，讲一些不大适当的话。

我曾写过一些歌颂斯大林的文章，一共三篇[23]：一篇是在延安庆祝他六十寿辰时写的，第二篇是在莫斯科的祝词，第三篇是他死后《真理报》要我写的。我向来不愿祝贺人家，也不愿人家祝贺我。但到莫斯科去祝寿，不歌颂他，还能骂他不成？他死后，苏联需要我们的支持，而我们也要支持苏联，就写了那篇歌功颂德的文章。这不是对斯大林个人的，而是对苏联党的。延安的那篇文章，我抛掉了个人感情，把他当做社会主义国家的领袖。那篇文章还比较有生气，其他两篇不是出于内心意愿，而是出于需要。人的生活就是这样矛盾的，感情上不愿写，但理智上不这样不行。

莫斯科批评斯大林以后，我们就可以讲这些情况了。今天把他的四条错误讲给你们听了，但是为了和苏联保持关系，不便在报纸上公开讲。在赫鲁晓夫的报告[24]中关于斯大林对我们犯的错误，只提到一个糖厂的问题，所以我们还不便公开讲。矛盾的事情还是有的。

苏联一般来说，总的是好的。他们有四个好：马列主义、十月革命、主力军、工业化。他们也有阴暗面，有些错误。成绩是主要的，错误是次要的。敌人利用对斯大林的批评在全世界展开攻势，我们应该支持苏联。他们的错误是会纠正的。对南斯拉夫的错误已由赫鲁晓夫纠正了。对于王明的错误，他们已经了解了，而过去我们批评王明，他们就不愿意。他们也取消了“半个铁托”的帽子，一共取消了一个半铁托。取消了给铁托戴的帽子，我们很高兴。

对斯大林的批评，我们人民中有些人还不满意。但是这种批评是好的,它打破了神化主义,揭开了盖子,这是一种解放,是一场“解放战争”,大家都敢讲话了,使人能想问题了。这也是肯定,否定,否定之否定。

自由、平等、博爱,是资产阶级的口号,而现在我们反而为它斗争了。是父子党,还是兄弟党?过去是父子党,现在有些兄弟党的味道了,但也还有些父子党的残余。这也是可以理解的,残余不是一天就能搞清的。去掉盖子以后,使人可以自由思考,独立思考。现在有点反封建主义的味道。由父子党过渡到兄弟党,反对了家长制度。那时的思想控制很严,胜过封建统治。一句批评的话都不能听,而过去有些开明君主是能听批评的。你们南斯拉夫想来也有过这样的君主,别人指着鼻子骂他都行。资本主义社会就比封建时代进了一步,美国两党——共和党和民主党可以相互骂架。

我们社会主义国家必须想些办法。当然,没有集中和统一是不行的,要保持一致。人民意志统一对我们有利,使我们在短期内能实现工业化,能对付帝国主义。但这也有缺点,就在于使人不敢讲话,因此要使人有讲话的机会。我们政治局的同志都在考虑这些问题。

我国很少有人公开批评我,我的缺点和错误人们都原谅。因为我们总是为人民服务的,为人民做了一些好事。我们虽然也有命令主义、官僚主义,但是人民觉得我们做的好事总比坏事多,因此人民就多予歌颂,少予批评。这样就造成偶像,有人批评我,大家就反对他,说是不尊重领袖。我和中央其他同志平均每天都能收到三百封信,其中总有几封信是批评我们的,但这都不署名,或署假名。他们并不怕我整他,而是怕周围的人整他。

你们提到的《论十大关系》，这是我和三十四个部长进行一个半月座谈的结果。我个人能提出什么意见呢？我只是总结了别人的意见，不是我的创造。制造任何东西都要有原料，也要有工厂。但我已不是一个好工厂了，旧了，要改良，要重新装备，像英国的工厂需要改装一样。我老了，不能唱主角了，只能跑龙套。你们看，这次党代表大会上我就是跑龙套，而唱戏的是刘少奇、周恩来、邓小平〔25〕等同志。

根据中央文献出版社、世界知识出版社一九九四年出版的《毛泽东外交文选》刊印。

注　　释

〔1〕这是毛泽东同参加中国共产党第八次全国代表大会的南斯拉夫共产主义者联盟代表团的谈话。

〔2〕情报局，指共产党和工人党情报局，是一九四七年九月在波兰华沙举行的保加利亚、罗马尼亚、匈牙利、波兰、苏联、法国、捷克斯洛伐克、意大利、南斯拉夫等九国共产党和工人党代表会议上通过成立的。一九四八年六月和一九四九年十一月，情报局会议先后通过了《关于南斯拉夫共产党状况的决议》和《南斯拉夫共产党在杀人犯和间谍掌握中》的决议。一九五六年四月情报局宣布停止活动。

〔3〕希特勒，见本卷第75页注〔3〕。

〔4〕指一九四八年十一月七日《人民日报》发表的《论国际主义与民族主义》一文。

〔5〕铁托，见本卷第48页注〔20〕。

〔6〕抗美援朝，见本卷第45页注〔2〕。

〔7〕王明路线，指以王明为代表的"左"倾冒险主义错误。见本卷第47页注〔18〕。

〔8〕八大,即中国共产党第八次全国代表大会。见本卷第 98 页注〔2〕。

〔9〕第三国际,即共产国际,见本卷第 57 页注〔7〕。

〔10〕季米特洛夫(一八八二——一九四九),保加利亚人,国际共产主义运动著名活动家。一九三五年至一九四三年任共产国际执行委员会总书记。

〔11〕指王明一九三七年十二月二十五日在武汉擅自发表的《中共中央对时局宣言》中提出的抗日战争必须实现的六项任务(也被称为六大纲领),即:一、动员全中国的武力、人力、智力、财力、物力,继续守土卫国的长期抗战;二、巩固和扩大全中国的统一的国民革命军;三、充实和加强全中国统一的国民政府;四、实行国防经济政策;五、建立巩固后方,动员和组织广大民众协助军队和政府积极抗战;六、扩大国际宣传和增加国际援助。这六大纲领取消了《中国共产党抗日救国十大纲领》中关于进行政治经济改革,废除国民党一党专政等项主张,并提出共产党领导的人民抗日武装要接受国民党政府的"统一指挥"。这就放弃了中国共产党在抗战中的独立自主地位和对统一战线的领导权,是对"十大纲领"的严重倒退。

〔12〕指一九三七年八月中共中央政治局扩大会议(洛川会议)通过的《中国共产党抗日救国十大纲领》,即:一、打倒日本帝国主义;二、全国军事的总动员;三、全国人民的总动员;四、改革政治机构;五、抗日的外交政策;六、战时的财政经济政策;七、改良人民生活;八、抗日的教育政策;九、肃清汉奸卖国贼亲日派;十、抗日的民族团结。

〔13〕罗斯福(一八八二——一九四五),美国民主党人,一九三三年至一九四五年任美国总统。丘吉尔(一八七四——一九六五),英国保守党人,一九四〇年至一九四五年任英国战时联合内阁首相。

〔14〕雅尔塔会议也称克里米亚会议,一九四五年二月四日至十一日苏、美、英三国首脑斯大林、罗斯福、丘吉尔在苏联克里米亚半岛的雅尔塔举行。会议协调了最后击败德国的军事计划,讨论了欧洲的战后安排和对日作战等问题,签署了《苏美英三国克里米亚会议公报》,就苏、美、英、法四国分区占领和管制德国的问题以及波兰问题等达成了协议。会上秘密签订了《苏美英三国关于日本的协定》(简称《雅尔塔协定》),规定苏联在欧洲战争结束后的二或三个月内参加对日作战;美、英方面承诺维持蒙古人民共和国现状;恢复一九〇五年日俄战争后俄国丧失的领土及其在中国东北的各项权益;将千岛群岛归于苏联。会上苏联表示准备同中国国民党政府签订友好同盟协定。

〔**15**〕整风运动，见本卷第59页注〔13〕。

〔**16**〕赫鲁晓夫（一八九四——一九七一），当时任苏联共产党中央委员会第一书记。

〔**17**〕毛，指毛泽东。刘，指刘少奇。周，指周恩来。朱，指朱德。

〔**18**〕孙，指孙中山。

〔**19**〕成吉思汗（一一六二——一二二七），元太祖，名铁木真。一二〇六年统一蒙古各部，建立蒙古汗国，称成吉思汗。他曾多次统率远征军侵略中亚、西亚、东欧等地区，给这些地区带来了极大的破坏。

〔**20**〕五项原则，指和平共处五项原则，包括互相尊重主权和领土完整、互不侵犯、互不干涉内政、平等互利、和平共处。一九五三年十二月至一九五四年四月，中国政府代表团同印度政府代表团就两国在中国西藏地方的关系问题在北京举行谈判。这五项原则是谈判开始时周恩来总理同印度政府代表团的谈话中提出的，后来正式写入双方达成的《关于中国西藏地方和印度之间的通商和交通协定》的序言中。一九五四年六月周恩来总理和印度尼赫鲁总理的联合声明以及此后的许多国际性文件中都采用了和平共处五项原则的提法。五项原则作为国与国之间关系的准则，已在世界上得到广泛的承认和使用。

〔**21**〕尤金，当时任苏联驻中国大使。

〔**22**〕指斯大林《托洛茨基主义还是列宁主义？》一文（《斯大林全集》第6卷，人民出版社1956年版，第281—309页）。

〔**23**〕指一九三九年十二月二十日在《新中华报》发表的《斯大林是中国人民的朋友》、一九四九年十二月二十一日《在莫斯科庆祝斯大林七十寿辰大会上的祝词》和一九五三年三月九日为悼念斯大林在《人民日报》发表的《最伟大的友谊》。

〔**24**〕指赫鲁晓夫一九五六年二月二十五日在苏联共产党第二十次代表大会作的《关于克服个人崇拜及其后果》的秘密报告。

〔**25**〕邓小平，当时任中共中央政治局委员、中央秘书长。在一九五六年九月二十八日举行的中共八届一中全会上，当选为中央政治局常委、中央总书记。

我们党的一些历史经验[1]

（一九五六年九月二十五日）

美帝国主义是你们的对头，也是我们的对头，也是全世界人民的对头。美帝国主义要干涉我们比干涉你们是困难一些。美国离我们很远，这是一种因素。但是，美帝国主义的手伸得很长，伸到我国的台湾，伸到日本、南朝鲜、南越、菲律宾等地。美国在英国、法国、意大利、冰岛、西德都驻了兵，在北非和中近东也有它的军事基地。它的手伸到全世界。它是一个世界性的帝国主义。它是全世界人民的反面教员。全世界人民要团结起来，互相帮助，在各个地方砍断它的手。每砍断它的一只手，我们就舒服一点。

中国过去也是受帝国主义、封建主义压迫的国家，我们的情况很接近。一个国家，农村人口多，存在封建势力，有不好的一面，但是，对于无产阶级领导的革命来说，又是好事，使我们有农民这个广泛的同盟军。十月革命前的俄国，有严重的封建主义，布尔什维克党[2]因为有广大农民的支持，革命取得了胜利。我国更其如此。我国是农业国，有五亿多的人口住在农村。过去打仗主要是依靠农民。现在我国城市资产阶级很快地服从社会主义改造，也是因为农民组织起来了，农业合作化了。因此，党在农民中的工作非常重要。

照我看来，封建主义严重的国家里，无产阶级政党要到农村中去找农民。知识分子下乡找农民，如果态度不好，就不能取得农民的信任。城市的知识分子对农村事物、农民心理不大了解，解决农民问题总是不那么恰当。根据我们的经验，要经过很长的时期，真正和他们打成一片，使他们相信我们是为他们的好处而斗争，才能取得胜利。绝不能认为农民一下子就会相信我们。切记不要以为我们帮助一下农民，农民就会相信我们。

农民是无产阶级最主要的同盟军。我们党开始也是不懂得农民工作的重要性，把城市工作放在第一位，农村工作放在第二位。我看，亚洲有些国家的党，农村工作也没有搞好。

我们党做农民工作，开头没有成功。知识分子有一点气味，就是知识分子气。有这种气味，就不愿到农村中去，轻视农村。农民也看不惯知识分子。我们党当时也还没有找到了解农村的方法。后来再去，找到了了解农村的方法，分析了农村各阶级，了解了农民的革命要求。

第一个时期，我们没有看清农村。当时陈独秀的右倾机会主义路线〔3〕，抛弃了农民这个最主要的同盟军。我们许多同志从平面看农村，不是立体地看农村，就是说，不懂得用阶级观点看农村。后来掌握了马克思主义，才用阶级观点看农村。原来农村不是平面的，而是有富的，有贫的，也有最贫的，有雇农、贫农、中农、富农、地主之分。在这个时期，我研究过农村，办过几期农民运动讲习所〔4〕，虽然有些马克思主义，但是看得不深入。

第二个时期，我们要感谢我们的好先生，就是蒋介石。他把我们赶到农村去。这个时期很长，十年内战，跟他打了十年，那就非得研究一下农村不可。这十年的头几年对农村了解还是不那么深刻，后来才比较了解，了解得也比较深刻。这个时期，以瞿秋白、李立三、王明为代表的三次“左”倾机会主义路线[5]，给我们党带来了很大的损失，特别是王明“左”倾机会主义路线，把我们党在农村中的大部分根据地搞垮了。

以后，是第三个时期，就是抗日战争时期。日本帝国主义打进来了，我们同国民党停战，同日本帝国主义打仗。这个时候，我们的同志可以公开到国民党地区的城市里去了。原来犯“左”倾机会主义路线错误的王明又犯了右倾机会主义路线的错误[6]。他先是执行了共产国际[7]的最“左”的方针，这时他又执行了最右的方针。他也是我们的一个很好的反面教员，教育了我们党。我们还有一个很好的反面教员，就是李立三。他们当时的主要错误，就是教条主义，硬搬外国的经验。我们党清算了他们的错误路线，真正找到了把马克思列宁主义的普遍真理和中国的具体情况相结合的道路。因此，才有可能在第四个时期，在蒋介石进攻我们的时候，把蒋介石打倒，建立中华人民共和国。

中国革命的经验，建立农村根据地，以农村包围城市，最后夺取城市的经验，对你们许多国家不一定都适用，但可供你们参考。我奉劝诸位，切记不要硬搬中国的经验。任何外国的经验，只能作参考，不能当作教条。一定要把马克思列宁主义的普遍真理和本国的具体情况这两个方面结合起来。

要争取和依靠农民，就要调查农村。方法是调查一两个或几个农村，花几个星期的时间，弄清农村阶级力量、经济情况、生活条件等问题。像党的总书记这样主要的领导人员，要亲自动手，了解一两个农村，争取一些时间去做，这是划得来的。麻雀虽然很多，不需要分析每个麻雀，解剖一两个就够了。总书记调查一两个农村，心中有数了，就可以帮助同志们去了解农村，弄清农村的具体情况。我看很多国家的党，总书记不重视解剖一两个"麻雀"，对农村懂是懂得一点，但是不深刻，因此，发出的指示不很符合农村情况。党的领导机关，包括全国性的、省的和县的负责同志，也要亲自调查一两个农村，解剖一两个"麻雀"。这就叫做"解剖学"。

调查有两种方法，一种是走马看花，一种是下马看花。走马看花，不深入，因为有那么多的花嘛。你们从拉丁美洲到亚洲来，是走马看花的。你们国家有那么多的花，看一看望一望就走，这是很不够的，还必须用第二种方法，就是下马看花，过细看花，分析一朵"花"，解剖一个"麻雀"。

在受帝国主义压迫的国家里，有两种资产阶级，民族资产阶级和买办资产阶级。你们的国家有没有这两种资产阶级？大概都有的。

买办资产阶级始终是帝国主义的走狗，革命的对象。买办资产阶级又分属于美国、英国、法国以及其他帝国主义国家的垄断资本集团。对买办集团的斗争，要利用帝国主义之间的矛盾，首先对付其中的一个，打击当前最主要的敌人。例如，过去中国的买办资产阶级，有亲英、亲美的和亲日的。我们在抗日战争的时候，就利用英、美和日本的矛盾，首先打倒日本侵略者和依附于它的买办集团。然后，再去反对美、英侵略势力，打倒亲美、亲英的买办集团。地主阶级里头也是有派别的。最反动的是少数，那些爱国的，赞成反对帝国主义的，就不要放在一起打。还必须分别大地主和小地主。在一个时候，打击的敌人不能太多，要打少数，甚至对大地主也只打击少数最反动的。什么都打，看起来很革命，实际上为害很大。

民族资产阶级是我们的冤家。中国有句俗话："不是冤家不聚头。"中国革命有一条经验，对付民族资产阶级要谨慎。他们同工人阶级对立，同时又同帝国主义对立。鉴于我们的主要任务是反对帝国主义和封建主义，这两个敌人不打倒，人民就不能解放，因此，我们一定要争取民族资产阶级反对帝国主义。反对封建主义，民族资产阶级没有兴趣，因为他们和地主阶级有密切的联系。他们又是压迫和剥削工人的。因此，我们要同他们作斗争。但是，为了争取民族资产阶级跟我们一道反对帝国主义，对他们的斗争要适可而止，要有理、有利、有节。就是斗争要有道理，要有胜利的把握，取得适当胜利的时候要有节制。为此，要调查双方面的情况，要调查工人的情况，也要调查资本家的情况。只了解工人，不了解资本家，我们就没有法子同资本家开谈判。在这方面也要作典型调查，解剖一两个"麻雀"，也要用走马看花、下马看花两个方法。

在整个反对帝国主义和封建主义的历史时期内，我们要争取和团结民族资产阶级，使他们站在人民的方面，反对帝国主义。在反帝反封建的任务基本完成以后，在一定时期还要和他们保持联盟。这样做，有利于对付帝国主义的侵略，有利于发展生产、稳定市场，有利于争取和改造资产阶级知识分子。

你们现在还没有取得政权，你们准备夺取政权。对民族资产阶级要采取"又团结、又斗争"的政策。团结他们一起反对帝国主义，支持他们一切反对帝国主义的言行；对他们反工人阶级的、反共的反动言行，进行适当的斗争。只有一个方面是错误的：只有斗争，不要团结，是"左"倾错误；只有团结，不要斗争，是右倾错误。这两种错误我们党都犯过，经验很痛苦。后来我们总结了这两种经验，采取了"又团结、又斗争"的政策，必须斗争的就作斗争，可以团结的就团结起来。斗争的目的是为了团结他们，取得反对帝国主义的胜利。

在受帝国主义和封建主义压迫的国家，无产阶级政党要把民族旗帜拿在自己手里，必须有民族团结的纲领，团结除帝国主义走狗以外的一切可能团结的力量。让全国人民看到，共产党多么爱国，多么爱好和平，多么要民族团结。这样做，有利于孤立帝国主义及其走狗，孤立大地主、大资产阶级。

共产党人不要怕犯错误。错误有两重性。错误一方面损害党，损害人民；另一方面是好教员，很好地教育了党，教育了人民，对革命有好处。失败是成功之母。失败如果没有什么好处，为什么是成功之母？错误犯得太多了，一定要反过来。这是马克思主义。"物极必反"，错误成了堆，光明就会到来。

根据中央档案馆保存的谈话记录稿刊印。

注 释

〔1〕这是毛泽东同参加中国共产党第八次全国代表大会的拉丁美洲一些党的代表谈话的一部分。

〔2〕布尔什维克党，原苏联共产党的前身，一九一二年正式建立。

〔3〕陈独秀右倾机会主义路线，见本卷第 56 页注〔3〕。

〔4〕第一次国内革命战争时期，毛泽东曾先后担任广州第六届农民运动讲习所所长和武昌中央农民运动讲习所常务委员。

〔5〕瞿秋白的“左”倾机会主义路线，见本卷第58页注〔9〕。李立三的“左”倾机会主义路线，见本卷第58页注〔10〕。王明的“左”倾机会主义路线，见本卷第47页注〔18〕。

〔6〕王明右倾机会主义路线的错误，见本卷第48页注〔19〕。

〔7〕共产国际，即第三国际，见本卷第57页注〔7〕。

关于恢复中国在联合国的合法席位问题[1]

（一九五六年九月三十日）

毛泽东：万隆会议[2]是一次很好的会议，万隆会议真了不得。一年多来，整个世界有很大的变化。是不是？

苏加诺：是的，的确如此。我不论到哪里，大家都提到万隆会议。

毛：从前大家都同时提日内瓦会议[3]和万隆会议。现在，日内瓦会议和日内瓦精神，大家都不大提了，剩下来的只有万隆会议。

读了你在美国的演说，我们都特别高兴。在那样的国家，讲那样的话，非常好。你代表了整个亚洲。

苏：我自己也认为是代表亚洲说话的。

毛：实际上，你是代表了亚洲、非洲和拉丁美洲。美国招待得还好吧？

苏：一般地说，美国人的欢迎还是相当热烈的。但是，美国政府的领导人员大多不很高兴，因为我说的话，是他们不喜欢听的。不论他们喜欢不喜欢，事实我还是要说出来的。

在美国不论到哪里，记者都问，印尼对于中国进入联合国的问题采取什么态度？我们的答复是很坚决的，中国必须参加联合国。我们还补充说，如果联合国没有代表六亿人民的中国参加，那末联合国就变成了演滑稽戏的场所。

毛：你认为中国进入联合国，是早一点好还是迟一点好？

苏：越早，对联合国越好。

毛：我们曾经想过另外一方面，不参加也不坏。

苏：印尼认为，越早越好。

毛：早参加或者迟参加，这两条我们都要准备。

苏：要快才好。

毛：我们觉得慢一点好。

苏：很想了解主席的想法。

毛：我们公开说要参加，朋友们也在这方面帮我们的忙，这是我们的权利。六亿人民的代表不参加，台湾却参加了，这是不公平的。现在不是我们在联合国代表台湾，而是台湾代表我们，这是不妥当的。在日内瓦的谈判中，我们也对美国提到这一点，指出他们不对。但是，这不是日内瓦谈判的一个题目。日内瓦谈判的题目是：平民遣返问题，解除禁运问题，人民来往问题，更重要的是消除台湾地区紧张局势的问题。

苏：希望主席谈谈为什么中国不急于参加联合国。

毛：英国、美国、法国都是帝国主义国家、殖民主义国家。这些国家，我们迟一点在国内给它们合法地位，就好一些。

苏：但是，问题是这三个帝国主义国家都抱有坏的企图，如果在联合国里没有反对帝国主义的国家参加，那末，帝国主义国家会更猖狂。

毛：我们可以在联合国以外反对。

苏：我还是不太了解。

毛：英国急于同我们建立外交关系。我们想出一个办法叫做谈判，就如何建立外交关系的问题，一谈就谈了五年。这期间，英国在中国的是谈判代表，而不是合法的外交官员。英国在联合国投蒋介石的票，而不投我们的票。这样，我们就更有理由，指责英国在两边搞。现在，我们和英国之间是半正式的外交关系。

苏：但是，主席还没有谈到联合国的问题。

毛：我正在讲这个道理。

法国、西德这些国家，我们也不急于同它们建交。它们既然不急，我们也不急。至于要拖多少年，那就看吧！它们要拖多少年，就拖多少年，美国也是这样。

美国现在是不想同中国建交，这对我们来说，是比较好的。美国天天骂我们，我们的耳朵已经听惯了。这就说到联合国了。美国是不赞成我们进入联合国的，它是要阻挠的。

苏：这个问题可以分开来谈。

中国同英国、法国、西德、美国建交的问题和中国参加联合国的问题，是两回事。帝国主义国家想控制联合国，中国参加了以后，就可以反对这种企图。

毛：问题是台湾。

苏：台湾问题可以搁在一边，台湾和中国是一回事，控制大陆的应该代表中国。

毛：这是你的意见和我们的意见。但是，美国和追随美国的国家不这样想。

苏：问题可以这样解决：一个国家提出要中国参加联合国，其他的国家支持。这是要经过斗争的，印尼愿意参加这个斗争。如果中华人民共和国参加了联合国，代表台湾的人当然就没有权了。

毛：这样的提案需要过半数，还是三分之二的多数通过？

苏：三分之二的多数。如果大会以三分之二的多数通过，安理会不能否决。

毛：提案被大会通过以后，我们能不能进入安理会？安理会里是有否决权的，五大国〔4〕是需要一致的。在这五大国中，一大国曰美国，二大国曰蒋介石。

苏：不管安理会有没有否决权，提出来以后，就会引起斗争，这总是好的。

毛：这个我们赞成，但是最后还是难于解决。

苏：但是世界舆论就会不同。例如，大会以三分之二的多数通过，安理会里如果有一个大国否决，那就做了一件笨事，一定会引起反感。

毛：好的，作为斗争，这是应该做的。但是，联合国里只能有一个中国，不能有"两个中国"，而那个中国是我们。那末，我刚才已经说过要准备两条，我们就要准备进去，同你们一起，多一票。

苏：由一个中国代表整个中国，另外由台湾集团代表台湾，作为过渡的办法，主席认为这样一个策略如何？

毛：这个办法不妥。我们要借这个题目做文章。只要在联合国里有一个小小的台湾，我们就不进去。

苏：但是，这只是作为一个过渡阶段，正像西伊里安〔5〕和印尼的关系一样。

毛：西伊里安不代表印尼。相反地，在联合国里，印尼有代表，西伊里安没有。

苏：中国和台湾的问题是不是可以弄成像印尼和西伊里安的问题一样，那就是说，把台湾作为中国将要收复的领土？

毛：在联合国里有没有西伊里安的代表？

苏：我建议的只是过渡的办法呀！

毛：我们要借这个题目做文章。如果联合国里有台湾的代表，我们一万年也不进去。

苏：那就是说，中华人民共和国进入联合国，蒋介石就要退出，没有台湾代表的地位。

毛：对。

（面向黄镇〔6〕大使）中国京剧团到印尼去表演过没有？演出过《雁荡山》没有？

黄镇：演出过。

毛：在这个戏里，两派作战。保守派守城，革命派把城围住，后来飞进城去。英国报纸画了一幅漫画，说中国进入联合国，就像《雁荡山》一样，要飞进去，也就是说，我们要打进去。

苏：已经参加联合国的会员国可以联合起来，要求把中国进入联合国的问题列入议程。

毛：赶走蒋介石的代表。

苏：这是最终要达到的目标。

毛：如果蒋介石的代表不走，我们就不去。我们还有很多文章好做。

苏:我这样提出问题,是为了要了解中国的态度。

毛:我们就是这样的态度。如果联合国大会以三分之二的多数通过提案，而我们却不能进入安理会，那我们就有了斗争目标，就还有时间。对我们来说，最好再等五六年。六年之后,我们的第二个五年计划就完成了。最好是等十一年,那时候我们的第三个五年计划就完成了。现在,我们是弱国,不是强国。美国怕苏联，但是不怕我们，它知道我们的底子。中国是一个大国，但不是一个强国，因为我们什么也没有，只有六亿人口。人家看我们不起，而且他们手里还有一个大东西，叫做原子弹。我们连一个小的都没有。因此，何必急呢?

苏:刚才主席说,美国不怕中国。其实不是这样,美国是怕中国的,但这并不是因为中国已经工业化,或者有原子弹。

毛:它是怕我们的政治。

苏:是的,怕中国的政治,怕中国的思想意识。

毛:怕我们去散布,对它不利。

苏:美国不赞成中国进入联合国,就是因为美国怕中国。

毛:美国是有一点怕中国。说老实话,我们也有点怕美国。

苏:澳大利亚也有点怕印尼。这不是因为印尼已经工业化了，而是因为印尼如果收回西伊里安，东伊里安也会成问题。

毛:你说的这个道理很对。

你认为我们做工作,交朋友,重点应该放在什么地方?我认为,应该放在三大洲,那就是亚洲、非洲和拉丁美洲,另外还有大半个欧洲。剩下来的,只有小半个欧洲,半个美洲,一个澳洲。他们不赞成我们，我们准备等候他们一百年。

苏：哪些国家不赞成中国？

毛：英国，它现在还投蒋介石的票。只要它一天如此，我们就一天不同它建交。它一百年投蒋介石的票，我们就一百年不同它建交，只是交换代办。法国、比利时也不承认我们，还有葡萄牙、西班牙。

苏：正如我昨天在乌兰巴托的演说中提到的，世界上大多数人，几乎是全部，都赞成中国进入联合国。如果有些国家提出议案，要求联合国接纳中国，并且附上一个条件说，中国必须参加联合国，否则联合国就变成演滑稽戏的场所，这些国家就要退出。这样，美国如果反对，它就做了一件笨事。

毛：我们完全赞成这样做，但是不必退出联合国，可以在联合国里进行斗争。

苏：这个斗争是复杂的，我们需要互相商量。

毛：对的。最后，斗争的结果是蒋介石走路。到那时候，我们就飞进联合国了，戏就唱完了。但是，我们必须准备第二条，那就是，多少年不让我们进去。

苏：这同我们收回西伊里安的问题几乎相同。在印尼，一部分人主张把西伊里安问题搁在一边，先考虑如何建设，等到我们强大以后，西伊里安自然会回来。我的看法不是这样，我认为，应该一方面进行建设，另一方面要为收回西伊里安而斗争。

毛：这同台湾问题一样。一方面，我们要把自己建设强大，另一方面要尽快收回台湾。台湾和西伊里安一样，有两个收回的时间。第一是早一点，这当然是最好的。第二是迟一点，这也可以，我们也可以睡觉，不致于失眠。

苏：但是，这样会不会影响人民的斗争情绪呢？

毛：问题不是全靠我们来解决的，对我们来说，当然最好是早一点。

苏：是不是应该考虑到，人民的斗争情绪像火一样，不扇的话，就会熄灭？

毛：火是在烧的，但是，仍然有两个时间：一个是早一点，另一个是迟一点。

苏：从这一点来说，我是同意的。我们应该一方面进行建设，同时还要继续斗争。

毛：早一点当然最好，迟一点也可以。

苏：当然不是一两天可以办到的。

毛：不是一两天，也不是一两年，而是十年八年，甚至还要多。

苏：这一点我同意。收回西伊里安不是五六年之内的事，还要更长的时间。但是，对人民说话的时候，我们必须说，要继续斗争，要在明年收回西伊里安。

毛：我百分之九十九同意你。我们也是每天宣传收回台湾，只是我们不讲明天或者明年。我们天天要求进入联合国，但是我们不讲时间。我们天天说要同世界上一切国家建交，包括美国在内，但是我们不讲时间。中国人办事，就是不讲时间的。有些人讥笑我们，说中国人总是慢慢来。我们恰好就是这一条。

苏：这是一种策略。

毛：不是，的确是如此。问题的解决，不决定于我们这一方面，要对方改了才成。

苏：对方是谁？

毛：英国、美国、法国、台湾、西伊里安、荷兰。问题是它们的参谋长是它们自己的人，而不是我们的人。如果阿卜杜加尼外长去作美国的外长，那就好了。

苏：现在西德的人也是这样说。他们说，阿登纳〔7〕下台的话，整个西德就会变。

毛：如果它变了，并且提议同我们建交，我们就没有理由拒绝了。

苏：主席的话很有味道，都是实实在在的。

我们现在来总结一下：中国方面认为，我们应该早一点还是迟一点在联合国提出中国进入联合国的问题？

毛：早提。

苏：这就好了。

毛：每年都要提一次，哪年成功就算完事。

苏：要成功的话，还要经过斗争。早提有很多好处，这样可以使各国表明立场，阵线分明。

毛：完全对。

禁运的问题也是这样。我们天天要求解除禁运，但是迟一点解除也可以。实际上，最好是再迟几年解除。说老实话，我们没有好多东西，无非是一些苹果、花生、猪鬃、大豆。

不解除禁运，我们也睡得着，吃得饱。我们可以等六年，等十一年。到那时候，解除了禁运，承认了中国，让中国进入联合国，然后他们到中国来一看，他们会后悔的，也就是说，他们发现已经无能为力了。

苏：难道他们对中国的发展不了解吗？

毛：了解是了解的，但是，他们是矛盾的。一方面，他们说现在这样做是上当了，但是他们还有另一方面的困难，使他们要同我们顶。因为这个口子是决不得的，一决以后，黄河的水就要流。对他们来说，面子就很不好看。我们的想法是，早一点承认也好，迟一点承认更好。到那时候，他们到中国来，就悔之已晚，就将无能为力。而且，我们还有第二条，那就是，要他们在全世界面前丢脸。因为是他们不承认我们，而不是我们不承认他们。我们天天要同他们建交，而他们不同我们建交。不是我们不进入联合国，而是他们不让我们进去。我们天天要他们解除禁运，但是他们不解除。结果，就会使美国完全处于被动的地位，一切理由都抓在我们手里，都抓在我们朋友手里。对付美国人是要有一点办法的，要有两条，一条不行。第一是坚决斗争，每天都要叫，这是你的办法。第二是不要着急，这一条是不登报的。

我们同蒋介石也是这样微妙的关系。我们要同他恢复友好和合作的关系。我们过去合作过两回，为什么不能合作三回呢？但是蒋介石反对。他每天反对，我们就每天说要同他合作。这样就使我们的蒋委员长很难处，他的内部正在分化。

苏：美国人民和美国的统治阶级也不一致。美国国会里也有人赞成中国进入联合国。

毛：不是多数赞成。

苏：但是已经有人赞成。

毛：我们看到有人赞成就高兴。这次中国共产党开第八次全国代表大会〔8〕，我们在政治报告和决议中都说，愿意同一切国家建交。但是，在这些报告和决议里，都没有我刚才向你讲的第二条的内容。因为我们是好朋友，所以我让你知道这个底子。

根据中央文献出版社、世界知识出版社一九九四年出版的《毛泽东外交文选》刊印。

注　　释

〔1〕这是毛泽东同印度尼西亚总统苏加诺的谈话。

〔2〕万隆会议，即亚非会议，一九五五年四月十八日至二十四日在印度尼西亚万隆举行。参加会议的有缅甸、锡兰（今斯里兰卡）、印度、印度尼西亚和巴基斯坦五个发起国，以及阿富汗、柬埔寨、中华人民共和国、埃及等，共二十九个亚非国家。会议广泛讨论了民族主权、反殖民主义斗争、世界和平以及与会国之间的经济文化合作等问题，发表了《亚非会议最后公报》，提出了著名的关于促进世界和平与合作的十项原则。

〔3〕日内瓦会议，指一九五四年四月二十六日至七月二十一日在瑞士日内瓦举行的讨论和平解决朝鲜问题和恢复印度支那和平问题的国际会议。中、苏、美、英、法五国参加所有两项议题的讨论。朝鲜北南双方及美、英、法以外的其他十二个侵略朝鲜北方的国家参加了朝鲜问题的讨论，越南民主共和国、老挝、柬埔寨和南越政权参加了印度支那问题的讨论。关于朝鲜问题没有达成任何协议；关于恢复印度支那和平问题，分别达成关于在印度支那三国停止敌对行动的协定和《日内瓦会议最后宣言》（总称日内瓦协议），实现了印度支那的停战。

〔4〕指联合国安全理事会的五个常任理事国，即苏联、中国、美国、英国、法国。一九五六年，中国的联合国常任理事国席位仍被台湾国民党当局非法窃据。

〔5〕西伊里安，指印度尼西亚新几内亚岛西半部及其近海岛屿，今伊里安查亚省。一九四九年印度尼西亚独立时，荷兰政府在美国的支持下继续霸占这一地区。印尼政府曾多次希望通过谈判解决西伊里安问题，却屡遭阻挠和破坏。为维护

国家的独立和主权，印尼人民展开声势浩大的收复西伊里安运动和反殖民主义的武装斗争，迫使荷兰政府同意进行谈判。一九六三年五月一日荷兰政府将西伊里安主权交还印度尼西亚。

〔**6**〕黄镇（一九〇九——一九八九），安徽桐城人。当时任中国驻印度尼西亚大使。

〔**7**〕阿登纳（一八七六——一九六七），当时任德意志联邦共和国总理。

〔**8**〕中国共产党第八次全国代表大会，见本卷第 98 页注〔2〕。

同南斯拉夫妇女代表团的谈话

（一九五六年十月十二日）

毛泽东：在南斯拉夫，妇女的权利怎么样？

申特尤尔茨〔1〕：南斯拉夫宪法规定妇女和男子享有同样的权利。

毛：宪法还只是写在纸上的东西，实际的执行同宪法的条文还有差别。不知在美国、英国等资本主义国家里，妇女的权利是否同男子一样？

波波维奇〔2〕：美国和英国的妇女同男子享有同样的权利，她们有选举权和被选举权。但是在有些国家，例如瑞士，妇女就没有被选举权。

毛：在中国，参加政府或全国人民代表大会工作的妇女毕竟也是少数。妇女的权利在宪法中虽然有规定，但是还需要努力执行才能全部实现。

申：毛主席讲得很对。例如在南斯拉夫解放初期，国民议会候选人的联合名单上有一半是妇女，那是因为联合名单是南斯拉夫共产党〔3〕提出来的，名单上的那些妇女一般都能当选。后来实行了个别提名，当选的妇女就减少了。那是因为在某些政治上落后的地区，也就是人民政治觉悟不高的地区，人们不愿意提名妇女为候选人。目前，南斯拉夫妇女在人民委员会、工人委员会、劳动人民社会主义联盟、工会和工人自治管理机关内，还是占有相当大的比例。

毛：在我们全国人民代表大会的代表中，有百分之十二是妇女；在基层人民代表大会中，女代表占百分之十七。在北京、上海、天津三个中央直辖市的人民代表大会中，女代表占百分之二十。

申：在南斯拉夫联邦国民议会〔4〕中，女代表占百分之六。在各个联邦共和国的议会中，女代表占百分之十到百分之二十五。例如在斯洛文尼亚的议会中，女代表占百分之二十五。在一些基层的立法机构中，女代表占百分之三十。

毛：将来女同志的比例至少要和男同志一样，各占百分之五十。如果女同志的比例超过了男同志，也没有什么坏处。这个目标只能在全世界不打仗了，都进入了社会主义社会，那时生产有了高度的发展，人民的文化、教育水平有了很大的提高，才可以完全实现。不尊重妇女权利的情况，是在阶级社会产生后才开始的。在阶级社会出现以前，有一个女权时代，妇女是占统治的地位，听说那时候她们不需要打扮，而相反地男人却要打扮，以获得她们的欢喜。只有当阶级社会不存在了，笨重的劳动都自动化了，农业也都机械化了的时候，才能真正实现男女平等。农业合作化以后，妇女们参加了生产，在经济上显出了能力。过去她们搞家务多，搞农业生产少，现在她们参加农业生产，权利也增加了。但是合作化后，农业生产还是主要靠体力劳动，妇女又要兼顾家务，所以只有当农业机械化以后，才能根本改变这种情况。现在，在重工业部门中，主要还是男同志从事劳动，轻工业部门中女同志比较多。

申：在南斯拉夫也有同样的问题。在一些重工业集中的地区男工占多数，因此他们结婚就成了问题。目前，我们也开始在重工业地区设立一些轻工业，使女工人数有所增加。

毛：在中国也有同样的问题。在南斯拉夫是否实行计划生育？

波：南斯拉夫是一个小国家，人口不多，因此南斯拉夫政府一直很重视人口的增加。

申：我们已经开始设立一些儿童福利会，它的主要职责是在母亲们工作的时候，照顾她们的孩子。最初这种组织只是设立在工厂或大的地区，现在也开始努力在一般的居民区设立这种组织。此外，我们还有服务站，主要是帮助工作太多的母亲们兼管家务。由于服务站的工作，使主妇们减轻了很多家务负担，使她们能更积极地参加政治和文化活动。有一些女政治活动家和社会活动家工作很繁忙，但是又要照料家务，因此过度疲劳，影响了正常的工作。通过服务站的帮助，可以减轻她们家务的负担。

毛：这倒是一个很好的办法，不知服务站的工作项目是哪一些？

申：服务站的工作根据各地区的情况而有不同的项目。主要的项目有洗衣服、熨衣服，打扫房间，照料小孩，缝纫，代做饭菜，送牛奶、面包、水果，等等。服务站主要是南斯拉夫妇联创办的。对妇女的政治教育工作，就主要由工会和社会主义联盟来进行。

毛：在南斯拉夫，有没有因为孩子太多而父母的收入不够维持生活的情况？

申：没有这种困难，因为每生一个孩子国家就发给补贴金。但是有些父母不把补贴金用于孩子的福利，在这种情况下，妇女组织、工会和党的组织就要指导孩子的父母如何来使用这笔补贴金。在南斯拉夫，我们也为节育提供便利，我们设立了一些节育指导站，人们在节育方面有什么问题，可以同他们研究。

毛：过去有些人批评我们提倡节育，但是现在赞成的人多起来了。夫妇之间应该订出一个家庭计划，规定一辈子生多少孩子。这种计划应该同国家的五年计划配合起来。目前中国的人口每年净增一千二百万到一千五百万。社会的生产已经计划化了，而人类本身的生产还是处在一种无政府和无计划的状态中。我们为什么不可以对人类本身的生产也实行计划化呢？我想是可以的。我们有一位民主人士叫邵力子〔5〕，他就提倡节育。

波：请问在中国究竟是工人还是知识分子比较赞成节育？

毛：不论是工人还是知识分子，只要是孩子多的、家庭负担重的都赞成节育。

申：在南斯拉夫我们也宣传避孕的知识，这种宣传主要是妇联来做的，我们也研究和制造避孕的药品。此外，还用一些办法来限制生育，那就是对孩子多的父母，多收孩子的托儿费，不知在中国是否也可采取这种办法？

毛：这种办法在我们这里恐怕行不通。孩子多的父母，本来就有经济上的困难，如果再增收他们的托儿费，那末经济上就会更困难了。我们的干部过去是享受供给制待遇,他们的一切费用都由公家包了。现在实行了薪金制,孩子的托儿费要干部自己负担,这在客观上也是对多生孩子的一个限制。

申:感谢毛主席今晚的接见,我们能有机会同你谈话,觉得很高兴。在中国期间,我们看到了很多东西。我们看到了生产力的发展,也看到了工人们高度的热情。你们对工人福利的关怀,对母亲和孩子的照顾,给我们留下了特别深刻的印象。我们是到了一个友好的和同志般的国家,在各地受到中国人民特别是中国妇女的热烈欢迎,就好像置身在老同志和老战友之间。我们同中国妇联的同志们进行了座谈,交流了经验。我们也会见了一些革命经历很长的女同志,在一起交流了革命斗争中的经验。我们有着这些坚固的联系,这将帮助我们把社会主义建设成功。我们要感谢中国妇联的领导同志们,她们促成了这次访问,并且把访问日程安排得很好,使我们有机会看到每一样希望看到的东西。

波:我也要感谢毛主席和其他在座的同志们。每一个南斯拉夫的代表团来到北京时,毛主席总是予以接见,南斯拉夫政府的领导人和人民深切感谢毛主席这一盛情的表示,他们非常懂得这种表示的意义。

毛:我们今天谈得很好,特别是接触到了人类生活本身的一些问题。

根据中央档案馆保存的谈话记录稿刊印。

注　释

〔1〕申特尤尔茨，南斯拉夫妇女代表团团长，当时任南斯拉夫共产主义者联盟中央委员、南斯拉夫联邦国民议会副主席。

〔2〕波波维奇，当时任南斯拉夫驻中国大使。

〔3〕南斯拉夫共产党成立于一九一九年，在一九五二年十一月举行的第六次代表大会上，改名为南斯拉夫共产主义者联盟。

〔4〕一九六三年四月七日通过的《南斯拉夫社会主义联邦共和国宪法》，将联邦国民议会改称联邦议会。

〔5〕邵力子（一八八二——一九六七），浙江绍兴人。当时任全国人大常委会委员、政协全国委员会常务委员、中国国民党革命委员会中央常务委员。

纪念孙中山先生[1]

（一九五六年十一月十二日）

纪念伟大的革命先行者孙中山先生！

纪念他在中国民主革命准备时期，以鲜明的中国革命民主派立场，同中国改良派作了尖锐的斗争[2]。他在这一场斗争中是中国革命民主派的旗帜。

纪念他在辛亥革命[3]时期，领导人民推翻帝制、建立共和国的丰功伟绩。

纪念他在第一次国共合作时期，把旧三民主义发展为新三民主义[4]的丰功伟绩。

他在政治思想方面留给我们许多有益的东西。

现代中国人，除了一小撮反动分子以外，都是孙先生革命事业的继承者。

我们完成了孙先生没有完成的民主革命，并且把这个革命发展为社会主义革命。我们正在完成这个革命。

事物总是发展的。一九一一年的革命，即辛亥革命，到今年，不过四十五年，中国的面目完全变了。再过四十五年，就是二千零一年，也就是进到二十一世纪的时候，中国的面目更要大变。中国将变为一个强大的社会主义工业国。中国应当这样。因为中国是一个具有九百六十万平方公里土地和六万万人口的国家，中国应当对于人类有较大的贡献。而这种贡献，在过去一个长时期内，则是太少了。这使我们感到惭愧。

但是要谦虚。不但现在应当这样，四十五年之后也应当这样，永远应当这样。中国人在国际交往方面，应当坚决、彻底、干净、全部地消灭大国主义。

孙先生是一个谦虚的人。我听过他多次讲演，感到他有一种宏伟的气魄。从他注意研究中国历史情况和当前社会情况方面，又从他注意研究包括苏联在内的外国情况方面，知道他是很虚心的。

他全心全意地为了改造中国而耗费了毕生的精力，真是鞠躬尽瘁，死而后已。

像很多站在正面指导时代潮流的伟大历史人物大都有他们的缺点一样，孙先生也有他的缺点方面。这是要从历史条件加以说明，使人理解，不可以苛求于前人的。

根据一九五六年十一月十二日
《人民日报》刊印。

注　　释

〔**1**〕这是毛泽东为纪念孙中山诞辰九十周年写的文章。

〔**2**〕指孙中山同以康有为、梁启超为代表的中国资产阶级改良派的斗争。一八九八年戊戌变法失败后，康有为、梁启超逃亡海外，组织保皇会，主张实行君主立宪，同孙中山所代表的革命民主派相对立。孙中山在革命实践中逐渐认识了改良派的面目，坚决同他们展开斗争。同盟会成立后，孙中山所代表的革命民主派以《民报》为阵地，在一九〇五年至一九〇七年间，围绕着要不要用暴力革命推翻清朝政府，建立资产阶级民主共和国等问题，同改良派进行了激烈的论战。在这场斗

争中，以孙中山为代表的革命民主派取得了重大的胜利，从而为辛亥革命作了思想上和舆论上的准备。

〔3〕辛亥革命，见本卷第49页注〔22〕。

〔4〕三民主义，是孙中山在中国资产阶级民主革命中提出的民族、民权、民生三个问题的原则和纲领。随着时代的不同，三民主义的内容有新旧的区别。旧三民主义是中国旧民主主义革命的纲领。一九二四年一月，孙中山接受共产党人的建议，在中国国民党第一次全国代表大会上，对三民主义重新作了解释，旧三民主义从此发展为新三民主义。新三民主义包含联俄、联共、扶助农工的三大政策和反对帝国主义、反对封建主义的纲领，是第一次国内革命战争时期中国共产党同国民党合作的政治基础。

国家预算要保证重点建设又要照顾人民生活[1]

（一九五六年十一月十三日）

（一）一九五六年社会主义改造基本完成，农业、重工业和轻工业的生产都有所增长。

（二）一九五六年的国家建设事业是有成绩的。一九五六年的基本建设投资和其他事业开支，大部分是正确的，一部分不正确。在 308 亿元（旧价[2]）的预算开支中，有 20 亿元到 30 亿元用得不恰当或者用多了，其中基本建设投资约占 15 亿元左右。

（三）一九五六年的人民生活有所改善，就业有所增加，人民是高兴的。但是，人民生活的改善，必须是渐进的，支票不可开得过多。过高的要求和暂时办不到的事情，要向人民公开地反复地解释。

（四）一九五七年的预算，收支各为 308.65 亿元（其中包括自筹资金 2.15 亿元。308.65 亿元折合旧价为 317.65 亿元）。在预算支出中，经济建设支出为 157.26 亿元，社会文教支出为 39.3 亿元，国防支出为 57 亿元，行政支出为 25 亿元，债务支出为 8.42 亿元，援外和其他支出为 6.41 亿元，国家物资储备支出为 5 亿元，信贷资金为 5 亿元，总预备费为 5.26 亿元。在经济、文教、国防、行政支出中，基本建设投资合计为 126.73 亿元(折合旧价约为 135.73 亿元)，其中自筹资金 2.15 亿元。一九五七年度预算是平衡的，但是打得较紧，并且应该使它与现金平衡相结合。

(五)钱和材料只有这样多，一九五七年的年度计划，在某些方面必须比一九五六年作适当压缩，以便既能保证重点建设，又能照顾人民生活需要。压缩的重点在中央，地方也应尽可能地压缩。虽然如此，总的说来，我们的建设事业还是前进的，因为一九五七年的收支均比今年有所增加，收入增加 22.5 亿元，即增长 8.2%；支出增加 9.53 亿元，即增长 3.2%。关于压缩问题，必须做到合理安排，不出乱子。物资不足，应该首先支持必要的生产，同时注意平衡。

(六)要在全党和全国人民中发动一个增产节约运动。[3] 增产必须在原料有保证和社会需要的条件下进行，同时必须保证质量和减少工伤事故。节约是有希望的，必须在不降低质量和减少工伤事故的条件下讲求节约。在企业、事业和行政开支方面，必须反对铺张浪费，提倡艰苦朴素作风，厉行节约。在生产和基本建设方面，必须节约原材料，适当降低成本和造价，厉行节约。

(七)国内阶级矛盾已经基本解决，但是应该注意仍然存在的一部分反革命分子的活动。对于资产阶级分子和知识分子的旧思想和旧习惯的改造，要在巩固团结他们的方针下，继续进行长期的教育。人民内部的问题和党内问题的解决的方法，不是采用大民主而是采用小民主。要知道，在人民方面来说，历史上一切大的民主运动，都是用来反对阶级敌人的。

根据中央档案馆保存的原件刊印。

注　释

〔1〕这是毛泽东在中共八届二中全会小组长会议上的发言要点。

〔2〕指一九五五年的价格。

〔3〕一九五七年二月十五日，中共中央发出《关于一九五七年开展增产节约运动的指示》。指示提出：对一九五七年建设的规模作适当的调整，对原定在一九五七年开工的建设项目，应当进行具体分析，重新排队；把那些在今年和明年都有可能和有必要施工的项目，列入年度计划，对去年已经施工的项目，也应当进行排队，把那些在今年还有可能和有必要继续施工的项目，列入年度计划。在工业、农业的生产中，在运输、邮电和商业的经营中，都必须想尽一切办法，广泛地开展增产节约运动，克服各种浪费现象。大量节减行政管理费用，严格限制人员的增加，合理调整现有的机构和人员，逐步改变某些不合理的工资福利制度，并且彻底地消灭铺张浪费现象。

艰苦奋斗是我们的政治本色[1]

（一九五六年十一月十五日）

我是历来主张军队要艰苦奋斗，要成为模范的。一九四九年在这个地方开会的时候，我们有一位将军主张军队要增加薪水，有许多同志赞成，我就反对。他举的例子是资本家吃饭五个碗，解放军吃饭是盐水加一点酸菜，他说这不行。我说这恰恰是好事。你是五个碗，我们吃酸菜。这个酸菜里面就出政治，就出模范。解放军得人心就是这个酸菜，当然，还有别的。现在部队的伙食改善了，已经比专吃酸菜有所不同了。但根本的是我们要提倡艰苦奋斗，艰苦奋斗是我们的政治本色。锦州那个地方出苹果，辽西战役的时候，正是秋天，老百姓家里很多苹果，我们战士一个都不去拿。我看了那个消息很感动。在这个问题上，战士们自觉地认为：不吃是很高尚的，而吃了是很卑鄙的，因为这是人民的苹果。我们的纪律就建筑在这个自觉性上边。这是我们党的领导和教育的结果。人是要有一点精神的，无产阶级的革命精神就是由这里头出来的。一个苹果不吃，饿死人没有呢？没有饿死，还有小米加酸菜。在必要的时候，在座的同志们要住棚子。在过草地的时候，没有棚子都可以住，现在有棚子为什么不可以住？军队这几天开会，他们慷慨激昂，愿意克己节省。军队这样，其他的人更要艰苦奋斗。

不然，军队就将你的军了。在座的有文有武，我们拿武来将文。解放军是一个好军队，我是很喜欢这个军队的。

根据中央档案馆保存的讲话记录稿刊印。

注　释

〔1〕这是毛泽东在中共八届二中全会讲话中的一段话。

给黄炎培[1]的信

（一九五六年十二月四日）

任之先生：

惠书敬悉。

你们的会议[2]开得很好，谨致祝贺之忱！

批评和自我批评这个方法竟在你们党内，在全国各地工商业者之间，在高级知识分子之间行通了，并且做得日益健全，真是好消息。社会总是充满着矛盾。即使社会主义和共产主义社会也是如此，不过矛盾的性质和阶级社会有所不同罢了。既有矛盾就要求揭露和解决。有两种揭露和解决的方法：一种是对敌（这说的是特务破坏分子）我之间的，一种是对人民内部的（包括党派内部的，党派与党派之间的）。前者是用镇压的方法，后者是用说服的方法，即批评的方法。我们国家内部的阶级矛盾已经基本上解决了（即是说还没完全解决，表现在意识形态方面的，还将在一个长时期内存在。另外，还有少数特务分子也将在一个长时间内存在），所有人民应当团结起来。但是人民内部的问题仍将层出不穷，解决的方法，就是从团结出发，经过批评与自我批评，达到团结这样一种方法。我高兴地听到民建会这样开会法，我希望凡有问题的地方都用这种方法。

国际间麻烦问题不少，但是总有办法解决的。我是乐观主义者，我想先生也会是这样的。

顺致

敬意！

毛 泽 东

一九五六年十二月四日

去年和今年各填了一首词[3]，录陈审正，以答先生历次赠诗的雅意。

浪淘沙·北戴河

大雨落幽燕，白浪滔天，秦皇岛外打鱼船。一片汪洋都不见，知向谁边？ 往事越千年，魏武挥鞭，东临碣石有遗篇。萧瑟秋风今又是，换了人间。

水调歌头·长江

才饮长沙水，又食武昌鱼。万里长江横渡，极目楚天舒。不管风吹浪打，胜似闲庭信步，今日得宽余。子在川上曰：逝者如斯乎！ 风樯动，龟蛇静，起宏图。一桥飞架，南北天堑变通途。更立西江石壁，截断巫山云雨，高峡出平湖。神女应无恙，当惊世界殊。

根据手稿刊印。

注　　释

〔1〕黄炎培(一八七八——一九六五),字任之,江苏川沙(一九九三年并入上海浦东新区)人。当时任中国民主建国会主任委员、全国人大常委会副委员长。

〔2〕指中国民主建国会一九五六年十月召开的中央常务委员会扩大会议和同年十一月召开的第一届中央委员会第二次全体会议。

〔3〕这里的"去年"应为"前年",即一九五四年;《浪淘沙·北戴河》是毛泽东这一年夏天填的。《水调歌头·长江》是一九五六年六月填的,一九五七年《诗刊》一月号发表时,改题为《水调歌头·游泳》。词中的"逝者如斯乎",在一九五六年十二月十六日给黄炎培的信中,更正为"逝者如斯夫";"一桥飞架,南北天堑变通途",在同年十二月五日将这首词抄录给周世钊时,改为"一桥飞架南北,天堑变通途"。

同民建和工商联负责人的谈话

（一九五六年十二月七日）

大家提了一些问题，现在我讲一讲。

在一九五五年十月的工商界座谈会上，我曾说：《打渔杀家》中的萧桂英临走时还爱惜家具是有道理的。后来我去济南、徐州调查，还到曲阜、宿县、蚌埠、南京、苏州、上海、松江、杭州等地调查，他们说，资本主义工商业社会主义改造的全部完成，不是到一九六二年的问题，几个月就差不多了。上海的马天水〔1〕说，工商界两头小，中间大，先进的、中间的、落后的各占百分之二十、六十、二十。苏州的一位女副市长，她先讲工商界有四条优点，再说缺点，先鼓励后批评，又鼓励又批评，很好。据山东济南对二千六百个工商户的统计，先进的占百分之二十五，中间的占百分之五十，落后的占百分之二十五。当地的同志还很不满意，说中间的、落后的这么多。我就很满意，落后的只有百分之二十五嘛。今年一月杭州会议〔2〕上，发现了“三反”、“五反”〔3〕以后大家心里有些害怕。有个公股代表开会回来晚了，老板娘煮了一碗面条给他吃，公股代表不敢吃，怕挨批评。我们一些同志对资产阶级只批评不鼓励，不认识资产阶级这几年有很大进步，对资产阶级应该采取又批评又鼓励的方针。我一月南下到杭州开会，搞出四十条[4]。回来后开最高国务会议，我讲三年左右工商业改造基本完成。八大[5]会议上刘少奇同志的报告和我讲的不同，说是今年上半年基本完成的。谁讲得对？八大报告讲得对。基本完成说的是公私合营，不是国有化，国有化是全部完成。三年左右，可左可右。对我的这句话有人发生误会，想到是不是要取消定息[6]了。取消定息，那是全部完成，不是基本完成。

北京有好处也有坏处。好处是英雄聚集一处，坏处是不出知识。要出知识就要地方上来人。你们工商联也是一样，空空的几条。地方上来人一吹就出知识。住在北京的人一年要下去半年。北京有理论，有原则，但缺乏实际；地方上有实际，但缺乏全面情况的了解。两者配合起来就好了。

定息拿多长的时间？这个问题，应当说八大已经解决了。七年之病，三年之艾。原则是要解决问题，时间服从原则。这问题处理得好坏，影响资产阶级、民主党派、无党派民主人士、知识分子、宗教界、少数民族上层人士，在国际上也有影响。共产党不想在这上面省几个钱，要说服工人，向他们说明定息的时间长比短好。可以虎头蛇尾，七年虎头，五年蛇尾，到第三个五年计划。如果还需要延长，到第四个五年计划还可以拖下去。

取消定息不好搞什么高潮，一搞高潮就是整拿定息较多的人，而他们大都是先进核心分子。想快点摘帽子的是中小资本家，他们有些人拿的定息是很少的。小的资本家如果七年的时间等不了，是否可以先“开饭”，先取消定息，先摘掉帽子？我看过两三年要求摘的可以先摘，我们一不提倡，二不搞高潮，三不登报。可以开“流水席”，有先有后。这个“开席”问题，是等齐了再开，还是开“流水席”，由民建和工商联讨论和掌握。中心问题不是在工商业资本家中的百分之九十，而是在百分之十。十三万工商户中，经济上起重大作用的，只有几千户、万把户。解决问题不能从人数来看，代表资产阶级的是大的资本家。

民建主要代表大的资本家。我们团结的主要对象、定息的主要对象是大的资本家，这些人是主客不是陪客。小的资本家是附属性质，替大的资本家加工订货，不起主导作用。我们不要使对国家经济起重要作用的人的利益受到损害。提出中小路线是没有把问题搞清楚。当然，中小资本家也有作用，也要照顾。

现在民族资产阶级是革命的阶级还是反革命的阶级？不能说是反革命的阶级。他们有选举权，历来反对帝国主义，同政府合作，遵守宪法。工人阶级同民族资产阶级的矛盾是对抗性的还是非对抗性的？妥协了，还有什么对抗。民族资产阶级遵守《共同纲领》〔7〕，拥护宪法，接受公私合营，没有对抗了。资产阶级在“三反”、“五反”中只是部分的对抗，只有完全违法户才是对抗的。最近几年，更融洽了。现在是我们的工作跟不上，不能怪下级，只能怪上面，比如公私关系，不敢吃面条，不敢讲话，“左”的空气。座谈会〔8〕证明资产阶级的进步是主要的，但还有缺点错误，还要继续改造。资产阶级中，不革命的和反革命的是个别的，整个阶级不能说是不革命或反革命的。现在有些文章太“左”了。合营了，没有对抗了，合营前已经没有对抗。民建、工商联、民主党派同我们是合作的，看不到对抗。要组织人写这方面的文章。

但是，资产阶级还有两面性，一面进步，一面落后。如果认为只有一面性，那就不需要改造了，说只有一面性，是不利于改造和进步的。我们的任务是又鼓励又批评，如车之两轮、鸟之两翼。自然界和社会的事物都是对立统一的。批评和自我批评也是对立统一的。又鼓励又批评，一万年也是这样。我过去说过两句话：人是可以分析的，不犯错误是没有的。资产阶级可以分析，共产党也可以分析。

现在我国的自由市场，基本性质仍是资本主义的，虽然已经没有资本家。它与国家市场成双成对。上海的地下工厂同合营企业也是对立物。因为社会有需要，就发展起来。要使它成为地上，合法化，可以雇工。现在做衣服要三个月，合作工厂做的衣服裤腿一长一短，扣子没眼，质量差。最好开私营工厂，同地上的作对，还可以开夫妻店，请工也可以。这叫新经济政策。我怀疑俄国新经济政策〔9〕结束得早了，只搞了两年退却就转为进攻，到现在社会物资还不充足。我们保留了私营工商业职工二百五十万人（工业一百六十万，商业九十万），俄国只保留了八九万人。还可以考虑，只要社会需要，地下工厂还可以增加。可以开私营大厂，订个协议，十年、二十年不没收。华侨投资的，二十年、一百年不要没收。可以开投资公司，还本付息。可以搞国营，也可以搞私营。可以消灭了资本主义，又搞资本主义。当然要看条件，只要有原料，有销路，就可以搞。现在国营、合营企业不能满足社会需要，如果有原料，国家投资又有困难，社会有需要，私人可以开厂。这样定息也有出路。重庆的低质产品，旺季不合规格，淡季合规格了，是因为旺季社会需要太大，供应不足。供应不足是长期的，是好现象，是因为购买力增长。要想办法。定息时间要相当长，急于国有化，不利于生产。公私合营有优越性，比不合营好，工人的积极性提高了，资方的态度也改变了。

国家积累主要靠工业，不靠农业。国家预算收入平均每年二百七十亿元，农业只有三十亿，加上工农业产品剪刀差也不过七十亿左右。我们为什么保存资本家？因为国家有需要，对人民有利益，可以增加工业品。要同民族资产阶级实行同盟，才能巩固同农民结成的同盟，因为农民需要工业品进行交换。同时，还能比较好地稳定物价，保证市场供应。在过渡时期保存资产阶级，有极大的作用。八大刘少奇同志的报告中讲了这方面的理由。

工商联将来怎么办？也可以长期共存，互相监督。定息取消了，资本家也还要改造。工商联这个名称可以保存下来。历史名字要保存，商务印书馆、中华书局的名字为什么不要，瑞蚨祥、同仁堂〔10〕一万年要保存。全国有名的招牌要拍下照片来，有许多招牌的字是写得好的，不留下来后代就不知道了。把《申报》〔11〕取消了，我不高兴。《解放日报》可以恢复为《申报》。党报也可以用原来的名字。我年青时到乡下走亲戚，那里都叫卖《申报》，可见深入人心。内容改变，名称保存。王麻子、东来顺、全聚德〔12〕要永远保存下去。内容是社会主义的，名称是封建时代的也可以。“长城”和“省”，就是从元朝开始这样叫的。

韩愈〔13〕有一篇文章叫《送穷文》，我们要写送穷文。中国要几十年才能将穷鬼送走。

根据中央档案馆保存的谈话记录稿刊印。

注　　释

〔1〕马天水（一九一一——一九八八），河北唐县人。当时任中共上海市委书记处书记。

〔2〕杭州会议，指一九五六年一月四日至九日在杭州召开的有部分中央领导人和部分地方负责人参加的会议。会议主要讨论《一九五六到一九六七年全国农业发展纲要（草案）》。

〔3〕“三反”，指一九五一年十二月至一九五二年十月在国家机关、部队和国营企业等单位开展的反对贪污、反对浪费、反对官僚主义的斗争。“五反”，指一九五二年在全国资本主义工商业中开展的反对行贿、反对偷税漏税、反对盗骗国家财产、反对偷工减料、反对盗窃经济情报的斗争。

〔4〕四十条，指《一九五六到一九六七年全国农业发展纲要（草案）》，见本卷第3页注〔4〕。

〔5〕八大，即中国共产党第八次全国代表大会。见本卷第98页注〔2〕。

〔6〕定息，是我国在资本主义工商业实行全行业公私合营后，对民族资本家的生产资料进行赎买的一种形式，即不论企业盈亏，统一由国家每年按照合营时清产核资确定的私股股额，发给资本家固定的利息（一般是年息百分之五）。从一九五六年开始支付定息。一九六六年九月停止支付。

〔7〕《共同纲领》，见本卷第46页注〔12〕。

〔8〕指一九五六年七月六日至九日国务院第四办公室、第五办公室和第八办公室联合召开的有中华全国工商业联合会、中国民主建国会和政府有关部门负责人参加的座谈会。会上，工商界代表就公私关系、人事安排、工资待遇、定股定息以及小商小贩的安排等有关私营工商业改造方面的问题，反映了很多情况，并提出了不少的批评和建议。

〔9〕新经济政策，是苏联一九二一年开始实行的用以代替“战时共产主义”的

经济政策。主要内容是：用粮食税代替余粮收集制；发展商业，在一定限度内允许自由贸易和私商存在；在国营企业中实行经济核算制，并以租让、租赁等形式发展国家资本主义。

〔10〕瑞蚨祥，指北京瑞蚨祥绸布店，一八七〇年前后开业。同仁堂，指北京同仁堂药店，一六六九年开业。

〔11〕《申报》，一八七二年在上海创刊，一九四九年上海解放时停刊。

〔12〕王麻子，指北京王麻子刀剪铺，一六五一年开业。东来顺，指北京东来顺饭庄，一九〇三年开业。全聚德，指北京全聚德烤鸭店，一八六四年开业。

〔13〕韩愈（七六八——八二四），河南河阳（今孟县）人，唐代文学家、哲学家。

同工商界人士的谈话

（一九五六年十二月八日）

今天你们提出的许多问题，很好，对我帮助很大。你们要解决的问题，政府会和你们商量，协商一个办法。凡是能够解决的总要解决。有些问题我没有研究，不能答复。你们把问题都提出来，政府来研究，陈云副总理来考虑，解决一些能够解决的问题。

我看公私合营以来，工商界有很大进步，我们感觉比过去更加熟悉了，更加靠拢了。公私合营以后，资本家只剩下了定息问题，在社会上的名誉也不同了，并且学习的热情很高，学习政治，学习本事，学习技术和管理方法。听说各地都办了学习班，每个城市一期有几百人，上海一期九千人，十期就有九万人，学习班里大、中、小资本家都有。这表现出很大的爱国主义，愿意为新的国家做工作。我对资本家的看法比过去有了进步，从前认为改造很困难，你们自己也可能没料到变化会这样快，学习中还开展了批评和自我批评。去年工商联开会时，许多人作了自我检讨。自我批评是我们共产党的办法，后来想在民主党派中试行。现在民主党派内搞开了，民建最近的一次会议，也用了这个办法，开展了批评和自我批评。这是人民内部解决问题的方法。共产党、政府、民主党派、工人、农民、工商界,包括恢复了选举权的地主,都属于人民内部。在人民内部,有缺点,有问题,要从团结出发,用批评和自我批评的方法,提出意见,提出要求,解决问题,达到团结。

我们有两次革命。资产阶级民主主义革命已经过去了,问题解决了。社会主义革命现在也已经基本上完成了,但还没有最后完成,在农业合作化、手工业合作化、公私合营等方面,都还有很多问题。将来社会主义改造全部完成了以后,也还会有许多问题。问题是层出不穷的,比如生活问题、工作问题、经济性质的问题、政治性质的问题、文化性质的问题。所谓问题,就是矛盾,世界是充满了矛盾的。今天你们提的问题,就是矛盾,就是不协调,摆得不平衡。

我现在谈谈时局。你们看,社会主义搞得成搞不成?你们是不是十五个吊桶打水,七上八下?社会主义恐怕搞不成吧?社会主义阵营要崩溃吧?我看就是崩溃了,也没有什么大事,也没有什么了不起。社会主义阵营最重要的国家,是苏联和中国。中国同苏联靠拢在一起,这个方针是正确的。但现在还有人怀疑这个方针,说不要靠在一起,并认为可以采取中间立场,站在苏联和美国之间,做个桥梁。我们认为,站在中间这个办法并不好,对民族是不利的。因为一边是强大的帝国主义,我们中国长期受帝国主义的压迫,如果站在苏联和美国之间,看起来很好,独立了,其实是不会独立的。美国是不好依靠的,它可能会给你一些东西,但不会给你很多,帝国主义怎么会给我们国家吃饱呢?帝国主义对亚洲、非洲、拉丁美洲国家都是压迫的,压迫了几十年、几百年,从来不给它们吃饱过。帝国主义国家的军队,曾烧了我们的圆明园,夺走了我们的香港、台湾。香港是我们中国的，为什么他们要夺走？万隆会议[1]为什么能够团结这么许多亚非国家？就是因为帝国主义是侵略压迫人家的。这些帝国主义国家，主要是美国。幻想处在苏联和美国之间做桥梁而有所得益，这种想法是不适当的。大工厂我们还不会设计，现在谁替我们设计的呢？例如化工、钢铁、炼油、坦克、汽车、飞机等工厂，谁给我们设计的呢？没有一个帝国主义国家替我们设计过。在我国民主党派、无党派人士、高级知识分子、宗教界、工商界中，甚至在一部分无产阶级中，也还有人幻想美国会帮助我们，英国会帮助我们。这是不会的。

究竟"一边倒"对不对？我们一边倒是和苏联靠在一起，这种一边倒是平等的。我们信仰马列主义，把马列主义普遍真理同我们中国实际情况相结合，不是硬搬苏联的经验。硬搬苏联经验是错误的。我们对资本主义工商业的改造和农业的合作化是跟苏联不同的。苏联农业集体化后几年是减产的，而我们农业合作化后是增产的。今年灾荒比去年大，但粮食比去年可以增产二百三十亿斤，其他好几种经济作物也是增产的。这是因为我们的农业合作化是采取逐步渐进的办法，从互助组到初级合作社，再到高级合作社，分三步走。

对资本主义工商业的社会主义改造，是把所有的人都包下来。资产阶级作为一个阶级是要消灭的，但人都包下来了。工商业者不是国家的负担，而是一笔财富，他们过去和现在都起了积极作用。中国资产阶级在经济上是现代化的，不是手工业的。在政治上是要求反对帝国主义的，有两面性，有要求革命的一面。人民政权建立以来他们是同政府合作的，企业又公私合营了。做了这样一些好事，不能说资产阶级对国家是无用的，应该说是有用的，而且是很有用的。这一点工人是不大了解的，因为他们在厂里从前是跟资本家作斗争的，我们应该对工人说清楚。工商界的学习高潮以来，你们愿意学习，工人是会对你们改变观感的。在资本家中要宣传把个人的事情和国家的事情联系起来，提倡爱国主义，总要想到国家的事情。在农村里过去曾提过“要发家，种棉花”的口号，结果大家只管家了，后来觉得这个口号提得不对，改为“爱国发家，多种棉花”，这就把家和国联系起来了。你们也要把家和国联系起来，这个国家你们也是有份的。

你们这个会〔2〕的中心是要讨论你们自己的事情，同时也要联系到国家的事情，回去宣传教育时也要联系到国家的事情。我们要提倡爱国主义。为什么要搞公私合营，要搞社会主义？就是为了便于把国家发展起来，社会主义比私有制度更有利于发展国家的经济、文化，使国家独立。我们在经济上是不独立的，大的机器不能做，精密的机器也不能做，只能做不大不小的机器。飞机才刚刚开始出厂，汽车才刚刚开始生产。什么国家替我们设计的呢？是苏联替我们设计的，我们应该同苏联合作。在我们的国家里，没有发生像有的国家那样一种反苏潮流，工商界当中也没有，青年大学生当中也没有。大学生中百分之七十是资产阶级的子弟，要把他们培养成为国家建设人才，我们是完全信任他们的。他们是你们的子弟，解决你们的问题对他们也会产生影响。至于入学、助学金、入团和带红领巾这些问题，要一视同仁，只看条件如何，不要看家庭出身。如果成绩不够的，就是工农子弟也不能录取，资本家子女成绩够的就应该录取。助学金应该看学习成绩和家境情况来决定，大资本家家庭出身的就不要补助了，中小资本家出身而家境寒微的就应该补助。入团、入党都应该以是否具备条件作为标准。

中国的民族资产阶级是爱国的阶级，但是不要说是红色资产阶级。民族资产阶级中有先进的、中间的、落后的，颜色不一，思想状态不一，并且有两面性，有进步的一面，有落后的一面，这是合乎事实的。因此，就有一个任务，就是学习。如果说都是好的，那就不符合事实了，也就不要学习了，变成圣人了。一个人不要满足，世界上的事情有很多是我们不知道的，我们要加紧学习。我们承认自己的缺点，这是有好处的，这样我们就有一个任务，要学习。

匈牙利事件〔3〕是出了好，还是不出好呢？既然有问题就不能不出，出了反而好，有脓包总要出脓。匈牙利事件主要是因为本国的工作没有做好，一概硬套苏联的办法，没有照顾到本国的具体情况。因此得出一条教训，我们要根据马列主义普遍真理，结合本国的具体情况来办事。我们提过学习苏联先进经验的口号，但我们从来没有提过学习他们落后经验的口号。总的来说，中国政治上是好的，社会主义阵营也是好的，匈牙利事件也基本上解决了。当然，世界上还会出乱子的，中国也会出乱子的。但不要以为出了一个高岗〔4〕，出了一个贝利亚〔5〕，斯大林犯了错误，就不得了，就睡不着觉了。我们政府的性格，你们也都摸熟了，是跟人民商量办事的，是跟工人、农民、资本家、民主党派商量办事的，可以叫它是个商量政府。我们不是板起面孔专门教训人的，不是意见提得不对就给他一棒子，打得他头向下、脚朝天。我们叫人民政府，你们有话尽可以讲，不会借故整人的。

我再来谈谈经济问题。你们关心的是大中小资本家的问题如何解决,定息[6]问题如何解决。大、中、小应该分阶层。我现在提一点意见,是否对,请你们考虑。我主张把占百分之九十的中小资本家不划入资产阶级范围,拿到的定息只够买几包香烟的,就叫他们小资产阶级。资方代理人也是属于小资产阶级范围,叫上层小资产阶级。过去我们也这样搞过,在土改当中,有种小地主,就叫他小土地出租者,不叫他地主。资方代理人或拿定息很少的资本家,如果一定不愿意干,要劳保,可以把他们划出来,但不是今年,是明年、后年,以免百分之九十的人不要定息,使那百分之十拿定息的人过不去。是否可以提出这样一个建议,请你们考虑,政府也要考虑。中小资本家愿意放弃定息就放弃,不愿意放弃的就让他拿下去。

关于定息的时间问题,大家很关心。解决这个问题有一个原则,就是要解决问题,不要损害资本家的利益,特别是不要损害大资本家的利益。是大资本家对国计民生的作用大,还是中小资本家对国计民生的作用大?中小资本家人数多,占资本家总数的百分之九十,但他们对国家经济生活的作用不大,对国家经济生活作用大的,还是大资本家。你们会说我照顾大资本家,不照顾中小资本家,是右倾机会主义。不是不照顾中小资本家,中小资本家人数很多,不注意安排是错误的,要替他们解决各方面的问题。我们党内有过中小路线,应当承认中小路线是不对的。对中小资本家必须照顾,现在我们把他们放在小资产阶级范围内来解决。农民是小资产阶级,是乡村的小资产阶级,城市也有小资产阶级,其中就包括中小资本家。从公私合营和国有化来说,大资本家对国家的意义更大。所谓大也是比较而言的，并不是说中小资本家就没有意义了。没有中小资本家，没有手工业，我们就不能生活。没有农民我们就没有饭吃。不对大资本家很好地照顾，占百分之九十的中小资本家都摘掉了帽子，剩下的占百分之十的大资本家就会感到面子上不光彩，说别人都是红色的，我们还是白色的，不好看。我们不能这样做。

定息到底搞多长时间，中共中央讨论过，认为时间太短了不好，赎买就要真正的赎买，不是欺骗的。花不了多少钱。有人问究竟还有多少年？大家都很关心。我们以七年为期，即今年明年加上第二个五年计划共计七年。八大文件里已经有这个意思，现在和你们商量。工人可能会反对，中小资本家也可能会反对。工人会说太便宜了资本家，照工人的想法最好马上就取消定息。中小资本家认为搞一二年就行了，为什么要那样长。所以有两个抵触，第一个是工人，第二个是占百分之九十的中小资本家。这就需要说服。要赎买就要赎买到底，不要半赎买、半没收。中国民族资产阶级实际上本钱也不大，工业私股资金只有十七亿元，折合美金七亿元不到，只有那么一点。我们国家怎么会不受欺侮呢？帝国主义欺侮我们是有理由的，民族资本只有这么一点嘛。要赎买就全部赎买，不要省这几个钱，不要虎头蛇尾，有始无终。要说服工人，不要损害大资本家的利益，这对整个国家是有利的。我说还可以拖一个尾巴，拖到第三个五年计划，你们看怎么样？七年是虎头虎身，如果还没有解决问题，还可以拖长一点，总要天理人情讲得过去。中小资本家人数多，要帮助他们解决问题。大资本家人数少，但他们的资本多，比中小资本家对国家的作用来得大，所以中小路线是不对的，应该是大中小路线。工商联大会的代表中，中小资本家占多数，要向他们说明不要损害大资本家的利益，损害他们的利益，对工人、农民、中小工商业者都不见得有利。中小资本家的利益是尽早摘掉帽子，大资本家的利益则是定息时间拖长一些。可以各搞各的，要早摘掉帽子的就早摘，虎头虎身七年，愿意拿定息的还可以继续拿。这样做可以不可以？现在没有法律规定，大家可以商量，到了七年如果不能解决问题，再拖一个尾巴也可以。

要对工人说清楚，我们采取这个政策对整个民族是有利的，对工人、农民、中小工商业者都是有利的，这个利他们一时还可能不了解。大学生中百分之七十是资产阶级的子弟，他们是不要继承权的，但是对政府这样对待资本家他们是会满意的。民主党派、无党派人士、少数民族上层领袖、宗教界也都会满意的。很快地取消定息，他们会不满意的。还有外国人，他们到中国来都要到上海看看荣毅仁〔7〕先生，看看他有几部汽车，一部还是两部，房子里有没有钢琴。有一个法国资本家看过以后说，只要法国共产党这样做，他就放心了。我们这样做，对亚非国家和欧洲的一些国家的影响也很大。所以，急于取消定息是没有好处的。实际上定息没有几个钱，一年只有一亿二千五百万元，有人还说只有一亿一千万，七年总计不到八个亿。这个钱没有送给日本人、美国人，是送给中国人的。总之肥水没有落入外人田，是"楚弓楚得"〔8〕，是国家的购买力，也是公债推销的对象，还可以用来开工厂，可以从各方面来考虑。我们做事要"顺乎天理，应乎人情，适乎世界之潮流，合乎人群之需要，而为先知先觉者所决志行之，则断无不成者也”，〔9〕这是伟大的革命家孙中山先生说的。我们的革命就是继承孙中山先生的工作，完成了资产阶级民主主义革命，然后完成社会主义革命。革命是为建设扫清道路。革命把生产关系和上层建筑加以改变，把经济制度加以改变，把政府、意识形态、法律、政治、文化、艺术这些上层建筑加以改变，但目的不在于建立一个新的政府、一个新的生产关系，而在于发展生产。七年来我们发展了一些，还很少。现在我们只有四百多万吨钢，明年有五百万吨，再搞五年也只有一千多万吨钢。我们国家有六亿人口，这点钢不算事，同日本、法国比可以超过它们，要赶上美国一亿吨钢，还要四五十年才有希望。请大家把目标转向这个方面。过去搞资产阶级民主主义革命，现在搞社会主义革命，工商联开会，民建开会，大家学习，为的什么？就是为了达到这个目的。除了钢，我们还要别的东西，还要办学校，全国人民至少要初中毕业，再过多少年，扫马路的人、大厨师以及所有的人都要能够大学毕业，要上知天文，下知地理。我们一切的工作就是为了要达到这个目的。我希望各位朋友引导参加会议的这一千多人，把目标向着生产方面。我们要有几十年的时间才能在生产上、科学上、文化上翻身，所以我们要团结一切可以团结的人。

根据中央档案馆保存的谈话记录稿刊印。

注　释

〔1〕万隆会议，见本卷第148页注〔2〕。

〔**2**〕指一九五六年十二月十日至二十三日在北京举行的中华全国工商业联合会第二届会员代表大会。

〔**3**〕匈牙利事件，指匈牙利一九五六年十月至十一月发生的反政府政治事件。

〔**4**〕高岗，参见本卷第45页注〔7〕。

〔**5**〕贝利亚（一八九九——一九五三），曾任苏共中央主席团委员、苏联部长会议第一副主席兼内务部部长等职。一九五三年七月，苏共中央全会认定他犯有“反党叛国”罪，决定将他开除出党。十二月，苏联最高法院特别法庭秘密审理了贝利亚案件，并发布了《苏联最高法院特别法庭关于审理贝利亚等人叛国案件的通告》。贝利亚被判处死刑。

〔**6**〕定息，见本卷第172页注〔6〕。

〔**7**〕荣毅仁，一九一六年生，江苏无锡人。当时任上海申新纺织印染公司总管理处总经理。

〔**8**〕典出《说苑·至公》：“楚共王出猎而遗其弓，左右请求之。共王曰：‘止！楚人遗弓，楚人得之，又何求焉？’”

〔**9**〕见孙中山《建国方略》（《孙中山全集》第六卷，中华书局1985年版，第228页）。

给臧克家[1]的信

（一九五七年一月十二日）

克家同志和各位同志：

惠书早已收到，迟复为歉！遵嘱将记得起来的旧体诗词，连同你们寄来的八首，一共十八首，抄寄如另纸，请加审处。

这些东西，我历来不愿意正式发表，因为是旧体，怕谬种流传，贻误青年；再则诗味不多，没有什么特色。既然你们以为可以刊载，又可为已经传抄的几首改正错字，那末，就照你们的意见办吧。

《诗刊》出版，很好，祝它成长发展。诗当然应以新诗为主体，旧诗可以写一些，但是不宜在青年中提倡，因为这种体裁束缚思想，又不易学。这些话仅供你们参考。

同志的敬礼！

毛　泽　东

一九五七年一月十二日

根据人民出版社一九八三年出版的《毛泽东书信选集》刊印。

注 释

〔1〕臧克家，一九〇五年生，山东诸城人。当时任中国作家协会书记处书记、《诗刊》主编。

在省市自治区党委书记会议上的讲话[1]

（一九五七年一月二十七日）

现在，我讲几点意见。

第一点，要足够地估计成绩。我们的革命和建设，成绩是主要的，缺点错误也有。有那么多成绩，夸大是不行的，但是估低了就要犯错误，可能要犯大错误。这个问题，本来八届二中全会已经解决了，这次会上还多次谈到，可见在一些同志思想上还没有解决。特别在民主人士里头有一种议论："你们总是讲成绩是基本的，这不解决问题。谁不知道成绩是基本的，还有缺点错误呀！"但是，确实成绩是基本的。不肯定这一点，就泄气。对合作化就有泄气之事嘛！

第二点，统筹兼顾，各得其所。这是我们历来的方针。在延安的时候，就采取这个方针。一九四四年八月，《大公报》作社评一篇，说什么不要"另起炉灶"。重庆谈判期间，我对《大公报》的负责人讲，你那个话我很赞成，但是蒋委员长要管饭，他不管我们的饭，我不另起炉灶怎么办？那个时候，我们向蒋介石提出的一个口号，就是要各得其所。现在是我们管事了。我们的方针就是统筹兼顾，各得其所。包括把国民党留下来的军政人员都包下来，连跑到台湾去的也可以回来。对反革命分子，凡是不杀的，都加以改造，给生活出路。民主党派保留下来，长期共存，对它的成员给予安排。总而言之，全国六亿人口，我们统统管着。比如统购统销，一切城市人口和农村里头的缺粮户，我们都管。又比如城市青年，或者进学校，或者到农村去，或者到工厂去，或者到边疆去，总要有个安排。对那些全家没有人就业的，还要救济，总以不饿死人为原则。所有这些，都是统筹兼顾。这是一个什么方针呢？就是调动一切积极力量，为了建设社会主义。这是一个战略方针。实行这样一个方针比较好，乱子出得比较少。这种统筹兼顾的思想，要向大家说清楚。

柯庆施〔2〕同志讲，要想尽一切办法。这个话很好，就是要想尽一切办法解决困难。这个口号应当宣传。我们现在遇到的困难不算很大，有什么了不起呀！比起万里长征，爬雪山过草地，总要好一点吧。长征途中，在过了大渡河以后，究竟怎么走呢？北面统是高山，人口又很少，我们那个时候提出要千方百计克服困难。什么叫千方百计呢？千方者，就是九百九十九方加一方，百计者，就是九十九计加一计。现在你们还没有提出几个方几个计来。各省、中央各部究竟有多少方多少计呀？只要想尽一切办法，困难是可以解决的。

第三点，国际问题。在中东，出了一个苏伊士运河事件〔3〕。一个人，叫纳赛尔〔4〕，把运河收归国有了；另外一个人，叫艾登〔5〕，出一支兵去打；接着，第三个人，叫艾森豪威尔〔6〕，要赶走英国人，把这个地方霸起来。英国资产阶级历来老奸巨猾，是最善于在适当的时候作出妥协的一个阶级。现在它把中东搞到美国人手里去了。这个错误可大啦！这样的错误，在它历史上数得出多少呀？这一回为什么冲昏头脑犯这个错误呢？因为美国压得太凶，它沉不住气，想把中东夺回去，阻止美国。英国的矛头主要是对埃及的吗？不是。英国的文章是对付美国的，美国是对付英国的。

从这个事件可以看出当前世界斗争的重点。当然，帝国主义国家跟社会主义国家的矛盾是很厉害的矛盾，但是，他们现在是假借反共产主义之名来争地盘。争什么地盘呢？争亚洲非洲十亿人口的地盘。目前他们的争夺集中在中东这个具有重大战略意义的地区，特别是埃及苏伊士运河地区。在那里冲突的，有两类矛盾和三种力量。两类矛盾，一类是帝国主义跟帝国主义之间的矛盾，即美国跟英国、美国跟法国之间的矛盾，一类是帝国主义跟被压迫民族之间的矛盾。三种力量，第一种是最大的帝国主义美国，第二种是二等帝国主义英、法，第三种就是被压迫民族。现在帝国主义争夺的主要场所是亚洲非洲。在这些地区都出现了民族独立运动。美国采用的办法，有文的，也有武的，在中东就是这样。

他们闹，对我们有利。我们的方针应当是，把社会主义国家巩固起来，寸土不让。谁要我们让，就一定要跟他斗争。出了这个范围，让他们去闹。那末，我们要不要讲话呢？我们是要讲话的。对亚洲、非洲、拉丁美洲人民的反帝斗争，对各国人民的革命斗争，我们就是要支持。

帝国主义国家和我们之间，是你中有我，我中有你。我们支持他们那里的人民革命，他们在我们这里搞颠覆活动。他们里头有我们的人，就是那里的共产党，革命的工人、农民、知识分子，进步人士。我们里头有他们的人，拿中国来说，就是资产阶级中间和民主党派中间的许多人，还有地主阶级。现在这些人看起来还听话，还没有闹事。但是假使原子弹打到北京来了，他们怎么样？不造反呀？那就大成问题了。至于那些劳改犯，石家庄那个学校闹事的领袖人物，北京那个要杀几千几万人的大学生，就更不用说了。我们一定要把他们消化掉，要把地主、资本家改造成为劳动者，这也是一条战略方针。消灭阶级，要很长的时间。

总之，对于国际问题的观察，我们认为还是这样：帝国主义之间闹，互相争夺殖民地，这个矛盾大些。他们是假借跟我们的矛盾来掩盖他们之间的矛盾。我们可以利用他们的矛盾，这里很有文章可做。这是关系我们对外方针的一件大事。

讲一讲中美关系。我们在会上印发了艾森豪威尔给蒋介石的信。我看这封信主要是给蒋介石泼冷水，然后又打点气。信上说需要冷静，不要冲动，就是说不要打仗，要靠联合国。这是泼冷水。蒋介石就是有那么一点冲动。打气，就是说要对共产党继续采取强硬的政策，还把希望寄托在我们出乱子上。在他看来，乱子已经出了，共产党是没有办法阻止它的。各有各的观察吧！

我还是这样看，迟几年跟美国建立外交关系为好。这比较有利。苏联跟美国建交，是在十月革命之后十七年。一九二九年爆发世界经济危机，持续到一九三三年。这一年，德国是希特勒〔7〕上台，美国是罗斯福〔8〕上台，这个时候，苏美才建交。我们跟美国建交，可能要在第三个五年计划完成以后，也就是说，要经过十八年或者更长的时间。我们也不急于进联合国，就同我们不急于跟美国建交一样。我们采取这个方针，是为了尽量剥夺美国的政治资本，使它处于没有道理和孤立的地位。不要我们进联合国，不跟我们建交，那末好吧，你拖的时间越长，欠我们的账就越多。越拖越没有道理，在美国国内，在国际舆论上，你就越孤立。我在延安就跟一个美国人〔9〕讲过，你美国一百年不承认我们这个政府，一百零一年你还不承认，我就不信。总有一天，美国要跟我们建交。那时美国人跑进中国来一看，就会感到后悔无及。因为中国这个地方变了，房子打扫干净了，“四害”也除了，他们再找不到多少朋友了，散布一点细菌也没有多大作用了。

第二次世界大战以后，资本主义各国很不稳定，乱，人心不安。世界各国都不安，中国也在内。但是，我们总比他们安一点。你们研究一下看，在社会主义国家和帝国主义国家主要是美国之间，究竟谁怕谁？我说都怕。问题是谁怕谁多一点？我有这么一个倾向：帝国主义怕我们多一点。作这样的估计也许有个危险，就是大家都睡觉去了，一睡三天不醒。因此，总要估计到有两种可能性。除了好的可能性，还有一种坏的可能性，就是帝国主义要发疯。帝国主义是不怀好心的，总是要捣鬼的。当然，现在帝国主义要打世界大战也不那么容易，打起来的结果如何，他们要考虑。

再讲一讲中苏关系。我看总是要扯皮的，不要设想共产党之间就没有皮扯。世界上哪有不扯皮的？马克思主义就是个扯皮的主义，就是讲矛盾讲斗争的。矛盾是经常有的，有矛盾就有斗争。现在中苏之间就有那么一些矛盾。他们想问题做事情的方法，他们的历史习惯，跟我们不同。因此，要对他们做工作。我历来说，对同志要做工作。有人说，既然都是共产党员，就应当一样好，为什么还要做工作呀？做工作就是搞统一战线，做民主人士的工作，为什么还要做共产党员的工作呀？这种看法不对。共产党里头还是有各种不同的意见。有些人组织上进了党，思想上还没有通，甚至有些老干部跟我们的语言也不一致。所以，经常要谈心，要个别商谈或者集体商谈，要开多少次会，做打通思想的工作。

据我看，形势比一些人强，甚至比大官强。在形势的压迫下，苏联那些顽固分子还要搞大国沙文主义那一套，行不通了。我们目前的方针，还是帮助他们，办法就是同他们当面直接讲。这次我们的代表团到苏联去〔10〕，就给他们捅穿了一些问题。我在电话里跟恩来同志说，这些人利令智昏，对他们的办法，最好是臭骂一顿。什么叫利呢？无非是五千万吨钢，四亿吨煤，八千万吨石油。这算什么？这叫不算数。看见这么一点东西，就居然胀满了一脑壳，这叫什么共产党员，什么马克思主义者！我说再加十倍，加一百倍，也不算数。你无非是在地球上挖了那么一点东西，变成钢材，做成汽车飞机之类，这有什么了不起！可是你把它当作那么大的包袱背在背上，什么革命原则都不顾了，这还不叫利令智昏！官做大了也可以利令智昏。当了第一书记，也是一种利，也容易使头脑发昏。昏得厉害的时候，就得用一种什么办法去臭骂他一顿。这回恩来同志在莫斯科就不客气了，跟他们抬杠子了，搞得他们也抬了。这样好，当面扯清楚。他们想影响我们，我们想影响他们。我们也没有一切都捅穿，法宝不一次使用干净，手里还留了一把。矛盾总是有的，目前只要大体过得去，可以求同存异，那些不同的将来再讲。如果他们硬是这样走下去，总有一天要统统捅出来。

在我们自己方面，对外宣传不要夸大。无论什么时候，都要谦虚谨慎，把尾巴夹紧一些。对苏联的东西还是要学习，但要有选择地学，学先进的东西，不是学落后的东西。对落后的东西是另一种学法，就是不学。他错误的东西，我们知道了，就可以避免犯那个错误。他那些对我们有用的东西一定要学。世界上所有国家的有益的东西，我们都要学。找知识要到各方面去找，只到一个地方去找，就单调了。

第四点，百花齐放，百家争鸣。这个方针，是在批判了胡风反革命集团〔11〕之后提出来的，我看还是对的，是合乎辩证法的。

关于辩证法，列宁说过："可以把辩证法简要地确定为关于对立统一的学说。这样就会抓住辩证法的核心，可是这需要解释和发展。"〔12〕解释和发展，这就是我们的工作。要解释，我们现在解释太少了。还要发展，我们在革命中有丰富的经验，应当发展这个学说。列宁还说："对立的统一（一致、同一、均势），是有条件的、一时的、暂存的、相对的。互相排斥的对立的斗争则是绝对的，正如发展、运动是绝对的一样。"〔13〕从这种观点出发，我们提出了百花齐放、百家争鸣这个方针。

真理是跟谬误相比较，并且同它作斗争发展起来的。美是跟丑相比较，并且同它作斗争发展起来的。善恶也是这样，善事、善人是跟恶事、恶人相比较，并且同它作斗争发展起来的。总之，香花是跟毒草相比较，并且同它作斗争发展起来的。禁止人们跟谬误、丑恶、敌对的东西见面，跟唯心主义、形而上学的东西见面，跟孔子、老子〔14〕、蒋介石的东西见面，这样的政策是危险的政策。它将引导人们思想衰退，单打一，见不得世面，唱不得对台戏。

在哲学里边，唯物主义和唯心主义是对立统一，这两个东西是相互斗争的。还有两个东西，叫做辩证法和形而上学，也是对立统一、相互斗争的。一讲哲学，就少不了这两个对子。苏联现在不搞对子，只搞“单干户”，说是只放香花，不放毒草，不承认社会主义国家中唯心主义和形而上学的存在。事实上，无论哪个国家，都有唯心主义，都有形而上学，都有毒草。苏联那里的许多毒草，是以香花的名义出现的，那里的许多怪议论，都戴着唯物主义或社会主义现实主义的帽子。我们公开承认唯物主义和唯心主义、辩证法和形而上学、香花和毒草的斗争。这种斗争，要永远斗下去，每一个阶段都要前进一步。

我劝在座的同志，你们如果懂得唯物主义和辩证法，那就还需要补学一点它的对立面唯心主义和形而上学。康德〔15〕和黑格尔〔16〕的书，孔子和蒋介石的书，这些反面的东西，需要读一读。不懂得唯心主义和形而上学，没有同这些反面的东西作过斗争，你那个唯物主义和辩证法是不巩固的。我们有些共产党员、共产党的知识分子的缺点，恰恰是对于反面的东西知道得太少。读了几本马克思的书，就那么照着讲，比较单调。讲话，写文章，缺乏说服力。你不研究反面的东西，就驳不倒它。马克思、恩格斯、列宁都不是这样。他们努力学习和研究当代的和历史上的各种东西，并且教人们也这么做。马克思主义的三个组成部分，是在研究资产阶级的东西，研究德国的古典哲学、英国的古典经济学、法国的空想社会主义，并且跟它们作斗争的过程中产生的。斯大林就比较差一些。比如在他那个时期，把德国古典唯心主义哲学说成是德国贵族对于法国革命的一种反动。作这样一个结论，就把德国古典唯心主义哲学全盘否定了。他否定德国的军事学，说德国人打了败仗，那个军事学也用不得了，克劳塞维茨〔17〕的书也不应当读了。

斯大林有许多形而上学，并且教会许多人搞形而上学。他在《苏联共产党（布）历史简明教程》中讲，马克思主义辩证法有四个基本特征。他第一条讲事物的联系，好像无缘无故什么东西都是联系的。究竟是什么东西联系呢？就是对立的两个侧面的联系。各种事物都有对立的两个侧面。他第四条讲事物的内在矛盾，又只讲对立面的斗争，不讲对立面的统一。按照对立统一这个辩证法的根本规律，对立面是斗争的，又是统一的，是互相排斥的，又是互相联系的，在一定条件下互相转化的。

苏联编的《简明哲学辞典》第四版关于同一性的一条，就反映了斯大林的观点。辞典里说："像战争与和平、资产阶级与无产阶级、生与死等等现象不能是同一的，因为它们是根本对立和相互排斥的。"〔18〕这就是说，这些根本对立的现象，没有马克思主义的同一性，它们只是互相排斥，不互相联结，不能在一定条件下互相转化。这种说法，是根本错误的。

在他们看来，战争就是战争，和平就是和平，两个东西只是互相排斥，毫无联系，战争不能转化到和平，和平不能转化到战争。列宁引用过克劳塞维茨的话："战争是政治通过另一种手段的继续。"〔19〕和平时期的斗争是政治，战争也是政治，但用的是特殊手段。战争与和平既互相排斥，又互相联结，并在一定条件下互相转化。和平时期不酝酿战争，为什么突然来一个战争？战争中间不酝酿和平，为什么突然来一个和平？

生与死不能转化，请问生物从何而来？地球上原来只有无生物，生物是后来才有的，是由无生物即死物转化而来的。生物都有新陈代谢，有生长、繁殖和死亡。在生命活动的过程中，生与死也在不断地互相斗争、互相转化。

资产阶级与无产阶级不能转化，为什么经过革命，无产阶级变为统治者，资产阶级变为被统治者？比如，我们和蒋介石国民党就是根本对立的。对立双方互相斗争、互相排斥的结果，我们和国民党的地位都起了变化，他们由统治者变为被统治者，我们由被统治者变为统治者。逃到台湾去的国民党不过十分之一，留在大陆上的有十分之九。留下来的这一部分，我们正在改造他们，这是在新的情况下的对立统一。到台湾去的那十分之一，我们跟他们还是对立统一，也要经过斗争转化他们。

对立面的这种斗争和统一，斯大林就联系不起来。苏联一些人的思想就是形而上学，就是那么硬化，要么这样，要么那样，不承认对立统一。因此，在政治上就犯错误。我们坚持对立统一的观点，采取百花齐放、百家争鸣的方针。在放香花的同时，也必然会有毒草放出来。这并不可怕，在一定条件下还有益。

有些现象在一个时期是不可避免的，等它放出来以后就有办法了。比如，过去把剧目控制得很死，不准演这样演那样。现在一放，什么《乌盆记》、《天雷报》，什么牛鬼蛇神都跑到戏台上来了。这种现象怎么样？我看跑一跑好。许多人没有看过牛鬼蛇神的戏，等看到这些丑恶的形象，才晓得不应当搬上舞台的东西也搬上来了。然后，对那些戏加以批判、改造，或者禁止。有人说，有的地方戏不好，连本地人也反对。我看这种戏演一点也可以。究竟它站得住脚站不住脚，还有多少观众，让实践来判断，不忙去禁止。

现在，我们决定扩大发行《参考消息》〔20〕，从两千份扩大到四十万份，使党内党外都能看到。这是共产党替帝国主义出版报纸，连那些骂我们的反动言论也登。为什么要这样做呢？目的就是把毒草，把非马克思主义和反马克思主义的东西，摆在我们同志面前，摆在人民群众和民主人士面前，让他们受到锻炼。不要封锁起来，封锁起来反而危险。这一条我们跟苏联的做法不同。为什么要种牛痘？就是人为地把一种病毒放到人体里面去，实行"细菌战"，跟你作斗争，使你的身体里头产生一种免疫力。发行《参考消息》以及出版其他反面教材，就是"种牛痘"，增强干部和群众在政治上的免疫力。

对于一些有害的言论，要及时给予有力的反驳。比如《人民日报》登载的《说"难免"》〔21〕那篇文章，说我们工作中的错误并不是难免的，我们是用"难免"这句话来宽恕我们工作中的错误。这就是一种有害的言论。这篇文章，似乎可以不登。既然要登，就应当准备及时反驳，唱一个对台戏。我们搞革命和建设，总难免要犯一些错误，这是历史经验证明了的。《再论无产阶级专政的历史经验》〔22〕那篇文章，就是个大难免论。我们的同志谁愿意犯错误？错误都是后头才认识到的，开头都自以为是百分之百的马克思主义。当然，我们不要因为错误难免就觉得犯一点也不要紧。但是，还要承认工作中不犯错误确实是不可能的。问题是要犯得少一些,犯得小一些。

社会上的歪风一定要打下去。无论党内也好,民主人士中间也好,青年学生中间也好,凡是歪风,就是说,不是个别人的错误,而是形成了一股风的,一定要打下去。打的办法就是说理。只要有说服力,就可以把歪风打下去。没有说服力,只是骂几句,那股歪风就会越刮越大。对于重大问题,要作好充分准备,在有把握的时候,发表有充分说服力的反驳文章。书记要亲自管报纸,亲自写文章。

统一物的两个互相对立互相斗争的侧面,总有个主,有个次。在我们无产阶级专政的国家里,当然不能让毒草到处泛滥。无论在党内,还是在思想界、文艺界,主要的和占统治地位的,必须力争是香花,是马克思主义。毒草,非马克思主义和反马克思主义的东西,只能处在被统治的地位。在一定的意义上,这可以比作原子里面的原子核和电子的关系。一个原子分两部分,一部分叫原子核,一部分叫电子。原子核很小,可是很重。电子很轻,一个电子大约只有最轻的原子核的一千八百分之一。原子核也是可以分割的,不过结合得比较牢固。电子可有些“自由主义”了,可以跑掉几个,又来几个。原子核和电子的关系,也是对立统一,有主有次。从这样的观点看来,百花齐放,百家争鸣,就是有益无害的了。

第六点,法制问题。讲三条:一定要守法,一定要肃反,一定要肯定肃反的成绩。

一定要守法,不要破坏革命的法制。法律是上层建筑。我们的法律,是劳动人民自己制定的。它是维护革命秩序,保护劳动人民利益,保护社会主义经济基础,保护生产力的。

我们要求所有的人都遵守革命法制，并不是只要你民主人士守法。

一定要肃反。没有完成肃反计划的，今年要完成，如果留下一点尾巴，明年一定要完成。有些单位进行过肃反，但是肃而不清，必须在斗争中逐步肃清。反革命不多了，这一点要肯定。在闹事的地方，广大群众是不会跟反革命跑的，跟反革命跑的只是部分的、暂时的。同时也要肯定，还有反革命，肃反工作没有完。

一定要肯定肃反的成绩。肃反的成绩是伟大的。错误也有，当然要严肃对待。要给做肃反工作的干部撑腰，不能因为一些民主人士一骂就软下来。你天天骂，吃了饭没有别的事做，专做骂人的事，那由你。我看越骂越好，我讲的这三条总是骂不倒的。

共产党不晓得挨了多少骂。国民党骂我们是“共匪”，别人跟我们通，就叫“通匪”。结果，还是“匪”比他们非“匪”好。自古以来，没有先进的东西一开始就受欢迎，它总是要挨骂。马克思主义、共产党从开始就是挨骂的。一万年以后，先进的东西开始也还是要挨骂的。

肃反要坚持，有反必肃。法制要遵守。按照法律办事，不等于束手束脚。有反不肃，束手束脚，是不对的。要按照法律放手放脚。

第七点，农业问题。要争取今年丰收。今年来一个丰收，人心就可以稳定，合作社就可以相当巩固。在苏联，在东欧一些国家，搞合作化，粮食总要减产多少年。我们搞了几年合作化，去年大搞一年，不但没有减产，而且还增产了。如果今年再来一个丰收，那在合作化的历史上，在国际共产主义运动的历史上，就是没有先例的。

全党一定要重视农业。农业关系国计民生极大。要注意，不抓粮食很危险。不抓粮食，总有一天要天下大乱。

首先，农业关系到五亿农村人口的吃饭问题，吃肉吃油问题，以及其他日用的非商品性农产品问题。这个农民自给的部分，数量极大。比如，去年生产了三千六百多亿斤粮食，商品粮包括公粮在内，大约是八百多亿斤，不到四分之一，四分之三以上归农民。农业搞好了，农民能自给，五亿人口就稳定了。

第二，农业也关系到城市和工矿区人口的吃饭问题。商品性的农产品发展了，才能供应工业人口的需要，才能发展工业。要在发展农业生产的基础上，逐步提高农产品特别是粮食的商品率。有了饭吃，学校、工厂少数人闹事也不怕。

第三，农业是轻工业原料的主要来源，农村是轻工业的重要市场。只有农业发展了，轻工业生产才能得到足够的原料，轻工业产品才能得到广阔的市场。

第四，农村又是重工业的重要市场。比如，化学肥料，各种各样的农业机械，部分的电力、煤炭、石油，是供应农村的，铁路、公路和大型水利工程，也都为农业服务。现在，我们建立了社会主义的农业经济，无论是发展轻工业还是发展重工业，农村都是极大的市场。

第五，现在出口物资主要是农产品。农产品变成外汇，就可以进口各种工业设备。

第六，农业是积累的重要来源。农业发展起来了，就可以为发展工业提供更多的资金。

因此，在一定的意义上可以说，农业就是工业。要说服工业部门面向农村，支援农业。要搞好工业化，就应当这样做。

农业本身的积累和国家从农业取得的积累，在合作社收入中究竟各占多大比例为好？请大家研究，议出一个适当的比例来。其目的，就是要使农业能够扩大再生产，使它作为工业的市场更大，作为积累的来源更多。先让农业本身积累多，然后才能为工业积累更多。只为工业积累，农业本身积累得太少或者没有积累，竭泽而渔，对于工业的发展反而不利。

合作社的积累和社员收入的比例，也要注意。合作社要利用价值法则搞经济核算，要勤俭办社，逐步增加一点积累。今年如果丰收，积累要比去年多一点，但是不能太多，还是先让农民吃饱一点。丰收年多积累一点，灾荒年或者半灾荒年就不积累或者少积累一点。就是说，积累是波浪式的，或者叫作螺旋式的。世界上的事物，因为都是矛盾着的，都是对立统一的，所以，它们的运动、发展，都是波浪式的。太阳的光射来叫光波，无线电台发出的叫电波，声音的传播叫声波。水有水波，热有热浪。在一定意义上讲，走路也是起波的，一步一步走就是起波。唱戏也是起波的，唱完一句再唱第二句，没有一口气唱七八句的。写字也起波，写完一个字再写一个字，不能一笔写几百个字。这是事物矛盾运动的曲折性。

总之，要照辩证法办事。这是邓小平〔23〕同志讲的。我看，全党都要学习辩证法，提倡照辩证法办事。全党都要注意思想理论工作，建立马克思主义的理论队伍，加强马克思主义理论的研究和宣传。要运用马克思主义的对立统一学说，观察和处理社会主义社会阶级矛盾和阶级斗争的新问题，观察和处理国际斗争中的新问题。

根据中央档案馆保存的讲话记录稿刊印。

注　释

〔1〕毛泽东这个讲话共七点，本书收入第一、二、三、四、六、七点。

〔2〕柯庆施（一九〇二——一九六五），安徽歙县人。当时任中共上海市委第一书记。

〔3〕苏伊士运河位于埃及的东北部，是连接地中海和红海的国际通航运河。它处于欧、亚、非三洲交界地带的要冲，战略地位十分重要。一八六九年正式通航后，英、法两国垄断了苏伊士运河公司的绝大部分股份，每年从中获得巨额利润，英国还在运河地区建立了海外最大的军事基地。第二次世界大战后，埃及人民为收回苏伊士运河的主权进行了不懈的斗争。一九五六年七月二十六日，埃及政府宣布将苏伊士运河公司收归国有。中国政府及世界许多国家的政府和领导人发表声明，支持埃及的正义行动。同年十月，英、法和以色列发动侵略埃及的战争，妄图重新夺取运河，结果遭到失败。

〔4〕纳赛尔（一九一八——一九七〇），当时任埃及总统。

〔5〕艾登（一八九七——一九七七），英国保守党人。一九五五年任英国首相，一九五七年一月九日辞职。

〔6〕艾森豪威尔，当时任美国总统。

〔7〕希特勒，见本卷第75页注〔3〕。

〔8〕罗斯福，一九三三年至一九四五年任美国总统。

〔9〕指抗日战争时期美军驻延安观察组组长包瑞德。

〔10〕一九五七年一月七日至十日和十七日至十九日，周恩来总理、贺龙副总

理率中国政府代表团对苏联进行访问。

〔**11**〕一九五四年七月，胡风（当时任全国人大代表、中国文联全国委员会委员、中国作家协会理事、《人民文学》编委）向中共中央政治局提交了《关于几年来文艺实践情况的报告》（即“三十万言书”），系统地陈述他的文艺思想和对文艺工作方面的意见。一九五五年一月二十日，中共中央宣传部向中央提出关于开展批判胡风思想的报告。报告认为：“胡风的文艺思想，是彻头彻尾资产阶级唯心论的，是反党反人民的文艺思想。他的活动是宗派主义小集团的活动，其目的就是要为他的资产阶级文艺思想争取领导地位，反对和抵制党的文艺思想和党所领导的文艺运动，企图按照他自己的面貌来改造社会和我们的国家，反对社会主义建设和社会主义改造。”同年五月十三日，《人民日报》发表《关于胡风反党集团的一些材料》，将胡风及有关一些持相同意见的人，定性为“胡风反党集团”。六月十日，《人民日报》发表《关于胡风反革命集团的第三批材料》，又将他们定性为“胡风反革命集团”。一九八〇年九月二十九日，中共中央批转公安部、最高人民检察院、最高人民法院党组关于“胡风反革命集团”案件的复查报告的通知中，宣布为“胡风反革命集团”平反。

〔**12**〕见列宁《辩证法的要素》。新的译文是：“可以把辩证法简要地规定为关于对立面的统一的学说。这样就会抓住辩证法的核心，可是这需要说明和发挥。”（《列宁选集》第 2 卷，人民出版社 1995 年版，第 412 页）

〔**13**〕见列宁《谈谈辩证法问题》。新的译文是：“对立面的统一（一致、同一、均势）是有条件的、暂时的、易逝的、相对的。相互排斥的对立面的斗争是绝对的，正如发展、运动是绝对的一样。”（《列宁选集》第 2 卷，人民出版社 1995 年版，第 557 页）

〔**14**〕孔子，见本卷第 84 页注〔12〕。老子，相传即老聃，姓李名耳，苦县（今河南鹿邑东）人，春秋时期思想家，道家的创始人。

〔**15**〕康德（一七二四——一八〇四），德国古典唯心主义哲学的奠基人，近代西方哲学史上二元论、先验论和不可知论的著名代表。主要著作有《纯粹理性批判》、《实践理性批判》、《判断力批判》等。

〔**16**〕黑格尔（一七七〇——一八三一），德国古典哲学家，客观唯心主义者，辩证法大师。主要著作有《精神现象学》、《逻辑学》、《法哲学原理》等。

〔**17**〕克劳塞维茨（一七八〇——一八三一），德国军事理论家，主要著作有《战

争论》。

〔**18**〕见罗森塔尔、尤金编的《简明哲学辞典》(人民出版社1955年版)第156页。

〔**19**〕见列宁《战争与革命》(《列宁全集》第30卷,人民出版社1985年版,第78页)。克劳塞维茨这句话的原文是:“战争无非是政治交往用另一种手段的继续。”(《战争论》,商务印书馆1982年版,第894页)

〔**20**〕一九五六年十二月十八日,中共中央发出《关于扩大〈参考消息〉订阅范围的通知》,决定将《参考消息》的阅读范围“扩大到县委委员以上或相当于他们的党内外干部”。

〔**21**〕《说“难免”》一文发表在一九五六年十月二十九日《人民日报》。

〔**22**〕《再论无产阶级专政的历史经验》,是一九五六年十二月二十九日发表的《人民日报》编辑部文章。这篇文章是根据中共中央政治局扩大会议讨论的意见写成的。

〔**23**〕邓小平,当时任中共中央总书记。

关于正确处理人民内部矛盾的问题[1]

（一九五七年二月二十七日）

关于正确处理人民内部矛盾的问题，这是一个总题目。为了叙述的方便，分为十二个小题目。在这里，也要说到敌我矛盾的问题，但是重点是讨论人民内部的矛盾问题。

一　两类不同性质的矛盾

我们的国家现在是空前统一的。资产阶级民主革命和社会主义革命的胜利，以及社会主义建设的成就，迅速地改变了旧中国的面貌。祖国的更加美好的将来，正摆在我们的面前。人民所厌恶的国家分裂和混乱的局面，已经一去不复返了。我国的六亿人民正在工人阶级和共产党的领导下，团结一致地进行着伟大的社会主义建设。国家的统一，人民的团结，国内各民族的团结，这是我们的事业必定要胜利的基本保证。但是，这并不是说在我们的社会里已经没有任何的矛盾了。没有矛盾的想法是不符合客观实际的天真的想法。在我们的面前有两类社会矛盾，这就是敌我之间的矛盾和人民内部的矛盾。

这是性质完全不同的两类矛盾。

为了正确地认识敌我之间和人民内部这两类不同的矛盾,应该首先弄清楚什么是人民,什么是敌人。人民这个概念在不同的国家和各个国家的不同的历史时期,有着不同的内容。拿我国的情况来说,在抗日战争时期,一切抗日的阶级、阶层和社会集团都属于人民的范围,日本帝国主义、汉奸、亲日派都是人民的敌人。在解放战争时期,美帝国主义和它的走狗即官僚资产阶级、地主阶级以及代表这些阶级的国民党反动派,都是人民的敌人;一切反对这些敌人的阶级、阶层和社会集团,都属于人民的范围。在现阶段,在建设社会主义的时期,一切赞成、拥护和参加社会主义建设事业的阶级、阶层和社会集团,都属于人民的范围;一切反抗社会主义革命和敌视、破坏社会主义建设的社会势力和社会集团,都是人民的敌人。

敌我之间的矛盾是对抗性的矛盾。人民内部的矛盾,在劳动人民之间说来,是非对抗性的;在被剥削阶级和剥削阶级之间说来,除了对抗性的一面以外,还有非对抗性的一面。人民内部的矛盾不是现在才有的,但是在各个革命时期和社会主义建设时期有着不同的内容。在我国现在的条件下,所谓人民内部的矛盾,包括工人阶级内部的矛盾,农民阶级内部的矛盾,知识分子内部的矛盾,工农两个阶级之间的矛盾,工人、农民同知识分子之间的矛盾,工人阶级和其他劳动人民同民族资产阶级之间的矛盾,民族资产阶级内部的矛盾,等等。我们的人民政府是真正代表人民利益的政府,是为人民服务的政府,但是它同人民群众之间也有一定的矛盾。这种矛盾包括国家利益、集体利益同个人利益之间的矛盾,民主同集中的矛盾，领导同被领导之间的矛盾，国家机关某些工作人员的官僚主义作风同群众之间的矛盾。这种矛盾也是人民内部的一个矛盾。一般说来，人民内部的矛盾，是在人民利益根本一致的基础上的矛盾。

在我们国家里，工人阶级同民族资产阶级的矛盾属于人民内部的矛盾。工人阶级和民族资产阶级的阶级斗争一般地属于人民内部的阶级斗争，这是因为我国的民族资产阶级有两面性。在资产阶级民主革命时期，它有革命性的一面，又有妥协性的一面。在社会主义革命时期，它有剥削工人阶级取得利润的一面，又有拥护宪法、愿意接受社会主义改造的一面。民族资产阶级和帝国主义、地主阶级、官僚资产阶级不同。工人阶级和民族资产阶级之间存在着剥削和被剥削的矛盾，这本来是对抗性的矛盾。但是在我国的具体条件下，这两个阶级的对抗性的矛盾如果处理得当，可以转变为非对抗性的矛盾，可以用和平的方法解决这个矛盾。如果我们处理不当，不是对民族资产阶级采取团结、批评、教育的政策，或者民族资产阶级不接受我们的这个政策，那末工人阶级同民族资产阶级之间的矛盾就会变成敌我之间的矛盾。

敌我之间和人民内部这两类矛盾的性质不同，解决的方法也不同。简单地说起来，前者是分清敌我的问题，后者是分清是非的问题。当然，敌我问题也是一种是非问题。比如我们同帝国主义、封建主义、官僚资本主义这些内外反动派，究竟谁是谁非，也是是非问题，但是这是和人民内部问题性质不同的另一类是非问题。

我们的国家是工人阶级领导的以工农联盟为基础的人民

民主专政的国家。这个专政是干什么的呢？专政的第一个作用，就是压迫国家内部的反动阶级、反动派和反抗社会主义革命的剥削者，压迫那些对于社会主义建设的破坏者，就是为了解决国内敌我之间的矛盾。例如逮捕某些反革命分子并且将他们判罪，在一个时期内不给地主阶级分子和官僚资产阶级分子以选举权，不给他们发表言论的自由权利，都是属于专政的范围。为了维护社会秩序和广大人民的利益，对于那些盗窃犯、诈骗犯、杀人放火犯、流氓集团和各种严重破坏社会秩序的坏分子，也必须实行专政。专政还有第二个作用，就是防御国家外部敌人的颠覆活动和可能的侵略。在这种情况出现的时候，专政就担负着对外解决敌我之间的矛盾的任务。专政的目的是为了保卫全体人民进行和平劳动，将我国建设成为一个具有现代工业、现代农业和现代科学文化的社会主义国家。谁来行使专政呢？当然是工人阶级和在它领导下的人民。专政的制度不适用于人民内部。人民自己不能向自己专政，不能由一部分人民去压迫另一部分人民。人民中间的犯法分子也要受到法律的制裁，但是，这和压迫人民的敌人的专政是有原则区别的。在人民内部是实行民主集中制。我们的宪法规定：中华人民共和国公民有言论、出版、集会、结社、游行、示威、宗教信仰等等自由。我们的宪法又规定：国家机关实行民主集中制，国家机关必须依靠人民群众，国家机关工作人员必须为人民服务。我们的这个社会主义的民主是任何资产阶级国家所不可能有的最广大的民主。我们的专政，叫做工人阶级领导的以工农联盟为基础的人民民主专政。这就表明，在人民内部实行民主制度，而由工人阶级团结全体有公民权的人民，首先是农民，向着反动阶级、反动派和反抗社会主义改造和社会主义建设的分子实行专政。所谓有公民权，在政治方面，就是说有自由和民主的权利。

但是这个自由是有领导的自由，这个民主是集中指导下的民主，不是无政府状态。无政府状态不符合人民的利益和愿望。

匈牙利事件〔2〕发生以后，我国有些人感到高兴。他们希望在中国也出现一个那样的事件，有成千上万的人上街，去反对人民政府。他们的这种希望是同人民群众的利益相违反的，是不可能得到人民群众支持的。匈牙利的一部分群众受了国内外反革命力量的欺骗，错误地用暴力行为来对付人民政府，结果使得国家和人民都吃了亏。几个星期的骚乱，给予经济方面的损失，需要长时间才能恢复。我国另有一些人在匈牙利问题上表现动摇，是因为他们不懂得世界上的具体情况。他们以为在我们的人民民主制度下自由太少了，不如西方的议会民主制度自由多。他们要求实行西方的两党制，这一党在台上，那一党在台下。但是这种所谓两党制不过是维护资产阶级专政的一种方法，它绝不能保障劳动人民的自由权利。实际上，世界上只有具体的自由，具体的民主，没有抽象的自由，抽象的民主。在阶级斗争的社会里，有了剥削阶级剥削劳动人民的自由，就没有劳动人民不受剥削的自由。有了资产阶级的民主，就没有无产阶级和劳动人民的民主。有些资本主义国家也容许共产党合法存在，但是以不危害资产阶级的根本利益为限度，超过这个限度就不容许了。要求抽象的自由、抽象的民主的人们认为民主是目的，而不承认民主是手段。民主这个东西，有时看来似乎是目的，实际上，只是一种手段。马克思主义告诉我们，民主属于上层建筑，属于政治这个范畴。这就是说，归根结蒂，它是为经济基础服务的。自由也是这样。民主自由都是相对的，不是绝对的，都是在历史上发生和发展的。在人民内部，民主是对集中而言，自由是对纪律而言。这些都是一个统一体的两个矛盾着的侧面，它们是矛盾的，又是统一的，我们不应当片面地强调某一个侧面而否定另一个侧面。在人民内部，不可以没有自由，也不可以没有纪律；不可以没有民主，也不可以没有集中。这种民主和集中的统一，自由和纪律的统一，就是我们的民主集中制。在这个制度下，人民享受着广泛的民主和自由；同时又必须用社会主义的纪律约束自己。这些道理，广大人民群众是懂得的。

我们主张有领导的自由，主张集中指导下的民主，这在任何意义上都不是说，人民内部的思想问题、是非的辨别问题，可以用强制的方法去解决。企图用行政命令的方法，用强制的方法解决思想问题，是非问题，不但没有效力，而且是有害的。我们不能用行政命令去消灭宗教，不能强制人们不信教。不能强制人们放弃唯心主义，也不能强制人们相信马克思主义。凡属于思想性质的问题，凡属于人民内部的争论问题，只能用民主的方法去解决，只能用讨论的方法、批评的方法、说服教育的方法去解决，而不能用强制的、压服的方法去解决。人民为了有效地进行生产、进行学习和有秩序地过生活，要求自己的政府、生产的领导者、文化教育机关的领导者发布各种适当的带强制性的行政命令。没有这种行政命令，社会秩序就无法维持，这是人们的常识所了解的。这同用说服教育的方法去解决人民内部的矛盾，是相辅相成的两个方面。为着维持社会秩序的目的而发布的行政命令，也要伴之以说服教育，单靠行政命令，在许多情况下就行不通。

在一九四二年，我们曾经把解决人民内部矛盾的这种民主的方法，具体化为一个公式，叫做“团结——批评——团结”。讲详细一点，就是从团结的愿望出发，经过批评或者斗争使矛盾得到解决，从而在新的基础上达到新的团结。按照我们的经验，这是解决人民内部矛盾的一个正确的方法。一九四二年，我们采用了这个方法解决共产党内部的矛盾，就是教条主义者和广大党员群众之间的矛盾，教条主义思想和马克思主义思想之间的矛盾。“左”倾教条主义者从前采用的党内斗争方法叫做“残酷斗争，无情打击”。这是一个错误的方法。我们在批评“左”倾教条主义的时候，就没有采取这个老方法，而采取了一个新方法，就是从团结的愿望出发，经过批评或者斗争，分清是非，在新的基础上达到新的团结。这个方法是在一九四二年整风〔3〕的时候采用的。经过几年之后，到一九四五年中国共产党召开第七次全国代表大会〔4〕的时候，果然达到了全党团结的目的，因此就取得了人民革命的伟大胜利。在这里，首先需要从团结的愿望出发。因为如果在主观上没有团结的愿望，一斗势必把事情斗乱，不可收拾，那还不是“残酷斗争，无情打击”？那还有什么党的团结？从这个经验里，我们找到了一个公式：团结——批评——团结。或者说，惩前毖后，治病救人。我们把这个方法推广到了党外。在各抗日根据地里，我们处理领导和群众的关系，处理军民关系、官兵关系、几部分军队之间的关系、几部分干部之间的关系，都采用了这个方法,并且得到了伟大的成功。这个问题,在我们党的历史上,还可以追溯到更远。自从一九二七年我们在南方建立革命军队和革命根据地开始,关于处理党群关系、军民关系、官兵关系以及其他人民内部关系,就是采用这个方法的。不过到了抗日时期,我们就把这个方法建立在更加自觉的基础之上了。全国解放以后,我们对民主党派和工商界也采取了“团结——批评——团结”这个方法。我们现在的任务,就是要在整个人民内部继续推广和更好地运用这个方法,要求所有的工厂、合作社、商店、学校、机关、团体,总之,六亿人口,都采用这个方法去解决他们内部的矛盾。

在一般情况下,人民内部的矛盾不是对抗性的。但是如果处理得不适当,或者失去警觉,麻痹大意,也可能发生对抗。这种情况,在社会主义国家通常只是局部的暂时的现象。这是因为社会主义国家消灭了人剥削人的制度,人民的利益在根本上是一致的。匈牙利事件所表现的那种范围相当宽广的对抗行动,是因为有内外反革命因素在起作用的缘故。这是一种特殊的也是暂时的现象。社会主义国家内部的反动派同帝国主义者互相勾结,利用人民内部的矛盾,挑拨离间,兴风作浪,企图实现他们的阴谋。匈牙利事件的这种教训,值得大家注意。

许多人觉得,提出采用民主方法解决人民内部矛盾的问题,是一个新的问题。事实并不是这样。马克思主义者从来就认为无产阶级的事业只能依靠人民群众,共产党人在劳动人民中间进行工作的时候必须采取民主的说服教育的方法,决不允许采取命令主义态度和强制手段。中国共产党忠实地遵守马克思列宁主义的这个原则。我们历来就主张,在人民民主专政下面，解决敌我之间的和人民内部的这两类不同性质的矛盾，采用专政和民主这样两种不同的方法。这个意思，在我们党的过去的许多文件里和党的许多负责人的言论里，曾经说得很多。我在一九四九年所写的《论人民民主专政》里曾经说过："对人民内部的民主方面和对反动派的专政方面，互相结合起来，就是人民民主专政"，解决人民内部的问题，"使用的方法，是民主的即说服的方法，而不是强迫的方法"。我在一九五〇年六月第二次政治协商会议上的讲话里，又说过："人民民主专政有两个方法。对敌人说来是用专政的方法，就是说在必要的时期内，不让他们参与政治活动，强迫他们服从人民政府的法律，强迫他们从事劳动并在劳动中改造他们成为新人。对人民说来则与此相反，不是用强迫的方法，而是用民主的方法，就是说必须让他们参与政治活动，不是强迫他们做这样做那样，而是用民主的方法向他们进行教育和说服的工作。这种教育工作是人民内部的自我教育工作，批评和自我批评的方法就是自我教育的基本方法。"过去我们已经多次讲过用民主方法解决人民内部矛盾这个问题，并且在工作中基本上就是这样做的，很多干部和人民都在实际上懂得这个问题。为什么现在又有人觉得这是一个新问题呢？这是因为过去国内外的敌我斗争很尖锐，人民内部矛盾还不像现在这样被人们注意的缘故。

许多人对于敌我之间的和人民内部的这两类性质不同的矛盾分辨不清，容易混淆在一起。应该承认，这两类矛盾有时是容易混淆的。我们在过去工作中也曾经混淆过。在肃清反革命分子的工作中，错误地把好人当坏人，这种情形，从前有过，现在也还有。我们的错误没有扩大化，是由于我们在政策中规定了必须分清敌我，错了就要平反。

马克思主义的哲学认为，对立统一规律是宇宙的根本规律。这个规律，不论在自然界、人类社会和人们的思想中，都是普遍存在的。矛盾着的对立面又统一，又斗争，由此推动事物的运动和变化。矛盾是普遍存在的，不过按事物的性质不同，矛盾的性质也就不同。对于任何一个具体的事物说来，对立的统一是有条件的、暂时的、过渡的，因而是相对的，对立的斗争则是绝对的。这个规律，列宁讲得很清楚。这个规律，在我国，懂得的人逐渐多起来了。但是，对于许多人说来，承认这个规律是一回事，应用这个规律去观察问题和处理问题又是一回事。许多人不敢公开承认我国人民内部还存在着矛盾，正是这些矛盾推动着我们的社会向前发展。许多人不承认社会主义社会还有矛盾，因而使得他们在社会矛盾面前缩手缩脚，处于被动地位；不懂得在不断地正确处理和解决矛盾的过程中，将会使社会主义社会内部的统一和团结日益巩固。这样，就有必要在我国人民中，首先是在干部中，进行解释，引导人们认识社会主义社会中的矛盾，并且懂得采取正确的方法处理这种矛盾。

社会主义社会的矛盾同旧社会的矛盾，例如同资本主义社会的矛盾，是根本不相同的。资本主义社会的矛盾表现为剧烈的对抗和冲突，表现为剧烈的阶级斗争，那种矛盾不可能由资本主义制度本身来解决，而只有社会主义革命才能够加以解决。社会主义社会的矛盾是另一回事，恰恰相反，它不是对抗性的矛盾，它可以经过社会主义制度本身，不断地得到解决。

在社会主义社会中，基本的矛盾仍然是生产关系和生产力之间的矛盾，上层建筑和经济基础之间的矛盾。不过社会主义社会的这些矛盾，同旧社会的生产关系和生产力的矛盾、上层建筑和经济基础的矛盾，具有根本不同的性质和情况罢了。我国现在的社会制度比较旧时代的社会制度要优胜得多。如果不优胜，旧制度就不会被推翻，新制度就不可能建立。所谓社会主义生产关系比较旧时代生产关系更能够适合生产力发展的性质，就是指能够容许生产力以旧社会所没有的速度迅速发展，因而生产不断扩大，因而使人民不断增长的需要能够逐步得到满足的这样一种情况。旧中国在帝国主义、封建主义和官僚资本主义的统治下，生产力的发展一直是非常缓慢的。解放前五十多年间，全国除东北外，钢的生产一直只有几万吨；加上东北，全国的最高年产量也不过是九十多万吨。在一九四九年，全国钢产量只有十几万吨。但是全国解放不过七年，钢的生产便已达到四百几十万吨。旧中国几乎没有机器制造业，更没有汽车制造业和飞机制造业，而这些现在都建立起来了。当人民推翻了帝国主义、封建主义和官僚资本主义的统治之后，中国要向哪里去？向资本主义，还是向社会主义？有许多人在这个问题上的思想是不清楚的。事实已经回答了这个问题：只有社会主义能够救中国。社会主义制度促进了我国生产力的突飞猛进的发展，这一点，甚至连国外的敌人也不能不承认了。

但是，我国的社会主义制度还刚刚建立，还没有完全建成，还不完全巩固。在工商业的公私合营企业中，资本家还拿取定息[5]，也就是还有剥削；就所有制这点上说，这类企业还不是完全的社会主义性质的。农业生产合作社和手工业生产合作社有一部分也还是半社会主义性质的；完全社会主义化的合作社在所有制的某些个别问题上，还需要继续解决。在各经济部门中的生产和交换的相互关系，还在按照社会主义的原则逐步建立，逐步找寻比较适当的形式。在全民所有制经济和集体所有制经济里面，在这两种社会主义经济形式之间，积累和消费的分配问题是一个复杂的问题，也不容易一下子解决得完全合理。总之，社会主义生产关系已经建立起来，它是和生产力的发展相适应的；但是，它又还很不完善，这些不完善的方面和生产力的发展又是相矛盾的。除了生产关系和生产力发展的这种又相适应又相矛盾的情况以外，还有上层建筑和经济基础的又相适应又相矛盾的情况。人民民主专政的国家制度和法律，以马克思列宁主义为指导的社会主义意识形态，这些上层建筑对于我国社会主义改造的胜利和社会主义劳动组织的建立起了积极的推动作用，它是和社会主义的经济基础即社会主义的生产关系相适应的；但是，资产阶级意识形态的存在，国家机构中某些官僚主义作风的存在，国家制度中某些环节上缺陷的存在，又是和社会主义的经济基础相矛盾的。我们今后必须按照具体的情况，继续解决上述的各种矛盾。当然，在解决这些矛盾以后，又会出现新的问题，新的矛盾，又需要人们去解决。例如，在客观上将会长期存在的社会生产和社会需要之间的矛盾，就需要人们时常经过国家计划去调节。我国每年作一次经济计划，安排积累和消费的适当比例，求得生产和需要之间的平衡。所谓平衡，就是矛盾的暂时的相对的统一。过了一年，就整个说来，这种平衡就被矛盾的斗争所打破了，这种统一就变化了，平衡成为不平衡，统一成为不统一，又需要作第二年的平衡和统一。这就是我们计划经济的优越性。事实上，每月每季都在局部地打破这种平衡和统一，需要作出局部的调整。有时因为主观安排不符合客观情况，发生矛盾，破坏平衡，这就叫做犯错误。矛盾不断出现，又不断解决，就是事物发展的辩证规律。

现在的情况是：革命时期的大规模的急风暴雨式的群众阶级斗争基本结束，但是阶级斗争还没有完全结束；广大群众一面欢迎新制度，一面又还感到还不大习惯；政府工作人员经验也还不够丰富，对一些具体政策的问题，应当继续考察和探索。这就是说，我们的社会主义制度还需要有一个继续建立和巩固的过程，人民群众对于这个新制度还需要有一个习惯的过程，国家工作人员也需要一个学习和取得经验的过程。在这个时候，我们提出划分敌我和人民内部两类矛盾的界限，提出正确处理人民内部矛盾的问题，以便团结全国各族人民进行一场新的战争——向自然界开战，发展我们的经济，发展我们的文化，使全体人民比较顺利地走过目前的过渡时期，巩固我们的新制度，建设我们的新国家，就是十分必要的了。

二 肃反问题

肃清反革命分子的问题是敌我矛盾的斗争问题。在人民内部，有些人对于肃反问题的看法，也有一些不同。有两种人的意见，和我们的意见不相同。有右倾思想的人不分敌我，认敌为我。广大群众认为是敌人的人,他们却认为是朋友。有“左”倾思想的人则把敌我矛盾扩大化,以至把某些人民内部的矛盾也看作敌我矛盾,把某些本来不是反革命的人也看作反革命。这两种看法都是错误的,都不能正确地处理肃反问题,也不能正确地估计我们的肃反工作。

为了正确地估计我国的肃反工作,我们不妨看一看匈牙利事件对于我们国家的影响。匈牙利事件发生以后,在我国一部分知识分子中有些动荡,但是没有引起什么风浪。这是什么原因呢?应该说,原因之一,就是我们相当彻底地肃清了反革命。

当然,我们国家的巩固,首先不是由于肃反。我们国家的巩固,首先是由于我们有经过几十年革命斗争锻炼的共产党和解放军,有经过几十年革命斗争锻炼的劳动人民。我们的党和军队是在群众中生了根的,是在长期革命火焰中锻炼出来的,是有战斗力的。我们的人民共和国是经过革命根据地逐步发展起来的,不是突然建立起来的。有些民主人士也受过不同程度的锻炼,同我们共过患难。有些知识分子经历过反对帝国主义和反动势力的斗争的锻炼,许多人经历过解放以后的以分清敌我界限为目标的思想改造。此外,我们国家的巩固,还由于我们的经济措施根本上是正确的;人民生活是稳定的,并且逐步有所改善;我们对于民族资产阶级和其他阶级的政策,也是正确的,等等。但是,我们在肃清反革命方面的成功,无疑是我们国家巩固的重要原因之一。由于这一切,我们的大学生,虽然还有许多人是非劳动人民家庭出身的子女,但是除了少数例外,都是爱国的,都是拥护社会主义的,他们在匈牙利事件时期没有发生波动。民族资产阶级也是这样。更不要说工农基本群众了。

解放以后，我们肃清了一批反革命分子。一些有严重罪行的反革命分子被处了死刑。这是完全必要的，这是广大群众的要求，这是为了解放长期被反革命分子和各种恶霸分子压迫的广大群众，也就是为了解放生产力。我们如果不这样做，人民群众就会抬不起头来。从一九五六年以来，情况就根本改变了。就全国说来，反革命分子的主要力量已经肃清。我们的根本任务已经由解放生产力变为在新的生产关系下面保护和发展生产力。有些人不了解我们今天的政策适合于今天的情况，过去的政策适合于过去的情况，想利用今天的政策去翻过去的案，想否定过去肃反工作的巨大成绩，这是完全错误的，这是人民群众所不允许的。

我们的肃反工作，成绩是主要的，但是也有错误。过火的，漏掉的，都有。我们的方针是："有反必肃，有错必纠"。我们在肃反工作中的路线是群众肃反的路线。采取了群众路线，工作中当然也会发生毛病，但是毛病会比较少一些，错误会比较容易纠正些。群众在斗争中得到了经验。做得正确，得了做得正确的经验。犯了错误，也得了犯错误的经验。

在肃反工作中，凡是已经发现了的错误，我们都已经采取了或者正在采取纠正的步骤。没有发现的，一经发现，我们就准备纠正。原来在什么范围内弄错的，也应该在什么范围内宣布平反。我提议今年或者明年对于肃反工作全面检查一次，总结经验，发扬正气，打击歪风。中央由人大常委会和政协常委会主持，地方由省市人民委员会和政协委员会主持。在检查工作的时候,我们对广大干部和积极分子不要泼冷水,而要帮助他们。向广大干部和积极分子泼冷水是不对的。但是发现了错误,一定要改正。无论公安部门、检察部门、司法部门、监狱、劳动改造的管理机关,都应该采取这个态度。我们希望人大常务委员、政协委员、人民代表,凡是有可能的,都参加这样的检查。这对于健全我们的法制,对于正确处理反革命分子和其他犯罪分子,会有帮助的。

目前关于反革命分子的情况,可以用这样两句话来说明:还有反革命,但是不多了。首先是还有反革命。有人说,已经没有了,天下太平了,可以把枕头塞得高高地睡觉了。这是不合事实的。事实是还有(当然不是说每一个地方每一个单位都有),还必须继续和他们作斗争。必须懂得,没有肃清的暗藏的反革命分子是不会死心的,他们必定要乘机捣乱。美帝国主义者和蒋介石集团经常还在派遣特务到我们这里来进行破坏活动。原有的反革命分子肃清了,还可能出现一些新的反革命分子。如果我们丧失警惕性,那就会上大当,吃大亏。不管什么地方出现反革命分子捣乱,就应当坚决消灭他。但是就全国来说,反革命分子确实不多了。如果说现在全国还有很多反革命分子,这个意见也是错误的。如果接受这种估计,结果也会搞乱。

三 农业合作化问题

我国有五亿多农业人口,农民的情况如何,对于我国经济的发展和政权的巩固,关系极大。我认为,情况根本上是好的。

合作化完成了，这就解决了我国社会主义工业化同个体农业经济之间的大矛盾。合作化迅速完成，有些人担心会不会出毛病。幸好，毛病有一些，不大，基本上是健全的。农民生产很起劲，虽然去年的水旱风灾比过去几年中哪一年都大，但是全国的粮食仍然增产。现在有一些人却在说合作化不行，合作化没有优越性，吹来了一股小台风。合作化究竟有没有优越性呢？今天会场上发的文件里面，有一个关于河北省遵化县王国藩合作社〔6〕的材料，大家可以看一看。这个合作社所在的地方是一个山地，历来很穷，年年靠人民政府运粮去救济。一九五三年开始办社的时候，人们把它叫做“穷棒子社”。经过了四年艰苦奋斗，一年一年好起来，绝大多数的社员成了余粮户。王国藩合作社能做到的，别的合作社，在正常情况下也应该能做到，或者时间长一点也应该能做到。由此可见，那些说合作化不好了的议论是没有根据的。

由此也可看出，合作社一定要在艰苦奋斗中建立起来。任何新生事物的成长都是要经过艰难曲折的。在社会主义事业中，要想不经过艰难曲折，不付出极大努力，总是一帆风顺，容易得到成功，这种想法，只是幻想。

积极拥护合作社的是些什么人呢？是绝大多数贫农和下中农，他们占农村人口百分之七十以上。其余的人，大多数也对合作社寄予希望。真正不满意的只占极少数。许多人没有分析这种情况，没有对合作社的成绩和缺点以及缺点产生的根源作全面的考察，把局部和片面当成了全体，这就在一些人中间刮起了一阵所谓合作社没有优越性的小台风。

要多少时间合作社才能巩固，认为合作社没有优越性的议论才会收场呢?根据许多合作社发展的经验来看,大概需要五年,或者还要多一点时间。现在,全国大多数的合作社还只有一年多的历史,我们就要求它们那么好,这是不合理的。依我看,第一个五年计划期内建成合作社,第二个五年计划期内合作社能得到巩固,那就很好了。

合作社正在经历一个逐步巩固的过程。它还存在着一些需要解决的矛盾。例如,在国家同合作社之间,在合作社内部,在合作社同合作社相互之间,都有一些矛盾需要解决。

我们必须经常注意从生产问题和分配问题上处理上述矛盾。在生产问题上,一方面,合作社经济要服从国家统一经济计划的领导,同时在不违背国家的统一计划和政策法令下保持自己一定的灵活性和独立性;另一方面,参加合作社的各个家庭,除了自留地和其他一部分个体经营的经济可以由自己作出适当的计划以外,都要服从合作社或者生产队的总计划。在分配问题上,我们必须兼顾国家利益、集体利益和个人利益。对于国家的税收、合作社的积累、农民的个人收入这三方面的关系,必须处理适当,经常注意调节其中的矛盾。国家要积累,合作社也要积累,但是都不能过多。我们要尽可能使农民能够在正常年景下,从增加生产中逐年增加个人收入。

许多人说农民苦,这种意见对不对呢?就一方面说来是对的。这就是说,由于我国被帝国主义者和他们的代理人压迫剥削了一百多年,变成一个很穷的国家,不但农民的生活水平低,工人和知识分子的生活水平也都还低。要有几十年时间,经过艰苦的努力,才能将全体人民的生活水平逐步提高起来。这样说“苦”就恰当了。就另一方面说来是不对的。这就是说,解放七年以来，农民生活没有改善，单单改善了工人的生活。其实，工人农民的生活，除极少数人以外，都已经有了一些改善。解放以来，农民免除了地主的剥削，生产逐年发展。以粮食为例，一九四九年全国产粮只有二千一百几十亿斤，到一九五六年产粮达到三千六百几十亿斤，增加了将近一千五百亿斤。国家征收的农业税并不算重，每年只有三百多亿斤。每年以正常价格从农民那里购粮也只有五百多亿斤。两项共八百几十亿斤。这些粮食销售在农村和农村附近的集镇的，占了一半以上。由此看来，不能说农民生活没有改善。我们准备在几年内，把征粮和购粮的数量大体上稳定在八百几十亿斤的水平上，使农业得到发展，使合作社得到巩固，使现在还存在的农村中一小部分缺粮户不再缺粮，除了专门经营经济作物的某些农户以外，统统变为余粮户或者自给户，使农村中没有了贫农，使全体农民达到中农和中农以上的生活水平。至于简单地拿农民每人每年平均所得和工人每人每年平均所得相比较，说一个低了，一个高了，这是不适当的。工人的劳动生产率比农民高得多，而农民的生活费用比城市工人又省得多，所以不能说工人特别得到国家的优待。有少部分工人的工资以及有些国家机关工作人员的工资是高了一些，农民看了不满意是有理由的，斟酌情况作一些适当的调整，是必要的。

四　工商业者问题

我国社会制度的改革，除了农业合作化和手工业合作化以外，私营工商业改变为公私合营企业，也在一九五六年完成了。这件事所以做得这样迅速和顺利，是跟我们把工人阶级同民族资产阶级之间的矛盾当做人民内部矛盾来处理，密切相关的。这个阶级矛盾是否完全解决了呢？还没有。还要经过相当的时间才能够完全解决。但是现在有些人说：资本家已经改造得和工人差不多了，用不着再改造了。甚至有人说，资本家比工人还要高明一点。也有人说，如果要改造，为什么工人阶级不改造？这些议论对不对呢？当然不对。

在建设社会主义社会的过程中，人人需要改造，剥削者要改造，劳动者也要改造，谁说工人阶级不要改造？当然，剥削者的改造和劳动者的改造是两种不同性质的改造，不能混为一谈。工人阶级要在阶级斗争中和向自然界的斗争中改造整个社会，同时也就改造自己。工人阶级必须在工作中不断学习，逐步克服自己的缺点，永远也不能停止。拿我们这些人来说，很多人每年都有一些进步，也就是说，每年都在改造。我这个人从前就有过各种非马克思主义的思想，马克思主义是后来才接受的。我在书本上学了一点马克思主义，初步地改造了自己的思想，但是主要的还是在长期阶级斗争中改造过来的。而且今后还要继续学习，才能再有一些进步，否则就要落后了。难道资本家就那么高明，反而再不需要改造了吗？

有人说，中国资产阶级现在已经没有两面性了，只有一面性。这是不是事实呢？不是事实。一方面，资产阶级分子已经成为公私合营企业中的管理人员，正处在由剥削者变为自食其力的劳动者的转变过程中；另一方面，他们现在还在公私合营的企业中拿定息，这就是说，他们的剥削根子还没有脱离。他们同工人阶级的思想感情、生活习惯还有一个不小的距离。

怎么能说已经没有了两面性呢？就是不拿定息，摘掉了资产阶级的帽子，也还需要一个相当的时间继续进行思想改造。如果认为资产阶级已经没有了两面性，那末资本家的改造和学习的任务也就没有了。

应该说，这种意见不仅不符合工商业者的实际情况，也不符合工商业者大多数人的愿望。在过去几年中，大多数工商业者都是愿意学习的，并且有了显著的进步。工商业者的彻底改造必须是在工作中间，他们应当在企业内同职工一起劳动，把企业作为自我改造的基地。但是经过学习改变自己的某些旧观点，也是重要的。工商业者的学习，应当以自愿为基础。许多工商业者在讲习班里学习了几十天，回到工厂，同工人群众和公方代表有了更多的共同的语言，改善了共同工作的条件。他们从亲身的经验懂得，继续学习，继续改造自己，对于他们是有益的。刚才所说的那种认为不需要学习，不需要改造的意见，并不能代表工商业者中大多数人的意见，只是少数人的意见。

五　知识分子问题

我国人民内部的矛盾，在知识分子中间也表现出来了。过去为旧社会服务的几百万知识分子，现在转到为新社会服务，这里就存在着他们如何适应新社会需要和我们如何帮助他们适应新社会需要的问题。这也是人民内部的一个矛盾。

我国知识分子的大多数，在过去七年中已经有了显著的进步。他们表示赞成社会主义制度。他们中间有许多人正在用功学习马克思主义，有一部分人已经成为共产主义者。这部分人目前虽然还是少数，但是正在逐渐增多。当然，知识分子中间有一些人现在仍然怀疑或者不同意社会主义，这部分人只占少数。

我国的艰巨的社会主义建设事业，需要尽可能多的知识分子为它服务。凡是真正愿意为社会主义事业服务的知识分子，我们都应当给予信任，从根本上改善同他们的关系，帮助他们解决各种必须解决的问题，使他们得以积极地发挥他们的才能。我们有许多同志不善于团结知识分子，用生硬的态度对待他们，不尊重他们的劳动，在科学文化工作中不适当地干预那些不应当干预的事务。所有这些缺点必须加以克服。

广大的知识分子虽然已经有了进步，但是不应当因此自满。为了充分适应新社会的需要，为了同工人农民团结一致，知识分子必须继续改造自己，逐步地抛弃资产阶级的世界观而树立无产阶级的、共产主义的世界观。世界观的转变是一个根本的转变，现在多数知识分子还不能说已经完成了这个转变。我们希望我国的知识分子继续前进，在自己的工作和学习的过程中，逐步地树立共产主义的世界观，逐步地学好马克思列宁主义，逐步地同工人农民打成一片，而不要中途停顿，更不要向后倒退，倒退是没有出路的。由于我国的社会制度已经起了变化，资产阶级思想的经济基础已经基本上消灭了，这就使大量知识分子的世界观不但有了改变的必要，而且有了改变的可能。但是世界观的彻底改变需要一个很长的时间，我们应当耐心地做工作，不能急躁。事实上必定会有一些人在思想上始终不愿意接受马克思列宁主义，不愿意接受共产主义，对于这一部分人不要苛求；只要他们服从国家的要求，从事正常的劳动，我们就应当给他们以适当工作的机会。

在知识分子和青年学生中间，最近一个时期，思想政治工作减弱了，出现了一些偏向。在一些人的眼中，好像什么政治，什么祖国的前途、人类的理想，都没有关心的必要。好像马克思主义行时了一阵，现在就不那么行时了。针对着这种情况，现在需要加强思想政治工作。不论是知识分子，还是青年学生，都应该努力学习。除了学习专业之外，在思想上要有所进步，政治上也要有所进步，这就需要学习马克思主义，学习时事政治。没有正确的政治观点，就等于没有灵魂。过去的思想改造是必要的，收到了积极的效果。但是在做法上有些粗糙，伤了一些人，这是不好的。这个缺点，今后必须避免。思想政治工作，各个部门都要负责任。共产党应该管，青年团应该管，政府主管部门应该管，学校的校长教师更应该管。我们的教育方针，应该使受教育者在德育、智育、体育几方面都得到发展，成为有社会主义觉悟的有文化的劳动者。要提倡勤俭建国。要使全体青年们懂得，我们的国家现在还是一个很穷的国家，并且不可能在短时间内根本改变这种状态，全靠青年和全体人民在几十年时间内，团结奋斗，用自己的双手创造出一个富强的国家。社会主义制度的建立给我们开辟了一条到达理想境界的道路，而理想境界的实现还要靠我们的辛勤劳动。有些青年人以为到了社会主义社会就应当什么都好了，就可以不费气力享受现成的幸福生活了，这是一种不实际的想法。

六 少数民族问题

我国少数民族有三千多万人，虽然只占全国总人口的百分之六，但是居住地区广大，约占全国总面积的百分之五十至六十。所以汉族和少数民族的关系一定要搞好。这个问题的关键是克服大汉族主义。在存在有地方民族主义的少数民族中间，则应当同时克服地方民族主义。无论是大汉族主义或者地方民族主义，都不利于各族人民的团结，这是应当克服的一种人民内部的矛盾。在这一方面，我们已经做了一些工作，在大多数少数民族地区民族关系比较从前大有改进，但是仍然存在着一些尚待解决的问题。在一部分地区，大汉族主义和地方民族主义都还严重地存在，必须给以足够的注意。经过各族人民几年来的努力，我国少数民族地区绝大部分都已经基本上完成了民主改革和社会主义改造。西藏由于条件还不成熟，还没有进行民主改革。按照中央和西藏地方政府的十七条协议〔7〕，社会制度的改革必须实行，但是何时实行，要待西藏大多数人民群众和领袖人物认为可行的时候，才能作出决定，不能性急。现在已决定在第二个五年计划期间不进行改革。在第三个五年计划期内是否进行改革，要到那时看情况才能决定。

七 统筹兼顾、适当安排

这里所说的统筹兼顾，是指对于六亿人口的统筹兼顾。我们作计划、办事、想问题，都要从我国有六亿人口这一点出发，千万不要忘记这一点。为什么要提出这样一个问题，难道还有人不知道我国有六亿人口吗？知道是知道的，不过办起事来有些人就忘记了，似乎人越少越好，圈子紧缩得越小越好。抱有这种小圈子主义的人们，对于这样一种思想是抵触的：调动一切积极因素，团结一切可能团结的人，并且尽可能地将消极因素转变为积极因素，为建设社会主义社会这个伟大的事业服务。我希望这些人扩大眼界，真正承认我国有六亿人口，承认这是一个客观存在，这是我们的本钱。我国人多，是好事，当然也有困难。我们各方面的建设事业都在蓬勃地发展着，成绩很大，但是，在目前社会大变动的过渡时期，困难问题还是很多的。又发展又困难，这就是矛盾。任何矛盾不但应当解决，也是完全可以解决的。我们的方针是统筹兼顾、适当安排。无论粮食问题，灾荒问题，就业问题，教育问题，知识分子问题，各种爱国力量的统一战线问题，少数民族问题，以及其他各项问题，都要从对全体人民的统筹兼顾这个观点出发，就当时当地的实际可能条件，同各方面的人协商，作出各种适当的安排。决不可以嫌人多，嫌人落后，嫌事情麻烦难办，推出门外了事。我这样说，是不是要把一切人一切事都由政府包下来呢？当然不是。许多人，许多事，可以由社会团体想办法，可以由群众直接想办法，他们是能够想出很多好的办法来的。而这也就包括在统筹兼顾、适当安排的方针之内，我们应当指导社会团体和各地群众这样做。

八　关于百花齐放、百家争鸣、长期共存、互相监督

百花齐放，百家争鸣，长期共存，互相监督，这几个口号是怎样提出来的呢？它是根据中国的具体情况提出来的，是在承认社会主义社会仍然存在着各种矛盾的基础上提出来的，是在国家需要迅速发展经济和文化的迫切要求上提出来的。百花齐放、百家争鸣的方针，是促进艺术发展和科学进步的方针，是促进我国的社会主义文化繁荣的方针。艺术上不同的形式和风格可以自由发展，科学上不同的学派可以自由争论。利用行政力量，强制推行一种风格，一种学派，禁止另一种风格，另一种学派，我们认为会有害于艺术和科学的发展。艺术和科学中的是非问题，应当通过艺术界科学界的自由讨论去解决，通过艺术和科学的实践去解决，而不应当采取简单的方法去解决。为了判断正确的东西和错误的东西，常常需要有考验的时间。历史上新的正确的东西，在开始的时候常常得不到多数人承认，只能在斗争中曲折地发展。正确的东西，好的东西，人们一开始常常不承认它们是香花，反而把它们看作毒草。哥白尼关于太阳系的学说〔8〕，达尔文的进化论〔9〕，都曾经被看作是错误的东西，都曾经经历艰苦的斗争。我国历史上也有许多这样的事例。同旧社会比较起来，在社会主义社会中，新生事物的成长条件，和过去根本不同了，好得多了。但是压抑新生力量，压抑合理的意见，仍然是常有的事。不是由于有意压抑，只是由于鉴别不清，也会妨碍新生事物的成长。因此，对于科

学上、艺术上的是非，应当保持慎重的态度，提倡自由讨论，不要轻率地作结论。我们认为，采取这种态度可以帮助科学和艺术得到比较顺利的发展。

马克思主义也是在斗争中发展起来的。马克思主义在开始的时候受过种种打击，被认为是毒草。现在它在世界上的许多地方还在继续受打击，还被认为是毒草。在社会主义国家里，马克思主义的地位不同了。但是就是在社会主义国家，还是有非马克思主义的思想存在，也有反马克思主义的思想存在。在我国，虽然社会主义改造，在所有制方面说来，已经基本完成，革命时期的大规模的急风暴雨式的群众阶级斗争已经基本结束，但是，被推翻的地主买办阶级的残余还是存在，资产阶级还是存在，小资产阶级刚刚在改造。阶级斗争并没有结束。无产阶级和资产阶级之间的阶级斗争，各派政治力量之间的阶级斗争，无产阶级和资产阶级之间在意识形态方面的阶级斗争，还是长时期的，曲折的，有时甚至是很激烈的。无产阶级要按照自己的世界观改造世界，资产阶级也要按照自己的世界观改造世界。在这一方面，社会主义和资本主义之间谁胜谁负的问题还没有真正解决。无论在全人口中间，或者在知识分子中间，马克思主义者仍然是少数。因此，马克思主义仍然必须在斗争中发展。马克思主义必须在斗争中才能发展，不但过去是这样，现在是这样，将来也必然还是这样。正确的东西总是在同错误的东西作斗争的过程中发展起来的。真的、善的、美的东西总是在同假的、恶的、丑的东西相比较而存在，相斗争而发展的。当着某一种错误的东西被人类普遍地抛弃，某一种真理被人类普遍地接受的时候，更加新的真理又在同新的错误意见作斗争。这种斗争永远不会完结。这是真理发展的规律,当然也是马克思主义发展的规律。

我国社会主义和资本主义之间在意识形态方面的谁胜谁负的斗争,还需要一个相当长的时间才能解决。这是因为资产阶级和从旧社会来的知识分子的影响还要在我国长期存在,作为阶级的意识形态,还要在我国长期存在。如果对于这种形势认识不足,或者根本不认识,那就要犯绝大的错误,就会忽视必要的思想斗争。思想斗争同其他的斗争不同,它不能采取粗暴的强制的方法,只能用细致的讲理的方法。现在社会主义在意识形态的斗争中,具有优胜的条件。政权的基本力量是在无产阶级领导下的劳动人民手里。共产党有强大的力量和很高的威信。在我们的工作中尽管有缺点,有错误,但是每一个公正的人都可以看到,我们对人民是忠诚的,我们有决心有能力同人民在一起把祖国建设好,我们已经得到巨大的成就,并且将继续得到更巨大的成就。资产阶级分子和从旧社会来的知识分子的绝大多数都是爱国的,他们愿意为蒸蒸日上的社会主义祖国服务,并且懂得如果离开社会主义事业,离开共产党所领导的劳动人民,他们就会无所依靠,而不可能有任何光明的前途。

人们问:在我们国家里,马克思主义已经被大多数人承认为指导思想,那末,能不能对它加以批评呢?当然可以批评。马克思主义是一种科学真理,它是不怕批评的。如果马克思主义害怕批评,如果可以批评倒,那末马克思主义就没有用了。事实上,唯心主义者不是每天都在用各种形式批评马克思主义吗?抱着资产阶级思想、小资产阶级思想而不愿意改变的人们，不是也在用各种形式批评马克思主义吗？马克思主义者不应该害怕任何人批评。相反，马克思主义者就是要在人们的批评中间，就是要在斗争的风雨中间，锻炼自己，发展自己，扩大自己的阵地。同错误思想作斗争，好比种牛痘，经过了牛痘疫苗的作用，人身上就增强免疫力。在温室里培养出来的东西，不会有强大的生命力。实行百花齐放、百家争鸣的方针，并不会削弱马克思主义在思想界的领导地位，相反地正是会加强它的这种地位。

对于非马克思主义的思想，应该采取什么方针呢？对于明显的反革命分子，破坏社会主义事业的分子，事情好办，剥夺他们的言论自由就行了。对于人民内部的错误思想，情形就不相同。禁止这些思想，不允许这些思想有任何发表的机会，行不行呢？当然不行。对待人民内部的思想问题，对待精神世界的问题，用简单的方法去处理，不但不会收效，而且非常有害。不让发表错误意见，结果错误意见还是存在着。而正确的意见如果是在温室里培养出来的，如果没有见过风雨，没有取得免疫力，遇到错误意见就不能打胜仗。因此，只有采取讨论的方法，批评的方法，说理的方法，才能真正发展正确的意见，克服错误的意见，才能真正解决问题。

资产阶级、小资产阶级，他们的思想意识是一定要反映出来的。一定要在政治问题和思想问题上，用各种办法顽强地表现他们自己。要他们不反映不表现，是不可能的。我们不应当用压制的办法不让他们表现，而应当让他们表现，同时在他们表现的时候，和他们辩论，进行适当的批评。毫无疑问，我们应当批评各种各样的错误思想。不加批评，看着错误思想到处泛滥，任凭它们去占领市场，当然不行。有错误就得批判，有毒草就得进行斗争。但是这种批评不应当是教条主义的，不应当用形而上学方法，应当力求用辩证方法。要有科学的分析，要有充分的说服力。教条主义的批评不能解决问题。我们是反对一切毒草的，但是我们必须谨慎地辨别什么是真的毒草，什么是真的香花。我们要同群众一起来学会谨慎地辨别香花和毒草，并且一起来用正确的方法同毒草作斗争。

我们在批判教条主义的时候，必须同时注意对修正主义的批判。修正主义，或者右倾机会主义，是一种资产阶级思潮，它比教条主义有更大的危险性。修正主义者，右倾机会主义者，口头上也挂着马克思主义，他们也在那里攻击"教条主义"。但是他们所攻击的正是马克思主义的最根本的东西。他们反对或者歪曲唯物论和辩证法，反对或者企图削弱人民民主专政和共产党的领导，反对或者企图削弱社会主义改造和社会主义建设。在我国社会主义革命取得基本胜利以后，社会上还有一部分人梦想恢复资本主义制度，他们要从各个方面向工人阶级进行斗争，包括思想方面的斗争。而在这个斗争中，修正主义者就是他们最好的助手。

百花齐放、百家争鸣这两个口号，就字面看，是没有阶级性的，无产阶级可以利用它们，资产阶级也可以利用它们，其他的人们也可以利用它们。所谓香花和毒草，各个阶级、阶层和社会集团也有各自的看法。那末，从广大人民群众的观点看来，究竟什么是我们今天辨别香花和毒草的标准呢？在我国人民的政治生活中，应当怎样来判断我们的言论和行动的是非呢？我们以为，根据我国的宪法的原则，根据我国最大多数人民的意志和我国各党派历次宣布的共同的政治主张，这种标准可以大致规定如下：(一) 有利于团结全国各族人民，而不是分裂人民；(二) 有利于社会主义改造和社会主义建设，而不是不利于社会主义改造和社会主义建设；(三) 有利于巩固人民民主专政，而不是破坏或者削弱这个专政；(四)有利于巩固民主集中制，而不是破坏或者削弱这个制度；(五) 有利于巩固共产党的领导，而不是摆脱或者削弱这种领导；(六) 有利于社会主义的国际团结和全世界爱好和平人民的国际团结，而不是有损于这些团结。这六条标准中，最重要的是社会主义道路和党的领导两条。提出这些标准，是为了帮助人民发展对于各种问题的自由讨论，而不是为了妨碍这种讨论。不赞成这些标准的人们仍然可以提出自己的意见来辩论。但是大多数人有了明确的标准，就可以使批评和自我批评沿着正确的轨道前进，就可以用这些标准去鉴别人们的言论行动是否正确，究竟是香花还是毒草。这是一些政治标准。为了鉴别科学论点的正确或者错误，艺术作品的艺术水准如何，当然还需要一些各自的标准。但是这六条政治标准对于任何科学艺术的活动也都是适用的。在我国这样的社会主义国家里，难道有什么有益的科学艺术活动会违反这几条政治标准的吗？

以上所说的观点，都是从我国的具体的历史条件出发的。各个社会主义国家和各国共产党的情况各不相同。因此，我们并不认为，它们必须或者应当采取中国的做法。

"长期共存、互相监督"这个口号，也是我国具体的历史条件的产物。这个口号并不是突然提出来的，它已经经过了好几年的酝酿。长期共存的思想已经存在很久了。到去年，社会主义制度已基本建立，这些口号就明确地提出来了。为什么要让资产阶级和小资产阶级的民主党派同工人阶级政党长期共存呢？这是因为凡属一切确实致力于团结人民从事社会主义事业的、得到人民信任的党派，我们没有理由不对它们采取长期共存的方针。我在一九五〇年六月第二次政治协商会议上，就已经这样说过："只要谁肯真正为人民效力，在人民还有困难的时期内确实帮了忙，做了好事，并且是一贯地做下去，并不半途而废，那末，人民和人民的政府是没有理由不要他的，是没有理由不给他以生活的机会和效力的机会的。"这里所说的，也就是各党派可以长期共存的政治基础。共产党同各民主党派长期共存，这是我们的愿望，也是我们的方针。至于各民主党派是否能够长期存在下去，不是单由共产党一方面的愿望作决定，还要看各民主党派自己的表现，要看它们是否取得人民的信任。各党派互相监督的事实，也早已存在，就是各党派互相提意见，作批评。所谓互相监督，当然不是单方面的，共产党可以监督民主党派，民主党派也可以监督共产党。为什么要让民主党派监督共产党呢？这是因为一个党同一个人一样，耳边很需要听到不同的声音。大家知道，主要监督共产党的是劳动人民和党员群众。但是有了民主党派，对我们更为有益。当然，各民主党派和共产党相互之间所提的意见，所作的批评，也只有在合乎我们在前面所说的六条政治标准的情况下，才能够发挥互相监督的积极作用。因此，我们希望各民主党派都能注意思想改造，争取和共产党一道长期共存，互相监督，以适应新社会的需要。

九　关于少数人闹事问题

一九五六年，在个别地方发生了少数工人学生罢工罢课的事件。这些人闹事的直接的原因，是有一些物质上的要求没有得到满足；而这些要求，有些是应当和可能解决的，有些是不适当的和要求过高、一时还不能解决的。但是发生闹事的更重要的因素，还是领导上的官僚主义。这种官僚主义的错误，有一些是要由上级机关负责，不能全怪下面。闹事的另一个原因是对于工人、学生缺乏思想政治教育。一九五六年，还有少数合作社社员闹社的事件，主要原因也是领导上的官僚主义和对于群众缺乏教育。

应该承认：有些群众往往容易注意当前的、局部的、个人的利益，而不了解或者不很了解长远的、全国性的、集体的利益。不少青年人由于缺少政治经验和社会生活经验，不善于把旧中国和新中国加以比较，不容易深切了解我国人民曾经怎样经历千辛万苦的斗争才摆脱了帝国主义和国民党反动派的压迫，而建立一个美好的社会主义社会要经过怎样的长时间的艰苦劳动。因此，需要在群众中间经常进行生动的、切实的政治教育，并且应当经常把发生的困难向他们作真实的说明，和他们一起研究如何解决困难的办法。

我们是不赞成闹事的，因为人民内部的矛盾可以用“团结——批评——团结”的方法去解决，而闹事总会要造成一些损失，不利于社会主义事业的发展。我们相信，我国广大的人民群众是拥护社会主义的，他们很守纪律，很讲道理，决不无故闹事。但是这并不是说，在我国已经没有了发生群众闹事的可能性。在这个问题上，我们应当注意的是：（一）为了从根本上消灭发生闹事的原因，必须坚决地克服官僚主义，很好地加强思想政治教育，恰当地处理各种矛盾。只要做到这一条，一般地就不会发生闹事的问题。（二）如果由于我们的工作做得不好，闹了事，那就应当把闹事的群众引向正确的道路，利用闹事来作为改善工作、教育干部和群众的一种特殊手段，解决平日所没有解决的问题。应当在处理闹事的过程中，进行细致的工作，不要用简单的方法去处理，不要“草率收兵”。对于闹事的带头人物，除了那些违犯刑法的分子和现行反革命分子应当法办以外，不应当轻易开除。在我们这样大的国家里，有少数人闹事，并不值得大惊小怪，倒是足以帮助我们克服官僚主义。

在我们社会里，也有少数不顾公共利益、蛮不讲理、行凶犯法的人。他们可能利用和歪曲我们的方针，故意提出无理的要求来煽动群众，或者故意造谣生事，破坏社会的正常秩序。对于这种人，我们并不赞成放纵他们。相反，必须给予必要的法律的制裁。惩治这种人是社会广大群众的要求，不予惩治则是违反群众意愿的。

十　坏事能否变成好事？

如像我在上面讲过的，在我们的社会中，群众闹事是坏事，是我们所不赞成的。但是这种事件发生以后，又可以促使我们接受教训，克服官僚主义，教育干部和群众。从这一点上说来，坏事也可以转变成为好事。乱子有二重性。我们可以用这个观点去看待一切乱子。

匈牙利事件不是好事，这是大家清楚的。但是它也有二重性。由于匈牙利的同志们在事件的发展过程中间处理得正确，结果匈牙利事件由坏事转变成了一件好事。匈牙利现在比过去巩固了，社会主义阵营各国也都得了教训。

同样，一九五六年下半年发生的反共反人民的世界性的风潮，当然是坏事。但是它教育了和锻炼了各国共产党和工人阶级，这就变成好事。在许多国家里，有一批人在这个风潮里退出了党。一部分党员退党，党的人数减少了，当然是坏事。但是也有一方面的好处。那些动摇分子不愿意继续干下去了，退走了，大多数坚定的党员更好团结奋斗，为什么不好呢？

总之，我们必须学会全面地看问题，不但要看到事物的正面，也要看到它的反面。在一定的条件下，坏的东西可以引出好的结果，好的东西也可以引出坏的结果。老子在二千多年以前就说过："祸兮福所倚，福兮祸所伏。"〔10〕日本打到中国，日本人叫胜利。中国大片土地被侵占，中国人叫失败。但是在中国的失败里面包含着胜利，在日本的胜利里面包含着失败。历史难道不是这样证明了吗？

现在世界各国的人们都在谈论着会不会打第三次世界大战。对于这个问题，我们也要有精神准备，也要有分析。我们是坚持和平反对战争的。但是，如果帝国主义一定要发动战争，我们也不要害怕。我们对待这个问题的态度，同对待一切"乱子"的态度一样，第一条，反对；第二条，不怕。第一次世界大战以后，出了一个苏联，两亿人口。第二次世界大战以后，出了一个社会主义阵营，一共九亿人口。如果帝国主义者一定要发动第三次世界大战，可以断定，其结果必定又要有多少亿人口转到社会主义方面，帝国主义剩下的地盘就不多了，也有可能整个帝国主义制度全部崩溃。

矛盾着的对立的双方互相斗争的结果，无不在一定条件下互相转化。在这里，条件是重要的。没有一定的条件，斗争着的双方都不会转化。世界上最愿意改变自己地位的是无产阶级，其次是半无产阶级，因为一则全无所有，一则有也不多。现在美国操纵联合国的多数票和控制世界很多地方的局面只是暂时的，这个局面总有一天要起变化。中国的穷国地位和在国际上无权的地位也会起变化，穷国将变为富国，无权将变为有权——向相反的方向转化。在这里，决定的条件就是社会主义制度和人民团结一致的奋斗。

十一　关于节约

我想在这里谈一下节约的问题。我们要进行大规模的建设，但是我国还是一个很穷的国家，这是一个矛盾。全面地持久地厉行节约，就是解决这个矛盾的一个方法。

在一九五二年"三反"运动中，我们反对过贪污、浪费和官僚主义，而着重在反对贪污。一九五五年提倡过节约，重点是在非生产性的基本建设中反对了过高的标准，在工业生产中节约原料，成绩很大。那时，节约的方针还没有在国民经济各部门中认真地推行，也没有在一般机关、部队、学校、人民团体中认真地推行。今年要求在全国各方面提倡节约，反对浪费。

我们对建设工作还缺乏经验。在过去几年有很大的成绩，同时也有浪费。我们必须逐步地建设一批规模大的现代化的企业以为骨干，没有这个骨干就不能使我国在几十年内变为现代化的工业强国。但是多数企业不应当这样做，应当更多地建立中小型企业，并且应当充分利用旧社会遗留下来的工业基础，力求节省，用较少的钱办较多的事。在去年十一月中共二中全会〔11〕更着重地提出了厉行节约反对浪费的方针以后，几个月来已经开始发生效果。这一次节约运动必须彻底地持久地进行。反对浪费，同批判其他缺点错误一样，好比洗脸。人不是每天都要洗脸吗？中国共产党、民主党派、无党派民主人士、知识分子、工商业者、工人、农民、手工业者，总之，我们六亿人口都要实行增产节约，反对铺张浪费。这不但在经济上有重大意义，在政治上也有重大意义。在我们的许多工作人员中间，现在滋长着一种不愿意和群众同甘苦，喜欢计较个人名利的危险倾向，这是很不好的。我们在增产节约运动中要求精简机关，下放干部，使相当大的一批干部回到生产中去，就是克服这种危险倾向的一个方法。要使全体干部和全体人民经常想到我国是一个社会主义的大国，但又是一个经济落后的穷国，这是一个很大的矛盾。要使我国富强起来，需要几十年艰苦奋斗的时间，其中包括执行厉行节约、反对浪费这样一个勤俭建国的方针。

十二　中国工业化的道路

这里所讲的工业化道路的问题，主要是指重工业、轻工业和农业的发展关系问题。我国的经济建设是以重工业为中心，这一点必须肯定。但是同时必须充分注意发展农业和轻工业。

我国是一个大农业国，农村人口占全国人口的百分之八十以上，发展工业必须和发展农业同时并举，工业才有原料和市场，才有可能为建立强大的重工业积累较多的资金。大家知道，轻工业和农业有极密切的关系。没有农业，就没有轻工业。重工业要以农业为重要市场这一点，目前还没有使人们看得很清楚。但是随着农业的技术改革逐步发展，农业的日益现代化，为农业服务的机械、肥料、水利建设、电力建设、运输建设、民用燃料、民用建筑材料等等将日益增多，重工业以农业为重要市场的情况，将会易于为人们所理解。在第二个五年计划和第三个五年计划期间，如果我们的农业能够有更大的发展，使轻工业相应地有更多的发展，这对于整个国民经济会有好处。农业和轻工业发展了，重工业有了市场，有了资金，它就会更快地发展。这样，看起来工业化的速度似乎慢一些，但是实际上不会慢，或者反而可能快一些。经过三个五年计划，或者再多一些时间，我国的钢产量仍然可能由解放前最高年产量，即一九四三年的九十多万吨，发展到二千万吨，或者更多一点。这样，城乡人民都会感到高兴。

关于经济问题今天不准备多讲。经济建设我们还缺乏经验，因为才进行七年，还需要积累经验。对于革命我们开始也没有经验，翻过斤斗，取得了经验，然后才有全国的胜利。我们要求在取得经济建设方面的经验，比较取得革命经验的时间要缩短一些，同时不要花费那么高的代价。代价总是需要的，就是希望不要有革命时期所付的代价那么高。必须懂得，在这个问题上是存在着矛盾的，即社会主义社会经济发展的客观规律和我们主观认识之间的矛盾，这需要在实践中去解决。这个矛盾，也将表现为人同人之间的矛盾，即比较正确地反映客观规律的一些人同比较不正确地反映客观规律的一些人之间的矛盾，因此也是人民内部的矛盾。一切矛盾都是客观存在的，我们的任务在于尽可能正确地反映它和解决它。

为了使我国变为工业国，我们必须认真学习苏联的先进经验。苏联建设社会主义已经有四十年了，它的经验对于我们是十分宝贵的。大家看吧，谁给我们设计和装备了这么多的重要工厂呢？美国给我们没有？英国给我们没有？他们都不给。只有苏联肯这样做，因为它是社会主义国家，是我们的同盟国家。除了苏联以外，东欧一些兄弟国家也给了我们一些帮助。完全不错，一切国家的好经验我们都要学，不管是社会主义国家的，还是资本主义国家的，这一点是肯定的。但是主要的还是要学苏联。学习有两种态度。一种是教条主义的态度，不管我国情况，适用的和不适用的，一起搬来。这种态度不好。另一种态度，学习的时候用脑筋想一下，学那些和我国情况相适合的东西，即吸取对我们有益的经验，我们需要的是这样一种态度。

巩固同苏联的团结，巩固同一切社会主义国家的团结，这是我们的基本方针，基本利益所在。再就是亚非国家以及一切爱好和平的国家和人民，我们应当巩固和发展同他们的团结。有了这两种力量的团结，我们就不孤立了。至于帝国主义国家，我们也要团结那里的人民，并且争取同那些国家和平共处，做些生意，制止可能发生的战争，但是决不可以对他们怀抱一些不切实际的想法。

根据一九五七年六月十九日
《人民日报》刊印。

注　释

〔1〕这是毛泽东在最高国务会议第十一次（扩大）会议上的讲话。后来毛泽东根据原始记录加以整理，并作了若干重要的补充和修改，一九五七年六月十九日在《人民日报》发表。这篇讲话在我国生产资料私有制的社会主义改造已经基本完成的情况下，明确指出革命时期的大规模的急风暴雨式的群众阶级斗争基本结束，并把正确处理人民内部矛盾作为我国政治生活的主题提了出来，具有重大的理论和实践意义，是中国共产党第八次全国代表大会的正确方针的继续和发展。讲话公开发表前，反右派斗争已经开始，由于当时对右派分子向共产党和社会主义制度进攻的形势作了过分严重的估计，在讲话稿的整理过程中加进了强调阶级斗争很激烈、社会主义和资本主义之间谁胜谁负的问题还没有真正解决这些同原讲话精神不协调的论述。

〔2〕匈牙利事件，指匈牙利一九五六年十月至十一月发生的反政府政治事件。

〔3〕一九四二年整风，见本卷第59页注〔13〕。

〔4〕中国共产党第七次全国代表大会，见本卷第98页注〔3〕。

〔5〕定息，见本卷第172页注〔6〕。

〔6〕指河北省遵化县西四十里铺村王国藩任社长的建明农林牧生产合作社。

〔7〕十七条协议，指一九五一年五月二十三日签订的《中央人民政府和西藏地方政府关于和平解放西藏办法的协议》。协议共十七条，主要内容是：驱逐帝国主义势力出西藏，西藏人民回到祖国大家庭中来；西藏地方政府积极协助人民解放军进入西藏，巩固国防；在中央人民政府统一领导下实行民族区域自治；西藏的各项改革事宜，中央不加强迫，西藏地方政府应自动进行改革，人民提出改革要求时，得采取与西藏领导人员协商的方法解决，等等。

〔8〕哥白尼(一四七三——一五四三),波兰天文学家。哥白尼在《天体运行论》一书中,证明地球绕自己的轴旋转,并和其他行星一起,围绕着太阳运行,推翻了约两千年来的地球不动学说。

〔9〕达尔文(一八〇九——一八八二),英国生物学家。达尔文在他的《物种起源》等著作中,提出了进化论的学说,说明了生物的演变和人类的起源。

〔10〕见《老子·五十八章》。原文是:“祸兮福之所倚,福兮祸之所伏。”

〔11〕指一九五六年十一月十日至十五日在北京召开的中国共产党第八届中央委员会第二次全体会议。

在普通教育工作座谈会上的讲话

（一九五七年三月七日）

我们的教学计划、教科书都是全国一致的。这种做法是不是有问题？各省是不是可以增加一些教材？各省是不是感到受限制？

各省是不是还有私立中学？私立中学还是可以办的，办了之后政府不要去接收。私人办了，又被接收，私人办学的积极性就高不起来了。

办戴帽中学〔1〕还是一种好办法。中学办在农村是先进经验，农民子弟可以就近上学，毕业后可以回家生产。如果说教师比较差，可以从好的中学抽调一部分来支援，抽肥补瘦，抽多补少。如果说办学质量差，孔夫子〔2〕还没有受过这样的教育呢。这是要解决农民子女就近读中学的问题，唱戏也还有草台班子〔3〕嘛。在农村，教育要强调普及，不要强调提高，不要过分强调质量。课程也可以简单些，有语文、数学、历史、地理、物理、化学、农业生产知识、政治等八九科就可以了，其他的今后还可以自学。这些学校主要是解决农民生产劳动中需要的知识，如要升学也不限制，成绩好的学生可以升学，有的就不一定升学。苏联著名文学家高尔基没有进过中学，还不是自学出来的！萧楚女[4]也没有进过什么正规的学校，办报还不错嘛。戴帽中学的这个帽子不要摘掉，有条件的要多戴一点，学校应该分散在农村里头，摘掉是不好的。

助学金现在是多少？助学金应该加以调整。农村合作社要搞好，还得三年到五年，现在大多数地区合作化只有一年的历史，去年副业搞得很少，农民收入增加不多，生活还是苦的，子女入学不容易解决吃饭问题。按照当前的经济情况，准备两三年内将助学金扩大一些，使百分之七八十的农家子女能享受助学金，帮助农民解决一些困难。经过三年，农业合作社的困难减少了或者没有了，助学金就可以逐渐减少。当前，助学金应按照学生困难情况发给，不能作为奖学金的性质。

为了解决高小毕业生升学紧张的问题，中学招生可以增加一些。小学也同时增加一些学生。社办和民办的问题，有条件的都可以办，但不好下命令。现在的困难情况，主要是由于去年有大灾荒，今年收入不能有很大的增加。去年挖了节余，挖了老本，物资储备用空了，钢材、木材、竹材用空了。轻工业生产，主要是棉纱和布，今年不能同去年相比，税收也没有去年那么多。应当对学生讲清楚，让他们了解国家的经济全局。国家只有这些钱、这些东西，就只能办这么些学校。

学校要大力进行思想教育，进行遵守纪律、艰苦创业的教育。学生要能耐艰苦，要能白手起家。我们不都是经历过困难的人吗？社会主义是艰苦的事业。我们以后对工人、农民、士兵、学生都应该宣传艰苦奋斗的精神。在学校中要提倡一种空气，教师与学生同甘共苦，一起办好学校。应当重视培养学生的创造精神，不要使他们像温室里的花朵一样。今后无论谁去招生都不要乱吹，不要把一切都讲得春光明媚，而要讲困难，给学生泼点冷水，使他们有思想准备。学生谈恋爱的风气应当加以扭转。婚姻法有关结婚年龄的规定不必修改，但要劝青年晚点结婚。教育部应当编写一些课文，专门论述艰苦奋斗的，从小学到大学都要讲。

要加强学校政治思想教育，每省要有一位宣传部长、一位教育厅长亲自抓这项工作。

中学应当有政治课。政治课要联系实际，生动有趣，不要教条式的，要使中学生知道一些为人在世的道理。讲猴子变人的社会发展史如果同历史课有重复，历史课可以从中华人民共和国成立讲起，讲胜利，讲困难，不过猴子变人还要讲，阶级斗争也要讲。课本要两三年修改一次，使之不脱离实际。董纯才〔5〕可少做点行政工作，多抽出点时间编教科书，还可请张际春、胡乔木〔6〕协助，共同编好教科书。

党委应当指导青年的思想，指导教师的思想。为什么县委书记一年内不能找中、小学校长谈一两次话，开一两次会呢？最近中央要发指示把这件事情讲一讲。这件事情，省、地、县三级第一书记要管一管，书记不管，宣传部长就很难管。上半年管三四天，下半年管三四天，一年管七八天就够了。要责成省委、地委、县委书记管思想工作，管报纸、学校、文学艺术和广播。

苏联的教材，应当学的就要学，不应当学的就不要学。你们要来一个改革，不要照抄外国的，一定要符合中国的情况，并且还要有地方的特点。农业课本要由省里编，地理可以编地方地理，文学也要有乡土文学，历史可以有各省自己的史料。课程要减少，分量要减轻，减少门类，为的是全面发展。“关关雎鸠”这几句诗〔7〕一点诗味也没有，《楚辞》、《离骚》没有人懂。语文课可选《水浒》、《三国演义》、唐宋八大家〔8〕的作品。现在作文太少，至少每星期作一次，如果有困难少一点也可以。

根据中央档案馆保存的讲话记录稿刊印。

注　　释

〔1〕戴帽中学，指小学增设的初中班。

〔2〕孔夫子，即孔子，见本卷第84页注〔12〕。

〔3〕草台班子，指演员较少、设备简陋、经常在乡村或小城市流动演出的戏班子。

〔4〕萧楚女（一八九三——一九二七），湖北汉阳人。一九二二年加入中国共产党，曾任《新蜀报》主笔、《中国青年》主编。

〔5〕董纯才（一九〇五——一九九〇），湖北大冶人，教育家。当时任教育部副部长。

〔6〕张际春（一九〇〇——一九六八），湖南宜章人，当时任中共中央宣传部副部长。胡乔木（一九一二——一九九二），江苏盐城人，当时任中共中央书记处候补书记、毛泽东的秘书。

〔7〕见《诗经·周南·关雎》。全诗为：“关关雎鸠，在河之洲。窈窕淑女，君子好逑。参差荇菜，左右流之。窈窕淑女，寤寐求之。求之不得，寤寐思服。悠哉悠哉，辗转反侧。参差荇菜，左右采之。窈窕淑女，琴瑟友之。参差荇菜，左右芼之。窈窕淑女，钟鼓乐之。”

〔8〕唐宋八大家，指唐代文学家韩愈、柳宗元和宋代文学家欧阳修、苏洵、苏轼、苏辙、曾巩、王安石。

同文艺界代表的谈话[1]

（一九五七年三月八日）

你们的会议开了几天？开得怎样？汇集的那三十三个问题[2]，我都看了。还有什么问题吗？

有人提出作家对官僚主义者恨得不得了，能不能把他们的结局写成失败，写成死？官僚主义当然应该批评。有个电影叫《荣誉属于谁》，里面有一个铁路局长，是个官僚主义者，可是他的局长还照样当，这样的干部应该撤职。为了治病救人，可以送他去学习。这部电影里那样写这个局长，叫做不彻底，缺乏彻底性，反官僚主义应该彻底。

党内提过批评主观主义、官僚主义、宗派主义，现在还没有展开。中央委员会要开一次会，发一个指示[3]，今年准备，明年开始，这也要有一个酝酿时期。决议要在今年上半年做出来。现在党内还没有统一思想，什么是官僚主义，如何批评，认识还不一致。整风开展起来，那时候就好批评了。现在刚刚批评一下，陈其通等就发表文章[4]，无非是来阻止百花齐放、百家争鸣。

整风，整主观主义，重心放在教条主义；整宗派主义，他们总是想一家独霸，他们总是觉得六亿人口太多了，少一点才好；整官僚主义，多得很。好几年没有整风了。

在座的，有些是党内的，也有党外的，共产党的道理你们也懂得一点，就是要推动，要统一思想，要有共同语言。不然你说官僚主义，他说不是。你说百花齐放、百家争鸣，他说不放；放了一点，有些不好的东西出来，就慌了手脚。总而言之，很怕放就是了。我们主张百花齐放，有的人很怕百花，现在百花齐放的环境还没有造成。

从汇集印发的那三十三个问题，可以看出来问题很多。要求答复，一个人怎么答复得了？我看还是大家自报公议，一个人念，大家讨论，大家答复。

有一种看法，实际上是认为思想不能指导创作，这种看法跟对社会主义现实主义的不正确看法有关系。要求所有的作家接受马克思主义世界观是不可能的。大多数作家接受马克思主义世界观大概需要几十年才有可能。在还没有接受马克思主义世界观的时间内，只要不搞秘密小团体，可以你写你的，各有各的真实。这里边，当然还要有帮助。对马克思主义有真正赞成的，有勉强赞成的。对改变社会制度也是这样，比如民族资产阶级，你把他的生产资料拿来共产了，他心甘情愿吗？总有些勉强，当然也有不大勉强的。改变社会制度，从私有到公有，从个体到集体，几亿人口，总有勉强的。

总而言之，制度的变化，是一个大变化。迫于全中国的大势所趋，有些人不得不勉强赞成。现在思想这样混乱，汇集中提出的许多问题，就是社会基础变动而来的反映。我国过去不是社会主义国家，是半殖民地半封建的国家，把帝国主义、官僚资本主义、封建主义打倒以后，还有民族资产阶级和几亿人口的小资产阶级，要改变所有制。知识分子，按出身说百分之八十是地主、富农、资本家子弟，当然还有大、中、小的区别。按全国六亿人口计算，如果说其中百分之一是知识分子，那就有六百万人。知识分子也不一定都是进过大学的，萧楚女〔5〕就什么正规学校也没有进过，他是靠自学的，也是知识分子。全国知识分子就算五百万吧，五百万里面究竟有多少人相信马克思主义世界观，有十分之一没有？十分之一就是五十万。他们相信马克思主义，并且相当懂得，用来指导行动。搞主观主义、教条主义，不算是懂得马克思主义。若有十分之一，那就是好事。文艺界有多少这样的人？有十分之一就很好了。还有一些人对马克思主义世界观是抵触的，其中有些是对社会主义制度抱敌对情绪的，不只是不相信马克思主义世界观，但他不是特务，又不拿刀子杀人，他就是发牢骚，有时也写点文章。这样的人是否也有十分之一？这些人多数不说话，沉默地抵抗。恐怕这两头都没有十分之一，相信马克思主义的没有十分之一，挂名的不算，教条主义的不算，抵触马克思主义的也没有十分之一。对马克思主义，党内有不信的，党外倒有相信的。现在两头去掉，剩下中间的还有百分之八十左右，还是大多数。他们中间，大多数人是拥护社会主义制度的，但不一定相信马克思主义，用它来指导创作的就更少了。所以，社会主义现实主义也不能强制人家接受。那末，不是社会主义现实主义的作品怎么办呢？只好让它发行，只要不是对社会主义制度抱敌对情绪的。马克思主义作家的作品，如果是教条主义的，人家不要看。教条主义不是马克思主义，而是反马克思主义。要好的、真正马克思主义的、真正社会主义现实主义的作品，哪怕少一点，有那么几部，写得较好，用几十年工夫，去影响那百分之八十的知识分子，因为这些作品是为工农兵服务的。

有人说为工农兵服务的方向也不要了，我看为工农兵服务是不错的。你不为工农兵还为谁？资产阶级也要改造成工人阶级，知识分子也要是工人阶级，你说不要为他们服务，中国就没有其他人了。

有人说文艺不要目的，一有目的就概念化。我看，不要目的的文艺作品，也可以出一些吧。出两种，一种要目的的，一种不要目的的，行不行？总之，对人民的教育是一个长期的过程。解决思想问题，不能用专制、武断、压制的办法，要人服，就要说服，而不能压服。文学艺术家恐怕也要经过一个锻炼的过程，有些人还是不自觉的，没有经过锻炼。有些主张文艺不要目的的，其实是要目的，只是不要你这个目的，在无目的掩护下，有他的目的，就是要小资产阶级、资产阶级的目的。

有人问资产阶级思想同小资产阶级思想的区别，我就分不出来。资产阶级和小资产阶级在经济上属于一个范畴。若论出身，小资产阶级出身的人反动起来，也很厉害。资产阶级出身的知识分子，接受了马克思主义，也蛮革命，我也是算在这个范畴之内的。对资产阶级知识分子，不光看出身，我指的是他们接受的是资产阶级学校教育，而资产阶级是按照它的利益来教育人的，有的人后来又接受了马克思主义。资产阶级思想和小资产阶级思想，如何区分法，我看很难。

报纸、广播、文工团、剧团、文学艺术都是教育人民的。有人说，"不讲教育，说娱乐好了"，这也可以，但是你演戏，总要影响人。所以教育者首先应当受教育，这是马克思讲的。〔6〕我们这些人应当受教育，说不用受教育是站不住脚的。这些教育人的人，他们从事的工作，整个说来，是教育人的过程，要几十年，把六亿人口教育好。

苏联十月革命后，教条主义也厉害得很，那时的文学团体“拉普”〔7〕曾经对作家采取命令主义，强迫别人必须怎样写作。但听说那个时期还有一些言论自由，还有“同路人”，“同路人”还有刊物。我们可不可以让人家办个唱反调的刊物？不妨公开唱反调。苏联那时有人公开承认自己是“同路人”，可见这一点同我们今天是不同的。开头几年还可以唱反调，有些言论自由，以后就只许讲党和政府的好话，不许讲坏话，不能批评，搞个人崇拜。斯大林常常把两种矛盾混淆起来了。我们的文化教育政策不采取他们的办法，我们采取有领导的百花齐放、百家争鸣。现在还没有造成放的环境，还是放得不够，是百花想放而不敢放，是百家想鸣而不敢鸣。陈其通他们四人的文章，我就读了两遍，他们无非是“忧心如焚”，唯恐天下大乱。应该估计到中国的情况，两头小中间大，小资产阶级那么多，无非是思想混乱，要求解答问题。

我说这些话，是想和同志们交换意见，看看客观情况是否如此。相信马克思主义的，在知识分子中占十分之一——五十万，有没有这么多？不信的，那么多，这不能强迫。假如经过三个或者四个五年计划，有三分之一的人相信马克思主义世界观，又不是教条主义，不是机会主义，那就好了。

鲁迅不是共产党员，他是了解马克思主义世界观的。他用了一番功夫研究，又经过自己的实践，相信马克思主义是真理。特别是他后期的杂文，很有力量。他的杂文有力量，就在于有了马克思主义世界观。我看鲁迅在世还会写杂文，小说恐怕写不动了，大概是文联主席，开会的时候讲一讲。这三十三个题目，他一讲或者写出杂文来，就解决问题。他一定有话讲，他一定会讲的，而且是很勇敢的。

真正的马克思主义者是不怕什么的，任何人也不怕。不怕别人整不整，顶多没有饭吃，讨饭，挨整，坐班房，杀头，受冤枉。我没有讨过饭。要革命，不准备杀头是不行的。被敌人杀了不冤枉。被自己人错杀了就很不好，所以我们党内有一条：一个不杀。但是坐班房、受点整也难说。上次我曾讲了薛仁贵〔8〕、孙行者的事。薛仁贵害了病，打胜仗，功劳挂在别人身上。对孙行者也不公平，他自然个人英雄主义蛮厉害，自称齐天大圣，玉皇大帝只封他“弼马温”，所以他就大闹天宫，反官僚主义。我看宗派主义和主观主义都有，张士贵〔9〕宗派主义、官僚主义都有。

文艺批评怎么样了？这也要看到知识分子是两头小、中间大这个基本状况，这就是为什么要采取百花齐放、百家争鸣政策的缘故。为什么有人怕放呢？就是没有看到大多数知识分子是要走社会主义道路，希望国家富强、人民生活好、文化提高，要经过他们去教育中国几亿人民。如果查成分，大学生百分之八十是地主、富农、资本家子弟，中学生也有百分之五十至六十，你不要他们要谁呢？这些人是可以教育过来的，问题是我们有没有信心。文艺批评问题，我想提出来谈谈。这方面的文章我读得不多，读了一点，感觉恰当的批评不多，经过研究的，有分析的，事前跟作家谈过的，真正是对作家有所帮助的，不是骂一顿的，不很多吧？有些批评粗暴得很。对待这类批评，鲁迅有个办法，就是不理。现在文艺批评可以说有三类：

一类是抓到痒处，不是教条的，有帮助的；一类是隔靴搔痒，空空泛泛，从中得不到帮助的，写了等于不写；一类是教条的，粗暴的，一棍子打死人，妨碍文艺批评开展的。是不是这样？

我看到文艺批评方面围剿王蒙〔10〕，所以我要开这个宣传工作会议。从批评王蒙这件事情看来，写文章的人也不去调查研究王蒙这个人有多高多大，他就住在北京，要写批评文章，也不跟他商量一下，你批评他，还是为着帮助他嘛！要批评一个人的文章，最好跟被批评人谈一谈，把文章给他看一看，批评的目的，是要帮助被批评的人。可以提倡这种风气。

《新观察》上有一篇《在惠泉吃茶记》的文章，你们看过没有？就在一月份第二期上，可以看看，作者叫姚雪垠〔11〕。我对他描写喝茶的人有些兴趣，他的文章说在那里喝茶的群众不会喝茶，可是他们还喝得很有一股劲。他还批评这个茶馆合作社经营得不好，有缺点，这个批评是对的，有很多这样的事情，经过公私合营与合作化以后，把原来的许多优点都丢掉了，这以后应当整顿。但是他轻视那些喝茶的群众是不对的，这就是“君子”、“小人”的观点。“君子”在那里喝茶，“小人”也来了，文章就显得这个作家在群众中落落寡合的样子。驳他的文章，我也看了一些，有个姚文元〔12〕，写得还是比较有说服力的，我还看得下去。还是要帮助姚雪垠。无论资产阶级思想也好，小资产阶级思想也好，在知识分子中还是占大多数的，他们还没有跟群众打成一片。我看还是跟工农兵打成一片才有出路，不能打成一片，你写什么呢？光写那五百万知识分子，还有身边琐事？不能永远只写这些人，这些人也会要变的。文艺作品，总是要写点这一部分人跟那一部分人的关系。上海的作家，也可以写写申新九厂，写写那个资本家荣毅仁[13]，你要写荣毅仁，就得写他跟工人的关系。也可以允许一部分人就写他自己的身边琐事，他又不去跟工农兵打成一片，他又能写，你有什么办法呢？这么大个国家总会有这些人的，这也是客观存在。但我们还是要帮助他，影响他，他不接受也没有办法，可以出他的书。

体验生活也有各种各样的，搞不好，老百姓就是不把心交给知识分子。现在有些知识分子下去体验生活，老百姓感到是灾难，特别是有名的工厂和农业合作社，就怕你来调查我什么，我就是不告诉你。老百姓有各种各样的办法对付你。有些地方"记者成灾"。

中国自觉的文学批评的历史是从哪里开始的呢？从曹丕[14]的《典论・论文》和曹植[15]的《与杨德祖书》开始的吧！以后有《文心雕龙》等。韩愈[16]是提倡古文的，其实他那个古文是新古文，道理是没有什么的，只要文章是新的。人家说好的，他说坏，人家说坏的，他说好。《昭明文选》里也有批评，昭明太子萧统[17]的那篇序言里就讲"事出于沈思"，这是思想性；又讲"义归乎翰藻"，这是艺术性。单是理论，他不要，要有思想性，也要有艺术性。

大家反映作家职业化后，有些书因纸张缺乏印得很慢或印不出来，影响作家的生活。作家协会能不能自己搞个印刷厂？拨一些机器给你们，再搞些原料。教授、科学家的著作，一时不能印出来，他们还有大学和科学院发的薪金可以维持生活。作家则不同，他们是靠版税稿费生活，若是书籍杂志没有纸张印不出来，他们没有稿费收入，就无法生活。我说作协自己办一个印刷厂，当然不是要老舍、巴金[18]先生去办，而是周扬、沈雁冰[19]他们筹划去办。

去年，我们一年摄制三十多部故事片，太少了。日本八千多万人口，去年出三百多部故事片。中国六亿人口，才出三十多部，你们最好也出他三百多部。

赵丹[20]，孙瑜[21]没有安排好吧？你是和他合作过的。有了安排那就很好。你们两个合作搞的电影《武训传》，曾受到批评，那没有什么，一个作品写得不好，就再写嘛，总该写好它。

这次宣传工作会议的精神，你们回去就传达，就要贯彻，不要等三中全会[22]作决定。地委书记、地区专员以上的干部约一万多人，其中是否有一千人是赞成百花齐放、百家争鸣的都很难说，其余十分之九还是不赞成的，这些都是高级干部呢！

社会主义现实主义这个问题，这次会议一时不能搞清楚，不能做结论，也用不着紧张，可以研究讨论。

关于继承文化遗产问题，我并不赞成牛鬼蛇神，可以让它演出来，批评一下。文化遗产中有许多毒素和糟粕呢！对一些传统剧目过去我们禁了几年，别人有些反感，现在开放了，也可以批评，但批评要说理。一些有牛鬼蛇神的戏，看看也可以，我们看的《封神演义》不是牛鬼蛇神吗？社会上有牛鬼蛇神，剧本里有也不稀奇。中国人不一定很相信鬼，演来看看也没有什么可怕。许多青年都不懂什么是牛鬼蛇神，让他们看看也不要紧。拿个更好的东西来代替它当然很好，但还拿不出来，就让它演吧！对牛鬼蛇神，戏是看，鬼不一定相信。

放一下就大惊小怪，这是不相信人民，不相信人民有鉴别的力量。不要怕。出一些《草木篇》[23]，就那样惊慌？你说《诗经》、《楚辞》是不是也有草木篇？《诗经》第一篇是不是《吻》[24]这类的作品？不过现在发表不得吧？那《诗经》第一篇，我看也没有什么诗味。不要因为有些《草木篇》，有些牛鬼蛇神，就害怕得不得了！

根据中央档案馆保存的谈话记录稿刊印。

注　　释

〔1〕这是毛泽东在中国共产党全国宣传工作会议期间同文艺界部分代表谈话的主要部分。

〔2〕指中共中央宣传部办公室一九五七年三月六日印发的《有关思想工作的一些问题的汇集》，共汇集了三十三个问题。

〔3〕一九五七年四月二十七日，中共中央发出《关于整风运动的指示》，决定"在全党重新进行一次普遍的、深入的反官僚主义、反宗派主义、反主观主义的整风运动"。

〔4〕指陈其通、陈亚丁、马寒冰、鲁勒在一九五七年一月七日《人民日报》发表的《我们对目前文艺工作的几点意见》一文。

〔5〕萧楚女，见本卷第248页注〔4〕。

〔6〕见马克思《关于费尔巴哈的提纲》。原文是："教育者本人一定是受教育的。"(《马克思恩格斯选集》第1卷，人民出版社1995年版，第55页)

〔7〕"拉普"，"俄罗斯无产阶级作家联盟"简称的音译。成立于一九二五年。一九三二年联共(布)中央作出《关于改组文学艺术团体的决定》，解散"拉普"，成立苏联作家协会。

〔8〕薛仁贵(六一四——六八三)，即薛礼，绛州龙门(今山西河津)人，唐代将军。

〔9〕张士贵(？——约六五六)，本名忽峍，虢州卢氏(今属河南)人，唐代将军。

〔**10**〕王蒙，一九三四年生，祖籍河北南皮，生于北平（今北京），作家。当时在中国新民主主义青年团北京市三区（东四区）委员会工作。一九五六年发表短篇小说《组织部新来的年轻人》，受到错误批评。

〔**11**〕姚雪垠（一九一〇——一九九九），河南邓州人，作家。当时在武汉市作家协会工作。

〔**12**〕姚文元，一九三一年生，浙江诸暨人。当时在中共上海市卢湾区委工作。

〔**13**〕荣毅仁，当时任上海申新纺织印染公司总管理处总经理。

〔**14**〕曹丕（一八七——二二六），沛国谯（今安徽亳县）人，曹操之子，魏文帝，三国时期文论家、诗人。

〔**15**〕曹植（一九二——二三二），沛国谯（今安徽亳县）人，曹操之子，三国时期文学家、诗人。

〔**16**〕韩愈，唐代文学家、哲学家。

〔**17**〕萧统（五〇一——五三一），兰陵（今江苏常州西北）人，南朝梁武帝萧衍之子。公元五〇二年立为皇太子，未及即位而卒，谥号昭明。编有中国现存最早的诗文总集《文选》，后人习称《昭明文选》。

〔**18**〕老舍（一八九九——一九六六），原名舒庆春，字舍予，北京市人，作家，当时任中国作家协会副主席。巴金，一九〇四年生，原名李尧棠，字芾甘，四川成都人，作家，当时任中国作家协会副主席。

〔**19**〕周扬（一九〇八——一九八九），湖南益阳人，当时任中共中央宣传部副部长、中国作家协会副主席。茅盾（一八九六——一九八一），原名沈德鸿，字雁冰，浙江桐乡人，当时任文化部部长、中国作家协会主席。

〔**20**〕赵丹（一九一四——一九八〇），山东肥城人。当时是上海电影制片厂演员，曾主演电影《武训传》。

〔**21**〕孙瑜（一九〇〇——一九九〇），四川自贡人。当时是上海电影制片厂导演，曾编导电影《武训传》。

〔**22**〕指中共八届三中全会。这次会议于一九五七年九月二十日至十月九日在北京举行。

〔**23**〕《草木篇》，流沙河写的一组散文诗，发表在《星星》一九五七年一月创刊号。

〔**24**〕《吻》，曰白写的一首诗，发表在《星星》一九五七年一月创刊号。

同新闻出版界代表的谈话[1]

（一九五七年三月十日）

你们说自己的马克思主义水平低，在社会主义社会办报心中无数。现在心中无数，慢慢就会有数。一切事情开头的时候总是心中无数的。打游击战，打以前，我们就连想也没有想过，后来逼上梁山，非打不可，只好硬着头皮打下去。当然，打仗这件事情不是好玩的，但是打下去慢慢就熟悉了。对于新出现的问题，谁人心中有数呢？我也心中无数。就拿朝鲜战争来说吧，打美帝国主义就和打日本帝国主义不相同，最初也是心中无数的，打了一两仗，心中有数了。现在我们要处理人民内部矛盾问题，不像过去搞阶级斗争（当然也夹杂一些阶级斗争），心中无数是很自然的。无数并不要紧，我们可以把问题好好研究一下。谈社会主义的书出了那么多，教人们怎样去具体地搞社会主义的书，在俄国社会主义革命的时候还没有；也有些书把社会主义社会的东西什么都写出来，但那是空想的社会主义，不是科学的社会主义。有些事情还没有出现，虽然可以预料到，却不等于能够具体地提出解决的方针和办法。

说到马克思主义修养不足，这是普遍的问题，解决这个问题，只有好好地学。当然，学是要自愿的。听说有些文学家十分不喜欢马克思主义这个东西，说有了它，小说就不好写了。

我看这也是“条件反射”。什么东西都是旧的习惯了新的就钻不进去，因为旧的把新的压住了。说学了马克思主义，小说不好写，大概是因为马克思主义跟他们的旧思想有抵触，所以写不出东西来。

在知识分子当中提倡学习马克思主义是很有必要的，要提倡大家学他十年八年，马克思主义学得多了，就会把旧思想推了出去。但是学习马克思主义也要形成风气，没有风气是不会学得好的。

目前思想偏向有两种：一种是教条主义，一种是右倾机会主义。右倾机会主义的特点是否定一切，教条主义则把凡有怀疑的都一棒子打回去，肯定一切。教条主义和右倾机会主义都是片面性，都是用形而上学的思想方法去片面地孤立地观察问题和了解问题。当然，要完全避免片面性也很难。思想方法上的片面性，同没有好好学习马克思主义有关系。我们要用十年八年的时间来努力学习马克思主义，逐步抛弃形而上学的思想方法。那样，我们的思想面貌就可能有很大的不同。

这次对电影的批评〔2〕很有益，但是电影局开门不够，他们的文章有肯定一切的倾向，人家一批评，又把门关得死死的。我看大多数批评文章提出的问题，对于改革我们的电影是很有益的。现在的电影，我就不喜欢看，当然也有好的，不要否定一切。批评凡是合乎事实的，电影局必须接受，否则电影工作不能改进。你们报上发表的文章，第一个时期批评的多，第二个时期肯定的多，现在可以组织文章把它们统一起来，好的肯定，不好的批评。电影局不理是不对的。这次争论暴露了问题，对电影局和写文章的人都有益处。

你们的报纸搞得活泼，登些琴棋书画之类，我也爱看。青年不爱看可以不看，各有各的“条件反射”。一种东西，不一定所有的人都爱看。

群众来信可以登一些出来，试试看。政府和有关的业务部门有不同意见，报馆可以和他们研究商量一下，在报上加以解释，再看结果如何。一点不登恐怕不大好，那样业务部门会犯官僚主义，不去改进工作。

报纸是要有领导的，但是领导要适合客观情况。马克思主义是按客观情况办事的，客观情况就包括客观效果。群众爱看，证明领导得好；群众不爱看，领导就不那么高明吧？有正确的领导，有不正确的领导。正确的领导按客观情况办事，符合实际，群众欢迎；不正确的领导，不按客观情况办事，脱离实际，脱离群众。使编报的人感到不自由，编出来的报纸群众不爱看，这个领导一定是教条主义的领导。我们要反对教条主义。我们过去用整风方式搞了好几年，批判了教条主义，独立自主地按马克思主义的精神实质办事，才取得中国革命的胜利。

报纸有一些专业化也好，好像《大公报》〔3〕那样，开放自由市场的时候，我就爱看它，因为它登这一类的东西多，又登得快。但是，太过于专业化，有时就容易枯燥，人家看的兴趣就少。搞专业的人也要看专业之外的东西。

社会主义国家的报纸总比资本主义的报纸好。香港的一些报纸虽然没有我们说的思想性，但也没有什么意思，说的话不真实，好夸大，传播毒素。我们的报纸毒少，对人民有益。报上的文章，“短些，短些，再短些”是对的，“软些，软些，再软些”

要考虑一下。不要太硬，太硬了人家不爱看，可以把软和硬两个东西统一起来。文章写得通俗、亲切，由小讲到大，由近讲到远，引人入胜，这就很好。板起面孔办报不好。你们赞成不赞成鲁迅？鲁迅的文章就不太软，但也不太硬，不难看。有人说杂文难写，难就难在这里。有人问，鲁迅现在活着会怎么样？我看鲁迅活着，他敢写也不敢写。在不正常的空气下面，他也会不写的，但更多的可能是会写。俗话说得好："舍得一身剐，敢把皇帝拉下马。"鲁迅是真正的马克思主义者，是彻底的唯物论者。真正的马克思主义者，彻底的唯物论者，是无所畏惧的，所以他会写。现在有些作家不敢写，有两种情况：一种情况，是我们没有为他们创造敢写的环境，他们怕挨整；还有一种情况，就是他们本身唯物论没有学通。是彻底的唯物论者就敢写。鲁迅的时代，挨整就是坐班房和杀头，但是鲁迅也不怕。现在的杂文怎样写，还没有经验，我看把鲁迅搬出来，大家向他学习，好好研究一下。他的杂文写的方面很多，政治、文学、艺术等等都讲，特别是后期，政治讲得最多，只是缺少讲经济的。鲁迅的东西，都是逼出来的。他的马克思主义也是逼着学的。他是书香门第出身，人家说他是"封建余孽"，说他不行，但鲁迅还是写。现在经济方面的杂文也可以写。文章的好坏，要看效果，自古以来都是看效果作结论的。

新华社的新闻受不受欢迎？听说你们那里有人提出通讯社的消息有没有阶级性的问题。在阶级消灭之前，不管通讯社或报纸的新闻，都有阶级性。资产阶级所说的"新闻自由"是骗人的，完全客观的报道是没有的。美国的通讯社和报纸，现在也报道一下新中国经济建设的情形，它是想做生意，所以做些姿态出来给人看看，因为经济危机压迫着它。

在报纸上开展批评的时候要为人家准备楼梯，否则群众包围起来，他就下不了楼。反对官僚主义也是这样。“三反”〔4〕的时候，有许多部长就是中央给他们端了梯子接下楼来的。过去搞运动是必要的，不搞不行，但是一搞又伤人太多，我们应该接受教训。现在搞大民主不适合大多数人民的利益。有些人对别人总想用大民主，想整人，到了整自己，民主就越小越好。我看在文学、新闻等方面，解决问题要用小小民主，小民主之上再加上一个“小”字，就是毛毛雨，下个不停。

说到办报，共产党不如党外人士。延安办报，历史也很短，全国性办报就没有经验。办学、搞出版、科学研究都是这样。全国有五百万左右的知识分子，其中的共产党员不过是一个小指头。说共产党不能领导科学，这话有一半真理。现在我们是外行领导内行，搞的是行政领导、政治领导。至于具体的科学技术，比如地质学，共产党是不懂的。但是国民党也不懂。国民党执政二十多年只造就二百多个地质人才，我们解放七年造就了一万多。这种行政领导的状况，在现在的过渡时期，只好这样，将来是要改变的。现在要争取百分之八十以上的中间状态的知识分子来学习马克思主义，要求他们对马克思主义有个初步了解，而不是要求他们一下子贯通。马克思主义的创造者马克思本人，也不是一下子就全部贯通的。一八四八年《共产党宣言》出版，只是马克思主义体系形成的开始，还不是马克思主义体系的完成。要求知识分子一下子都接受马克思主义，这个要求是不现实的。说懂得马克思主义，其实懂得的程度也不相同。我读马克思主义书籍也不多。作为专家是要读多一点的，我们没有那么多工夫，读少一点也可以，重要的是要注意研究方法。现在很多干部没有读书的习惯，把剩余的精力放到打扑克、看戏、跳舞上面去。大家不应该把时间浪费掉。

对具体问题要作具体分析，新闻的快慢问题也是这样。有的消息，我们就不是快登慢登的问题，而是干脆不登。比如土改新闻就是这样，我们在报上不宣传，免得传播一些不成熟的、错误的经验。前年年底，北京几天就实现了全行业公私合营，宣布进入社会主义，本来对这样的消息就要好好考虑，后来一广播，各地不顾本身具体条件，一下子都干起来，就很被动。

对人民内部问题进行批评，锋芒也可以尖锐。我也想替报纸写些文章，但是要把主席这个职务辞了才成。我可以在报上辟一个专栏，当专栏作家。文章要尖锐，刀利才能裁纸，但是尖锐得要帮了人而不是伤了人。

关于百家争鸣问题，完全学术性的，在报上争来争去不会有影响。至于政策性的，恐怕就要分别一下情况。但是划范围也有困难，因为政策那么多。比如，你们说的节育和晚婚的宣传，报上文章一多了，有人就以为要修改婚姻法，赶快去结婚。这样，报纸也难办。在旧社会，报纸上的东西老百姓看了等于不看，现在报上一登可不同了。如果发现宣传上产生一些不良后果，可以写文章来解释说明，但是我们报上的文章往往不及时。至于范围怎样划法，各报可以自己回去研究。

根据中央档案馆保存的谈话记录稿刊印。

注 释

〔1〕这是毛泽东在中国共产党全国宣传工作会议期间同新闻出版界部分代表谈话的主要部分。

〔2〕指上海《文汇报》上开展的电影问题讨论中提出的一些批评。这次讨论开始于一九五六年十一月，持续近三个月，涉及到电影艺术的指导思想、电影工作的领导方法和作风、电影审查制度、演员的使用和积压、电影艺术传统的继承及电影与观众等方面的问题。

〔3〕指上海《大公报》。

〔4〕“三反”，参见本卷第172页注〔3〕。

在中国共产党全国宣传工作会议上的讲话[1]

（一九五七年三月十二日）

各位同志！这次会议开得很好。会议中间提出了很多问题，使我们知道了很多事情。我现在就同志们所讨论的问题讲几点意见。

我们现在是处在一个社会大变动的时期。中国社会很久以来就处在大变动中间了。抗日战争时期是大变动，解放战争时期也是大变动。但是就性质说来，现在的变动比过去的变动深刻得多。我们正在建设社会主义。有几亿人口进入社会主义的改造运动。全国各个阶级的相互关系都在起变化。农业和手工业方面的小资产阶级和工商业资产阶级，都发生了变化。社会经济制度变化了，个体经济变为集体经济，资本主义私有制正在变为社会主义公有制。这样的大变动当然要反映到人们的思想上来。存在决定意识。在不同的阶级、阶层、社会集团的人们中间，对于这个社会制度的大变动，有各种不同的反映。广大人民群众热烈地拥护这个大变动，因为现实生活证明，社会主义是中国的唯一的出路。推翻旧的社会制度，建立新的社会制度，即社会主义制度，这是一场伟大的斗争，是社会制度和人的相互关系的一场大变动。应该说，情况基本上是健康的。但是，新的社会制度还刚刚建立，还需要有一个巩固的时间。不能认为新制度一旦建立起来就完全巩固了，那是不可能的。需要逐步地巩固。要使它最后巩固起来，必须实现国家的社会主义工业化，坚持经济战线上的社会主义革命，还必须在政治战线和思想战线上，进行经常的、艰苦的社会主义革命斗争和社会主义教育。除了这些以外，还要有各种国际条件的配合。在我国，巩固社会主义制度的斗争，社会主义和资本主义谁战胜谁的斗争，还要经过一个很长的历史时期。但是，我们大家都应该看到，这个社会主义的新制度是一定会巩固起来的。我们一定会建设一个具有现代工业、现代农业和现代科学文化的社会主义国家。这是我要讲的第一点。

第二点：关于我国知识分子的情况。中国究竟有多少知识分子，没有精确的统计。有人估计，各类知识分子，包括高级知识分子和普通知识分子在内，大约有五百万左右。这五百万左右的知识分子中，绝大多数人都是爱国的，爱我们的中华人民共和国，愿意为人民服务，为社会主义的国家服务。有少数知识分子对于社会主义制度是不那么欢迎、不那么高兴的。他们对社会主义还有怀疑，但是在帝国主义面前，他们还是爱国的。对于我们的国家抱着敌对情绪的知识分子，是极少数。这种人不喜欢我们这个无产阶级专政的国家，他们留恋旧社会。一遇机会，他们就会兴风作浪，想要推翻共产党，恢复旧中国。这是在无产阶级和资产阶级两条路线、社会主义和资本主义两条路线中间，顽固地要走后一条路线的人。这后一条路线，在实际上是不能实现的，所以他们实际上是准备投降帝国主义、封建主义和官僚资本主义的人。这种人在政治界、工商界、文化教育界、科学技术界、宗教界里都有,这是一些极端反动的人。这种人在五百万左右的人数中间,大约只占百分之一、二、三。绝大部分的知识分子,占五百万总数的百分之九十以上的人,都是在各种不同的程度上拥护社会主义制度的。在这些拥护社会主义制度的人的中间,有许多人对于在社会主义制度下如何工作,许多新问题如何了解,如何对待,如何答复,还不大清楚。

五百万左右的知识分子,如果拿他们对待马克思主义的态度来看,似乎可以这样说:大约有百分之十几的人,包括共产党员和党外同情分子,是比较熟悉马克思主义,并且站稳了脚跟,站稳了无产阶级立场的。就五百万的总数来说,这些人是少数,但是他们是核心,有力量。多数人想学习马克思主义,并且也学了一点,但是还不熟悉。其中有些人还有怀疑,还没有站稳脚跟,一遇风浪就会左右摇摆。在五百万总数中占大多数的这部分知识分子,还是处在一种中间的状态。坚决反对马克思主义、对于马克思主义抱着仇视态度的人,是占极少数。有一些人虽然不公开表示不赞成马克思主义,但是实际上不赞成。这种人在很长的时间内都会有的,我们应该允许他们不赞成。例如一部分唯心主义者,他们可以赞成社会主义的政治制度和经济制度,但是不赞成马克思主义的世界观。宗教界的爱国人士也是这样。他们是有神论者,我们是无神论者。我们不能强迫这些人接受马克思主义世界观。总而言之,可以这样说,五百万左右的知识分子在对待马克思主义的状况是:赞成而且比较熟悉的,占少数;反对的也占少数;多数人是赞成但不熟悉，赞成的程度又很不相同。这里有三种立场，坚定的，动摇的，反对的三种立场。应该承认，这种状况在一个很长的时间内还会存在。如果不承认这种状况，我们就会对别人要求过高，又会把自己的任务降低。我们作宣传工作的同志有一个宣传马克思主义的任务。这个宣传是逐步的宣传，要宣传得好，使人愿意接受。不能强迫人接受马克思主义，只能说服人接受。如果在今后几个五年计划的时间内，在我们的知识分子中间能够有比较多的人接受马克思主义，能够有比较多的人通过工作和生活的实践，通过阶级斗争的实践、生产的实践、科学的实践，懂得比较多的马克思主义，这样就好了。这是我们的希望。

第三点：知识分子的改造问题。我们的国家是一个文化不发达的国家。五百万左右的知识分子对于我们这样一个大国来说，是太少了。没有知识分子，我们的事情就不能做好，所以我们要好好地团结他们。在社会主义社会里，主要的社会成员是三部分人，就是工人、农民和知识分子。知识分子是脑力劳动者。他们的工作是为人民服务的，也就是为工人农民服务的。知识分子，就大多数来说，可以为旧中国服务，也可以为新中国服务，可以为资产阶级服务，也可以为无产阶级服务。在为旧中国服务的时候，知识分子中的左翼是反抗的，中间派是摇摆的，只有右翼是坚定的。现在转到为新社会服务，就反过来了。左翼是坚定的，中间派是摇摆的（这种摇摆和过去不同，是在新社会里的摇摆），右翼是反抗的。知识分子又是教育者。我们的报纸每天都在教育人民。我们的文学艺术家，我们的科学技术人员，我们的教授、教员，都在教人民，教学生。因为他们是教育者，是当先生的，他们就有一个先受教育的任务。在这个社会制度大变动的时期，尤其要先受教育。过去几年，他们受了一些马克思主义的教育，有些人并且很用功，比以前大有进步。但是就多数人来说，用无产阶级世界观完全代替资产阶级世界观，那就还相差很远。有些人读了一些马克思主义的书，自以为有学问了，但是并没有读进去，并没有在头脑里生根，不会应用，阶级感情还是旧的。还有一些人很骄傲，读了几句书，自以为了不起，尾巴翘到天上去了，可是一遇风浪，他们的立场，比起工人和大多数劳动农民来，就显得大不相同。前者动摇，后者坚定，前者暧昧，后者明朗。因此，如果认为教人者不需要再受教育了，不需要再学习了，如果认为社会主义改造只是要改造别人，改造地主、资本家，改造个体生产者，不要改造知识分子，那就错误了。知识分子也要改造，不仅那些基本立场还没有转过来的人要改造，而且所有的人都应该学习，都应该改造。我说所有的人，我们这些人也在内。情况是在不断地变化，要使自己的思想适应新的情况，就得学习。即使是对于马克思主义已经了解得比较多的人，无产阶级立场比较坚定的人，也还是要再学习，要接受新事物，要研究新问题。知识分子如果不把自己头脑里的不恰当的东西去掉，就不能担负起教育别人的任务。我们当然只能是一面教，一面学，一面当先生，一面当学生。要做好先生，首先要做好学生。许多东西单从书本上学是不成的，要向生产者学习，向工人学习，向贫农下中农学习，在学校则要向学生学习，向自己教育的对象学习。据我看，在我们的知识分子中间，多数人是愿意学习的。我们的任务是，在他们自愿学习的基础上，好心地帮助他们学习，通过适当的方式来帮助他们学习，而不要用强制的方法勉强他们学习。

第四点：知识分子同工农群众结合的问题。知识分子既然要为工农群众服务，那就首先必须懂得工人农民，熟悉他们的生活、工作和思想。我们提倡知识分子到群众中去，到工厂去，到农村去。如果一辈子都不同工人农民见面，这就很不好。我们的国家机关工作人员、文学家、艺术家、教员和科学研究人员，都应该尽可能地利用各种机会去接近工人农民。有些人可以到工厂农村去看一看，转一转，这叫“走马看花”，总比不走不看好。另外一些人可以在工厂农村里住几个月，在那里作调查，交朋友，这叫“下马看花”。还有些人可以长期住下去，比如两年、三年，或者更长一些时间，就在那里生活，叫做“安家落户”。有一些知识分子本来就是生活在工人农民里面的，例如工业技术人员本来就在工厂，农业技术人员和乡村学校教员本来就在农村。他们应该把工作做好，和工人农民打成一片。我们要把接近工农群众这件事，造成一种风气，就是说要有很多知识分子这样做。当然不能是百分之百，有些人有各种原因不能去，但是我们希望尽可能有比较多的人去。也不能一下子大家都去，可以逐步地分批地去。让知识分子直接接触工人农民，过去在延安时期曾经这样做过。那时候，延安的许多知识分子思想很乱，有各种怪议论。我们开了一次会〔2〕，劝大家到群众里面去。后来许多人去了，得到很好的效果。知识分子从书本上得来的知识在没有同实践结合的时候，他们的知识是不完全的，或者是很不完全的。知识分子接受前人的经验，主要是靠读书。书当然不可不读，但是光读书，还不能解决问题。

一定要研究当前的情况，研究实际的经验和材料，要和工人农民交朋友。和工人农民交朋友，这并不是一件容易的事情。现在也有一些人到工厂农村去，结果是有的有收获，有的就没有收获。这中间有一个立场问题或者态度问题，也就是世界观的问题。我们提倡百家争鸣，在各个学术部门可以有许多派、许多家，可是就世界观来说，在现代，基本上只有两家，就是无产阶级一家，资产阶级一家，或者是无产阶级的世界观，或者是资产阶级的世界观。共产主义世界观就是无产阶级的世界观，它不是任何别的阶级的世界观。我们现在的大多数的知识分子，是从旧社会过来的，是从非劳动人民家庭出身的。有些人即使是出身于工人农民的家庭，但是在解放以前受的是资产阶级教育，世界观基本上是资产阶级的，他们还是属于资产阶级的知识分子。这些人，如果不把过去的一套去掉，换一个无产阶级的世界观，就和工人农民的观点不同，立场不同，感情不同，就会同工人农民格格不入，工人农民也不会把心里的话向他们讲。知识分子如果同工农群众结合，和他们做了朋友，就可以把他们从书本上学来的马克思主义变成自己的东西。学习马克思主义，不但要从书本上学，主要地还要通过阶级斗争、工作实践和接近工农群众，才能真正学到。如果我们的知识分子读了一些马克思主义的书，又在同工农群众的接近中，在自己的工作实践中有所了解，那末，我们大家就有了共同的语言，不仅有爱国主义方面的共同语言、社会主义制度方面的共同语言，而且还可以有共产主义世界观方面的共同语言。如果这样，大家的工作就一定会做得好得多。

第五点：关于整风。整风就是整顿思想作风和工作作风。

共产党内的整风，在抗日时期进行过一次，以后在解放战争时期进行过一次，在中华人民共和国成立初期又进行过一次。现在共产党中央作出决定〔3〕，准备党内在今年开始整风。党外人士可以自由参加，不愿意的就不参加。这一次整风，主要是要批评几种错误的思想作风和工作作风：一个是主观主义，一个是官僚主义，还有一个是宗派主义。这次整风的方法同抗日时期的整风一样，就是先研究一些文件，每个人在学习文件的基础上检查自己的思想和工作，开展批评和自我批评，揭发缺点和错误的方面，发扬优点和正确的方面。在整风中间，一方面要严肃认真，对于错误和缺点，一定要进行认真的而不是敷衍的批评和自我批评，而且一定要纠正；另一方面又要和风细雨，惩前毖后，治病救人，反对采取“一棍子把人打死”的办法。

我们的党是一个伟大的党，光荣的党，正确的党。这是必须肯定的。但是我们还有缺点，这个事实也要肯定。不应该肯定我们的一切，只应该肯定正确的东西；同时，也不应该否定我们的一切，只应该否定错误的东西。在我们的工作中间成绩是主要的，但是缺点和错误也还不少。因此我们要进行整风。我们自己来批评自己的主观主义、官僚主义和宗派主义，这会不会使我们的党丧失威信呢？我看不会。相反的，会增加党的威信。抗日时期的整风就是证明。它增加了党的威信，增加了同志们的威信，增加了老干部的威信，新干部也有了很大的进步。一个共产党，一个国民党，这两个党比较起来，谁怕批评呢？国民党害怕批评。它禁止批评，结果并没有能够挽救它的失败。共产党是不怕批评的，因为我们是马克思主义者，真理是在我们方面，工农基本群众是在我们方面。我们过去说过，整风运动是一个“普遍的马克思主义的教育运动”[4]。整风就是全党通过批评和自我批评来学习马克思主义。在整风中间，我们一定可以更多地学到一些马克思主义。

中国的改革和建设靠我们来领导。如果我们把作风整顿好了，我们在工作中间就会更加主动，我们的本事就会更大，工作就会做得更好。我们国家要有很多诚心为人民服务、诚心为社会主义事业服务、立志改革的人。我们共产党员都应该是这样的人。在从前，在旧中国，讲改革是要犯罪的，要杀头，要坐班房。但是在那些时候，有一些立志改革的人，他们无所畏惧，他们在各种困难的条件下面，出版书报，教育人民，组织人民，进行不屈不挠的斗争。人民民主专政的政权，给我国的经济和文化的迅速发展开辟了道路。我们的政权的建立还不过短短几年，人们可以看到，不论在经济方面，在文化、教育、科学方面，都已经出现了空前繁荣的局面。为了达到建设新中国的目的，对于什么困难我们共产党人也是无所畏惧的。但是仅仅依靠我们还不够。我们还需要有一批党外的志士仁人，他们能够按照社会主义、共产主义的方向，同我们一起来为改革和建设我们的社会而无所畏惧地奋斗。要使几亿人口的中国人生活得好，要把我们这个经济落后、文化落后的国家，建设成为富裕的、强盛的、具有高度文化的国家，这是一个很艰巨的任务。我们所以要整风，现在要整风，将来还要整风，要不断地把我们身上的错误东西整掉，就是为了使我们能够更好地担负起这项任务，更好地同党外的一切立志改革的志士仁人共同工作。彻底的唯物主义者是无所畏惧的，我们希望一切同我们共同奋斗的人能够勇敢地负起责任，克服困难，不要怕挫折，不要怕有人议论讥笑，也不要怕向我们共产党人提批评建议。“舍得一身剐，敢把皇帝拉下马”，我们在为社会主义、共产主义而斗争的时候，必须有这种大无畏的精神。在共产党人方面，我们要给这些合作者创造有利的条件，要同他们建立同志式的良好的共同工作关系，要团结他们一起奋斗。

第六点：片面性问题。片面性就是思想上的绝对化，就是形而上学地看问题。对于我们的工作的看法，肯定一切或者否定一切，都是片面性的。这样看问题的人，现在在共产党里面还是不少，党外也有很多。肯定一切，就是只看到好的，看不到坏的，只能赞扬，不能批评。说我们的工作似乎一切都好，这不合乎事实。不是一切都好，还有缺点和错误。但是也不是一切都坏，这也不合乎事实。要加以分析。否定一切，就是不加分析地认为事情都做得不好，社会主义建设这样一个伟大事业，几亿人口所进行的这个伟大斗争，似乎没有什么好处可说，一团糟。许多具有这种看法的人，虽然和那些对社会主义制度心怀敌意的人还不相同，但是这种看法是很错误的，很有害的，它只会使人丧失信心。不论是用肯定一切的观点或者否定一切的观点来看我们的工作，都是错误的。对于这些片面地看问题的人，应该进行批评，当然要以惩前毖后、治病救人的态度去批评，要帮助他们。

有人说，既然要整风，要大家提意见，就必然要有片面性，提出克服片面性，好像就是不让人讲话。这种说法对不对呢？要求所有的人都不带一点片面性，这是困难的。人们总是根据自己的经验来观察问题，处理问题，发表意见，有时候就难免带上一些片面性。但是，可不可以要求人们逐步地克服片面性，要求看问题比较全面一些？我看应该这样要求。如果不是这样，不要求一天一天地、一年一年地有较多的人采用比较全面地看问题的方法，那末，我们就停滞了，我们就是肯定片面性了，就是同整风的要求背道而驰了。所谓片面性，就是违反辩证法。我们要求把辩证法逐步推广，要求大家逐步地学会使用辩证法这个科学方法。我们现在有些文章，神气十足，但是没有货色，不会分析问题，讲不出道理，没有说服力。这种文章应该逐渐减少。当着自己写文章的时候，不要老是想着"我多么高明"，而要采取和读者处于完全平等地位的态度。你参加革命的时间虽然长，讲了错话，人家还是要驳。你的架子摆得越大，人家越是不理你那一套，你的文章人家就越不爱看。我们应该老老实实地办事，对事物有分析，写文章有说服力，不要靠装腔作势来吓人。

有人说，发长篇大论可以避免片面性，写短篇的杂文就不能避免片面性。杂文是不是一定会带片面性？我在上面讲了，片面性往往是难免的，有些片面性也不是不得了。要求所有的人看问题都必须很全面，这样就会阻碍批评的发展。但是，我们还要求努力做到看问题比较全面，不管长文也好，短文也好，杂文包括在内，努力做到不是片面性的。有人说，几百字、一二千字一篇的杂文，怎么能作分析呢？我说，怎么不能呢？鲁迅不就是这样的吗？分析的方法就是辩证的方法。所谓分析，就是分析事物的矛盾。不熟悉生活，对于所论的矛盾不真正了解，就不可能有中肯的分析。鲁迅后期的杂文最深刻有力，并没有片面性，就是因为这时候他学会了辩证法。列宁有一部分文章也可以说是杂文，也有讽刺，写得也很尖锐，但是那里面就没有片面性。鲁迅的杂文绝大部分是对敌人的，列宁的杂文既有对敌人的，也有对同志的。鲁迅式的杂文可不可以用来对付人民内部的错误和缺点呢？我看也可以。当然要分清敌我，不能站在敌对的立场用对待敌人的态度来对待同志。必须是满腔热情地用保护人民事业和提高人民觉悟的态度来说话，而不能用嘲笑和攻击的态度来说话。

不敢写文章怎么办？有的人说，有文章不敢写，写了怕得罪人，怕受批评。我看这种顾虑可以消除。我们的政权是人民民主政权，这对于为人民而写作是有利的环境。百花齐放、百家争鸣的方针，对于科学和艺术的发展给了新的保证。如果你写得对，就不用怕什么批评，就可以通过辩论，进一步阐明自己正确的意见。如果你写错了，那末，有批评就可以帮助你改正，这并没有什么不好。在我们的社会里，革命的战斗的批评和反批评，是揭露矛盾，解决矛盾，发展科学、艺术，做好各项工作的好方法。

第七点："放"还是"收"？这是个方针问题。百花齐放，百家争鸣，这是一个基本性的同时也是长期性的方针，不是一个暂时性的方针。同志们在讨论中间是不赞成收的，我看这个意见很对。党中央的意见就是不能收，只能放。

领导我们的国家可以采用两种不同的办法，或者说两种不同的方针，这就是放和收。放，就是放手让大家讲意见，使人们敢于说话，敢于批评，敢于争论；不怕错误的议论，不怕有毒素的东西；发展各种意见之间的相互争论和相互批评，既容许批评的自由，也容许批评批评者的自由；对于错误的意见，不是压服，而是说服，以理服人。收，就是不许人家说不同的意见，不许人家发表错误的意见，发表了就“一棍子打死”。这不是解决矛盾的办法，而是扩大矛盾的办法。两种方针，放还是收呢？二者必取其一。我们采取放的方针，因为这是有利于我们国家巩固和文化发展的方针。

我们准备用这个放的方针来团结几百万知识分子，改变他们现在的面貌。像我在上面所说的，我国绝大部分的知识分子是愿意进步的，愿意改造的，是可以改造的。在这里，我们所采取的方针有很大作用。知识分子的问题首先是思想问题，对于思想问题采取粗暴的办法、压制的办法，那是有害无益的。知识分子的改造，特别是他们的世界观的改变，要有一个长时期的过程。我们的同志一定要懂得，思想改造的工作是长期的、耐心的、细致的工作，不能企图上几次课，开几次会，就把人家在几十年生活中间形成的思想意识改变过来。要人家服，只能说服，不能压服。压服的结果总是压而不服。以力服人是不行的。对付敌人可以这样，对付同志，对付朋友，绝不能用这个方法。不会说服怎么办？这就要学习。我们一定要学会通过辩论的方法、说理的方法，来克服各种错误思想。

百花齐放是一种发展艺术的方法，百家争鸣是一种发展科学的方法。百花齐放、百家争鸣这个方针不但是使科学和艺术发展的好方法，而且推而广之，也是我们进行一切工作的好方法。这个方法可以使我们少犯错误。有许多事情我们不知道，因此不会解决，在辩论中间，在斗争中间，我们就会明了这些事情，就会懂得解决问题的方法。各种不同意见辩论的结果，就能使真理发展。对于那些有毒素的反马克思主义的东西，也可以采取这个方法，因为同那些反马克思主义的东西进行斗争，就会使马克思主义发展起来。这是在对立面的斗争中的发展，是合于辩证法的发展。

人们历来不是讲真善美吗？真善美的反面是假恶丑。没有假恶丑就没有真善美。真理是同谬误对立的。在人类社会和自然界，统一体总要分解为不同的部分，只是在不同的具体条件下，内容不同，形式不同罢了。任何时候，总会有错误的东西存在，总会有丑恶的现象存在。任何时候，好同坏，善同恶，美同丑这样的对立，总会有的。香花同毒草也是这样。它们之间的关系都是对立的统一，对立的斗争。有比较才能鉴别。有鉴别，有斗争，才能发展。真理是在同谬误作斗争中间发展起来的。马克思主义就是这样发展起来的。马克思主义在同资产阶级、小资产阶级的思想作斗争中发展起来，而且只有在斗争中才能发展起来。

我们主张放的方针，现在还是放得不够，不是放得过多。不要怕放，不要怕批评，也不要怕毒草。马克思主义是科学真理，不怕批评，它是批评不倒的。共产党、人民政府也是这样，也不怕批评，也批评不倒。错误的东西总会有的，并不可怕。最近一个时期，有一些牛鬼蛇神被搬上舞台了。有些同志看到这个情况，心里很着急。我说，有一点也可以，过几十年，现在舞台上这样的牛鬼蛇神都没有了，想看也看不成了。我们要提倡正确的东西，反对错误的东西，但是不要害怕人们接触错误的东西。单靠行政命令的办法，禁止人接触不正常的现象，禁止人接触丑恶的现象，禁止人接触错误思想，禁止人看牛鬼蛇神，这是不能解决问题的。当然我并不提倡发展牛鬼蛇神，我是说“有一点也可以”。某些错误东西的存在是并不奇怪的，也是用不着害怕的，这可以使人们更好地学会同它作斗争。大风大浪也不可怕。人类社会就是从大风大浪中发展起来的。

在我国，资产阶级和小资产阶级的思想，反马克思主义的思想，还会长期存在。社会主义制度在我国已经基本建立。我们已经在生产资料所有制的改造方面，取得了基本胜利，但是在政治战线和思想战线方面，我们还没有完全取得胜利。无产阶级和资产阶级之间在意识形态方面的谁胜谁负问题，还没有真正解决。我们同资产阶级和小资产阶级的思想还要进行长期的斗争。不了解这种情况，放弃思想斗争，那就是错误的。凡是错误的思想，凡是毒草，凡是牛鬼蛇神，都应该进行批判，决不能让它们自由泛滥。但是，这种批判，应该是充分说理的、有分析的、有说服力的，而不应该是粗暴的、官僚主义的，或者是形而上学的、教条主义的。

长时间以来，人们对于教条主义作过很多批判。这是应该的。但是，人们往往忽略了对于修正主义的批判。教条主义和修正主义都是违反马克思主义的。马克思主义一定要向前发展，要随着实践的发展而发展，不能停滞不前。停止了，老是那么一套，它就没有生命了。但是，马克思主义的基本原则又是不能违背的，违背了就要犯错误。用形而上学的观点来看待马克思主义，把它看成僵死的东西，这是教条主义。否定马克思主义的基本原则，否定马克思主义的普遍真理，这就是修正主义。修正主义是一种资产阶级思想。修正主义者抹杀社会主义和资本主义的区别，抹杀无产阶级专政和资产阶级专政的区别。他们所主张的，在实际上并不是社会主义路线，而是资本主义路线。在现在的情况下，修正主义是比教条主义更有害的东西。我们现在思想战线上的一个重要任务，就是要开展对于修正主义的批判。

最后一点，第八点：各个省、市、自治区的党委应该把思想问题抓起来。这一点是在座有些同志希望我讲的。现在许多地方的党委还没有抓思想问题，或者抓得很少。这主要是因为忙。但是一定要抓。所谓“抓”，就是要把这个问题提到议事日程上，要研究。我们国内革命时期的大规模的急风暴雨式的群众阶级斗争已经基本结束，但是还有阶级斗争，主要是政治战线上和思想战线上的阶级斗争，而且还很尖锐。思想问题现在已经成为非常重要的问题。各地党委的第一书记应该亲自出马来抓思想问题，只有重视了和研究了这个问题，才能正确地解决这个问题。各地方要召开像这次宣传会议一样的会议，讨论当地的思想工作和有关思想工作的各方面的问题。这种会不但要有党内的同志参加，而且要有党外的人参加，要有不同意见的人参加。我们这次会议的经验证明，这对于会议的进行只有好处，没有坏处。

根据人民出版社一九六四年出版的《毛泽东著作选读（甲种本）》刊印。

注　　释

〔1〕这篇讲话是一九六四年收入《毛泽东著作选读（甲种本）》中公开发表的。发表以前毛泽东作了重要修改，加上了一些原讲话中没有的内容，主要是：强调阶级斗争和政治战线思想战线上的革命，对于知识分子队伍及其思想状况所作的过于严重的估计，提出思想战线上的一个重要任务是要开展对于修正主义的批判。

〔2〕指一九四二年五月二日至二十三日召开的延安文艺座谈会。

〔3〕一九五七年四月二十七日，中共中央发出《关于整风运动的指示》，决定“在全党重新进行一次普遍的、深入的反官僚主义、反宗派主义、反主观主义的整风运动”。

〔4〕见毛泽东《论军队生产自给，兼论整风和生产两大运动的重要性》(《毛泽东选集》第3卷，人民出版社1991年版，第1108页)。

坚持艰苦奋斗，密切联系群众[1]

（一九五七年三月）

一

我们党现在准备开展一次整风运动。整风是用批评和自我批评解决党内矛盾的一种方法，也是解决党同人民之间的矛盾的一种方法。这次整风，就是整顿三风，整顿官僚主义、宗派主义和主观主义。要经过整风，把我们党艰苦奋斗的传统好好发扬起来。因为革命胜利了，有一部分同志，革命意志有些衰退，革命热情有些不足，全心全意为人民服务的精神少了，过去跟敌人打仗时的那种拚命精神少了，而闹地位，闹名誉，讲究吃，讲究穿，比薪水高低，争名夺利，这些东西多起来了。听说去年评级的时候，就有些人闹得不像样子，痛哭流涕。人不是长着两只眼睛吗？两只眼睛里面有水，叫眼泪。评级评得跟他不对头的时候，就双泪长流。在打蒋介石的时候，抗美援朝[2]的时候，土地改革[3]的时候，镇压反革命[4]的时候，他一滴眼泪也不出，搞社会主义他一滴眼泪也不出，一触动到他个人的利益，就双泪长流。听说还有三天不吃饭的事情。我说，三天不吃饭，没有什么要紧，一个星期不吃饭就有点危险了。总而言之，争名誉，争地位，比较薪水，比较吃穿，比较享受，这么一种思想出来了。为个人的利益而绝食，而流泪，这也算是一种人民内部的矛盾。有一出戏，叫《林冲夜奔》〔5〕，唱词里说："男儿有泪不轻弹，只因未到伤心处。"我们现在有些同志，他们也是男儿（也许还有女儿），他们是男儿有泪不轻弹，只因未到评级时。这个风也要整一下吧。有泪不轻弹是对的，伤心处是什么？就是工人阶级、广大劳动人民危急存亡的时候，那个时候可以弹几滴眼泪。至于你那个什么级，就是评得不对，你也要吞下去，眼泪不要往外头流，要往里头流。世界上是有许多不公道的事情，那个级可能评得不对，那也无须闹，无关大局，只要有饭吃就行。革命党嘛，以饿不死人为原则。人没有饿死，就要做革命工作，就要奋斗。一万年以后，也要奋斗。共产党就是要奋斗，就是要全心全意为人民服务，不要半心半意或者三分之二的心三分之二的意为人民服务。革命意志衰退的人，要经过整风重新振作起来。

（三月十八日）

二

我们要保持过去革命战争时期的那么一股劲，那么一股革命热情，那么一种拚命精神，把革命工作做到底。什么叫拚命？《水浒传》上有那么一位，叫拚命三郎石秀，就是那个"拚命"。我们从前干革命，就是有一种拚命精神。每一个人有一条生命，或者六十岁，或者七十岁，或者八十岁、九十岁，看你有多长的命。只要你还能工作就多多少少应当工作。而工作的时候就要有一股革命热情，就要有一种拚命精神。有些同志缺乏这种热情，缺乏这种精神，停滞下来了。这种现象不好，应当对这些同志进行教育。

全党都要加强政治思想工作。今天军队的同志到会的很多。军队里头怎么样？平时的政治工作跟战时的政治工作是不是有些不同？在战时，要密切联系群众，要官兵打成一片，军民打成一片。这时候，我们有一些缺点，人民还谅解我们。现在是平时，又不打仗，就是训练，如果不坚持密切联系群众，人民对我们的缺点很自然地就难于原谅了。现在实行了军衔制度〔6〕和其他一些制度，但是，上级跟下级还是要打成一片，干部跟士兵还是要打成一片，还是要准许下级批评上级，士兵批评干部。比如开个党代表大会，给他们一个批评的机会。陈毅〔7〕同志在“三反”〔8〕的时候讲得好，他说，我们发号施令多少年都可以，现在让下级批评我们一下，批评一个星期，可不可以？他的意思是说，应当是可以的。我赞成这个话，就是让下级批评我们一个星期。在大家批评之前，先准备一下，作一点报告，讲一讲自己有什么缺点，无非是一二三四，有那么几条。然后同志们发言，补充一些，批评一下。群众是公道的，他们不会把我们的历史丢掉。连排长也要给战士们一个批评的机会，最好一年有这么一回，开这么几天的批评会。军队里头的这种民主，我们曾经搞过，结果是有益的。不要因为有了军衔制度和其他一些制度，而使上下级、官兵、军民、军队同地方的密切关系受到损害。毫无疑义，上下级的关系应当密切，应当是一种同志的关系。干部跟战士的关系应当密切，应当打成一片。军队跟人民、跟地方党政组织的关系，也应当是密切的。

我们的同志应当注意，不要靠官，不要靠职位高，不要靠老资格吃饭。说资格老，多少年革命，这个资格也是可靠的，但同时我们不要靠它。你资格老，几十年，那是真的。可是，你有一天办了一些糊涂事，讲了一篇混账话，人民还是不谅解你。尽管你过去做过多少好事，职位有多么高，你今天的事情办得不好，解决得不对，对人民有损害，这一点人民就不能原谅。因此，我们的同志不要靠老资格吃饭，要靠解决问题正确吃饭。靠正确，不靠资格。靠资格吃不了饭，索性不靠它，等于还是什么官都没有做，就是不摆老爷架子，不摆官僚架子，把架子收起来，跟人民见面，跟下级见面。这一条，我们的干部要注意，特别是老干部要注意。一般来说，新干部没有这种包袱，比较自由。老干部对新干部要处在平等的地位。有很多东西，老干部不如新干部，要向他们学习。

（三月二十日）

根据中央档案馆保存的讲话记录稿刊印。

注　　释

〔1〕本篇一是毛泽东在济南党员干部会议上讲话的一部分；本篇二是毛泽东在南京党员干部会议上讲话的一部分。

〔2〕抗美援朝，见本卷第45页注〔2〕。

〔3〕土地改革，见本卷第3页注〔2〕。

〔4〕镇压反革命，见本卷第46页注〔11〕。

〔5〕《林冲夜奔》，原名《夜奔》，是明代传奇《宝剑记》中的一折。

〔6〕中国人民解放军在一九五五年九月开始实行军衔制度，一九六五年五月

取消,一九八八年七月又恢复实行。

〔**7**〕陈毅(一九〇一——一九七二),四川乐至人。当时任中共中央政治局委员、国务院副总理。“三反”运动时,任中共上海市委书记、上海市市长,华东军区司令员。

〔**8**〕“三反”,参见本卷第172页注〔3〕。

在南京、上海党员干部会议上讲话的提纲[1]

（一九五七年三月十九日）

（一）现在处在转变时期：由阶级斗争到向自然界斗争，由革命到建设，由过去的革命到技术革命和文化革命。

许多人还不认识，还企图用过去的方法对待新问题。

分清两类矛盾：不能用解决第一类矛盾的方法去解决第二类矛盾。

公开承认矛盾，列宁承认社会主义社会存在矛盾。

斯大林不承认，混淆两类问题，直到死前才在理论上承认，但实际做又是一件事。

（二）如何解决矛盾，人民闹事如何处理？

第一类矛盾还存在，右的观点要防止，但不要夸大。

第二类矛盾显著起来了，同志中观察也有“左”有右。

将罢工、罢课、游行、示威、请愿看作调整社会秩序的一种方法。

（三）统筹兼顾，适当安排，加强思想教育。

六亿和五百万[2]——左、中、右。

能在大约三个五年计划中争取三分之一——一百五十万

人真心接受马克思主义就很好了。

使中间派进一步。

我们必须使用他们，否则一步也不能动。

共产党不能领导科学？

我们必须学文化（科学、技术），学建设。我们是否可以学会科学技术？如过去一样，可以学会的。

（四）百花齐放，百家争鸣，长期共存，互相监督。

放还是收？

说还是压？要善于说服，要学会以理服人（四人文章[3]）。

会不会乱？

会不会被批倒？

毒素怎么办？

（五）为工农服务，与群众打成一片，不是两片。

考验知识分子的主要标准，一条心、半条心（党内党外）。

争取百分之七十下厂下乡。

我们干部要经常下厂下乡。

（六）要展开讨论，整风，团结、批评、团结公式，它的发展史。谁怕批评？阿Q[4]。

党内党外，并和党外一起。

要使用党外。

要讲真心话，很多事不要两套。

要艰苦奋斗（调整工资）（革命意志衰退）（争名夺利）（白手成家）。

要养成学习习惯。

原则性与灵活性（闹事，毒素有好处）。

向新任务前进，不要忘记敌人，不要忘记政治（政治是人的灵魂）。

如果不注意，很可能在几年以后，政治兴趣低落，政治觉悟不高，因此要加强。

谁怕批评？共、国、民主党派。

中国应当是辩证法发展的国家。

采取现在的方针，文学艺术、科学技术会繁荣发达，党会经常保持活力，人民事业会欣欣向荣，中国会变成一个大强国而又使人可亲。

根据毛泽东手稿刊印。

注　释

〔1〕毛泽东一九五七年三月二十日分别在南京、上海党员干部会议上作了讲话。

〔2〕指当时中国全国六亿人口和五百万知识分子。

〔3〕指陈其通、陈亚丁、马寒冰、鲁勒写的《我们对目前文艺工作的几点意见》一文，发表在一九五七年一月七日《人民日报》。

〔4〕阿Q，鲁迅小说《阿Q正传》中的主人公。

限期将正确处理人民内部矛盾问题的讨论和执行情况报告中央

（一九五七年四月十九日）

上海局，各省（市）委、自治区党委，中央一级各部门和国家机关各党组：

关于正确处理人民内部矛盾问题，各地正在讨论。请将党内党外赞成、反对两方面的意见，你们自己的意见，你们对整个形势的估计，地、县两级态度如何，你们委员会和书记处或党组是否深刻地多次地讨论了这个问题；第一书记和中央一级党员部长或副部长（指党外人士当部长的那些部）是否自己将这个极重要的思想政治工作问题认真抓起来了，还是依然委托二、三把手去管，自己仍和过去那样不大去动脑筋；第一书记和各书记和各党员部长或副部长将报纸刊物和学校管起来没有，看过报纸刊物上有关这类问题的文章没有，重要社论在发表之前你们看过没有，动笔修改过没有；党和党外人士（主要是知识界）间的不正常的紧张气氛是否有了一些缓和，你们对人民闹事采取了什么态度；党内某些人中存在的国民党作风（即把人民当敌人，采取打击压迫方法，所谓人民民主，所谓群众路线，所谓和群众打成一片，所谓关心群众疾苦，对于这些人说来，只是骗人的空话，即是说党内有一部分人存在着反动的反人民的思想作风）是否开始有所变化；你们向学校学生和工厂工人做过讲演没有，做过几次，效果如何，以上各项问题，请即写成报告，在接此电报以后十五天内用电报发来。北京各部门的报告，用书面送来。

中　央

一九五七年四月十九日

根据毛泽东手稿刊印。

关于整风和干部参加劳动

（一九五七年四月二十七日）

各省（市）委、自治区党委，中央一级部委及党组：

现在正在全国范围内进行关于正确处理人民内部矛盾这个重大问题的公开讨论中，这个讨论可能延长几个月。党的整风指示〔1〕，日内即可发出，即以正确处理人民内部矛盾为主题，发扬正确的思想作风，纠正主观主义、官僚主义、宗派主义的错误的思想作风。党的另一通知〔2〕日内也可发出，这个通知提倡县、区、乡三级党政主要干部，凡能劳动的，每年抽一部分时间下田参加生产，从事一小部分体力劳动。县以上各级党政军主要干部（不是一般干部），凡能劳动的，也要这样做，每年以一部分时间，分别下田、下工厂、下矿山、下工地或者到其他场所，和工人农民一道从事可能胜任的一小部分体力劳动（哪怕是很少一点）。这样一来，党和群众就打成一片了，主观主义，官僚主义，老爷作风，就可以大为减少，面目一新。此外，请你们注意，对党与（一）工人、（二）农民、（三）学生、（四）解放军战士、（五）知识分子、（六）民主党派、（七）少数民族等七个方面之间所存在的各项具体矛盾，分别召集会议，加以分析研究，使自己心中有数，由盲目到自觉，以便有根据地说服干部和群众。现将湖北省委关于农村人民内部矛盾材料〔3〕一件发给你们阅读，以为参考。本件及四月十九日电报〔4〕均请转发县级、军队的团、城市工厂和学校的党委。

中　央

一九五七年四月二十七日

根据毛泽东手稿刊印。

注　释

〔1〕指中共中央一九五七年四月二十七日关于整风运动的指示。这个指示在同年五月一日《人民日报》发表。

〔2〕指中共中央一九五七年五月十日关于各级领导人员参加体力劳动的指示。这个指示在同年五月十五日《人民日报》发表。

〔3〕指新华社一九五七年四月二十三日发的关于湖北省农村人民内部矛盾问题的报道。报道说，目前农村中存在的人民内部矛盾问题，主要是：一、农业合作社内领导不民主、财务不公开、分配不合理，引起群众不满。二、一些干部对民间的迷信活动和宗教问题处理不当，引起农民闹事。三、在占用渔场、畜牧场、林场、茶场、小矿山及农田等问题上，国家与当地群众发生利益纠纷。四、地方干部与转业军人相处不好，发生纠纷。五、城镇中学政治空气薄弱、校风校纪不正，引起广大师生和学生家长对政府和学校领导严重不满。有些学校领导官僚主义和宗派主义严重，引起学生闹事。六、干部高高在上、脱离群众，加深了人民群众与领导者之间的矛盾。

〔4〕指中共中央一九五七年四月十九日关于检查对正确处理人民内部矛盾问题的讨论和执行情况的指示，及本卷第292—293页《限期将正确处理人民内部矛盾问题的讨论和执行情况报告中央》一文。

组织党外人士继续对党的缺点错误展开批评

（一九五七年五月四日）

上海局，各省委、直属市委、自治区党委，中央各部委，国家机关和人民团体各党组：

最近两个月以来，在各种有党外人士参加的会议上和报纸刊物上所展开的关于人民内部矛盾的分析和对于党政所犯错误缺点的批评，对于党与人民政府改正错误，提高威信，极为有益，应当继续展开，深入批判，不要停顿或间断。其中有一些批评得不正确，或者在一篇批评中有些观点不正确，当然应当予以反批评，不应当听任错误思想流行，而不予回答（要研究回答的时机并采取分析的态度，要有充分说服力），但是大多数的批评是说得中肯的，对于加强团结，改善工作，极为有益。即使是错误的批评，也暴露了一部分人的面貌，利于我们在将来帮助他们进行思想改造。现在整风开始，中央已同各民主党派及无党派领导人士商好，他们暂时（至少几个月内）不要表示态度，不要在各民主党派内和社会上号召整风，而要继续展开对我党缺点错误的批判，以利于我党整风，否则对于我党整风是不利的（没有社会压力，整风不易收效）。他们同意此种做法。只要我党整风成功，我党就会取得完全的主动，那时就可以推动社会各界整风了（这里首先指知识界）。此点请你们注意。党外人士参加我党整风座谈会和整风小组，是请他们向我们提意见，作批评，而不是要他们批评他们自己，此点也请你们注意。如有不便之处，则以不请党外人士参加整风，而由党邀请党外人士开座谈会，请他们畅所欲言地对工作上缺点错误提出意见为妥。请你们按当地情况斟酌处理。

中　央

一九五七年五月四日

根据毛泽东手稿刊印。

给李淑一[1]的信

（一九五七年五月十一日）

淑一同志：

惠书收到。过于谦让了。我们是一辈的人，不是前辈后辈关系，你所取的态度不适当，要改。已指出“巫峡”，读者已知所指何处，似不必再出现“三峡”字面。大作读毕，感慨系之。开慧[2]所述那一首[3]不好，不要写了吧。有《游仙》一首为赠。这种游仙，作者自己不在内，别于古之游仙诗。但词里有之，如咏七夕之类。我失骄杨君失柳，杨柳轻飏直上重霄九。问讯吴刚何所有，吴刚捧出桂花酒。　寂寞嫦娥舒广袖，万里长空且为忠魂舞。忽报人间曾伏虎，泪飞顿作倾盆雨。

暑假或寒假你如有可能，请到板仓代我看一看开慧的墓。此外，你如去看直荀[4]的墓的时候，请为我代致悼意。你如见到柳午亭[5]先生时，请为我代致问候。午亭先生和你有何困难，请告。

为国珍摄！

毛　泽　东

一九五七年五月十一日

根据人民出版社一九八三年出版的《毛泽东书信选集》刊印。

注　释

〔1〕李淑一(一九〇一——一九九七),湖南长沙人,柳直荀的夫人。当时是湖南长沙第十中学语文教员。

〔2〕开慧,即杨开慧(一九〇一——一九三〇),湖南长沙人,毛泽东的夫人。一九二一年加入中国共产党,一九三〇年十月被国民党反动派逮捕,十一月牺牲。

〔3〕指《虞美人·枕上》(《毛泽东诗词集》,中央文献出版社 1996 年版,第 166 页)。

〔4〕直荀,即柳直荀(一八九八——一九三二),湖南长沙人,毛泽东早年的战友。一九二四年加入中国共产党,一九三二年九月在湖北洪湖革命根据地被害。

〔5〕柳午亭(一八七七——一九五七),湖南长沙人,柳直荀的父亲。

给达姆巴[1]的信

（一九五七年五月二十日）

蒙古人民革命党中央委员会第一书记
亲爱的德·达姆巴同志：

我收到你在一九五七年四月二十六日给我的来信。

在我国内蒙古自治区成立十周年的时候，蒙古人民共和国政府派来政府代表团参加庆祝盛典，我们感到非常高兴，谨致谢意。

我们研究了你在来信中提到的由中国供给蒙古人民共和国劳动力的问题。我们认为，这件事情是应该做的。但是，如你们所设想的，大量迁移我国内蒙古自治区的蒙族居民去蒙古人民共和国定居，是有困难的。因为我国内蒙古自治区的居民有八百七十万人，其中七百多万人是汉族，而蒙族同胞仅有一百多万人。其次，我们考虑，如果从中国动员劳动力去蒙古人民共和国从事生产建设，我们也只能够动员从事工业和农业的劳动力前往，而动员从事牧畜业的劳动力是有困难的。所以，我们设想，只能动员汉族人去蒙古人民共和国参加工、农业方面需要劳动力的部门的工作。即便如此，我们每年能够派去的人数也不能很多。因为人数过多，在语言方面，在生活习惯方面，在行政管理方面，都会有困难的。我们设想，在派往蒙古人民共和国参加工业建设的劳动力中，主要应该是些技术工人，以便帮助蒙古居民学会某些生产操作的技能。我们意见，当这些从事工、农业生产的中国技术工人，在双方规定的期限之内教会蒙古居民生产操作的技能以后，他们就可以回国了。根据我们的计算，在最近几年内，每年供给数千人是可能的。为了使前往蒙古人民共和国工作的汉族人便于工作，便于同蒙古人民团结合作，我们准备每年在派去的劳动力中调配几十名懂蒙、汉两种语言的蒙族人，以便同蒙古人民共和国有关管理机构联系，从而减少管理工作中的困难。我们建议关于供给劳动力问题，可以由我们两国政府通过外交途径办理。如果你们认为汉族人不熟悉蒙古语言和生活习惯因而有困难的话，我们可以少派一些，或者不派。总之，一切都应该根据你们的需要，并且对于你们方便，作出决定。

目前，我们已经派有八千多人在蒙古人民共和国从事各方面的劳动。根据我们所知道的情况，他们之中有不少人违犯了蒙古人民共和国的法律。我们对于这些人，在蒙古人民共和国有关机关的协助之下，已经作了一些处理，其中有些人已经调回中国，另一些人，则根据他们违犯法律的情节按照蒙古人民共和国的法律处理了。我们设想，今后这类事情还是会发生的。我们今后也将本着这个原则，凡是违犯蒙古人民共和国法律的中国员工都应该按照蒙古的法律法办。如果你们认为有不宜于留下工作的人员，可以通知我们，我们准备随时调动他们回来，以免增加你们管理中的困难。

谨致

兄弟的敬礼！

毛 泽 东

一九五七年五月二十日

根据中央档案馆保存的原件刊印。

注 释

〔1〕达姆巴，即德·达姆巴(一九〇八——一九八九)，今译达希·丹巴。当时任蒙古人民革命党中央委员会第一书记。

中国共产党是全中国人民的领导核心[1]

（一九五七年五月二十五日）

你们的会议开得很好。希望你们团结起来，作为全国青年的领导核心。

中国共产党是全中国人民的领导核心。没有这样一个核心，社会主义事业就不能胜利。

你们这个会议是一个团结的会议，对全中国青年会有很大的影响。我对你们表示祝贺。

同志们，团结起来，坚决地勇敢地为社会主义的伟大事业而奋斗。一切离开社会主义的言论行动是完全错误的。

根据一九五七年五月二十六日《人民日报》刊印。

注释

〔1〕这是毛泽东在中共中央领导人接见中国新民主主义青年团第三次全国代表大会全体代表时的讲话。

对范仲淹两首词[1]的评注

（一九五七年八月一日）

词有婉约、豪放两派，各有兴会，应当兼读。读婉约派久了，厌倦了，要改读豪放派。豪放派读久了，又厌倦了，应当改读婉约派。我的兴趣偏于豪放，不废婉约。婉约派中有许多意境苍凉而又优美的词。范仲淹的上两首，介于婉约与豪放两派之间，可算中间派吧；但基本上仍属婉约，既苍凉又优美，使人不厌读。婉约派中的一味儿女情长，豪放派中的一味铜琶铁板，读久了，都令人厌倦的。人的心情是复杂的，有所偏但仍是复杂的。所谓复杂，就是对立统一。人的心情，经常有对立的成分，不是单一的，是可以分析的。词的婉约、豪放两派，在一个人读起来，有时喜欢前者，有时喜欢后者，就是一例。睡不着，哼范词，写了这些。江青看后，给李讷[2]看一看。

一九五七年八月一日

根据毛泽东手稿刊印。

注　释

〔1〕范仲淹（九八九——一〇五二），字希文，苏州吴县（今吴县市）人，北宋政治家、文学家。他的两首词指《苏幕遮》和《渔家傲》。《苏幕遮》原词为："碧云天，黄

叶地，秋色连波，波上寒烟翠。山映斜阳天接水，芳草无情，更在斜阳外。 黯乡魂，追旅思，夜夜除非，好梦留人睡。明月楼高休独倚。酒入愁肠，化作相思泪。”《渔家傲》原词为：“塞下秋来风景异，衡阳雁去无留意。四面边声连角起。千嶂里，长烟落日孤城闭。 浊酒一杯家万里，燕然未勒归无计。羌管悠悠霜满地。人不寐，将军白发征夫泪。”

〔**2**〕李讷，一九四〇年生，毛泽东之女。

关于农业问题[1]

（一九五七年十月九日）

农业发展纲要四十条[2]已经作了修改，不久就可以发出去。请同志们在农村中很好地组织一次辩论、讨论。我问了一些同志，地区一级要不要作农业计划？他们说也要作。区一级要不要作？说也要作。乡要不要作？说也要作。社也要作。那末，就有这么几级：一个省，一个地，一个县，一个区，一个乡，一个社，六级。请你们注重抓紧搞一搞这个农业规划。规划、计划是一回事，讲成了习惯，就叫规划也好。要坚持全面规划，加强领导，书记动手，全党办社。好像去年下半年就不是全党办社了，书记不大动手了。今年，我们要坚持这样搞。

规划究竟什么时候可以作好？我问了一些同志，有些地方已经作好了，有些地方还没有完全作好。现在着重的是省、地、县这三级，是不是在今冬或者明春可以作好？如果作不好，明年这一年总要作好，而且六级都要作好。因为我们有几年经验了，全国农业发展纲要四十条也差不多作好了。农业发展纲要四十条，省的规划和其他各级的规划，都要拿到农村去讨论。但是，七个规划一起讨论太多了，还是要分期分批拿到群众中去鸣放、辩论。这是讲长远规划。作了，将来不适合怎么办？再有几年经验，还要修改的。比如四十条，过几年还要修改。不可能不改。我看大概是三年一小改，五年一大改。有一个规划总比没有好。一共十二年，过去了两年，只有十年了，再不抓紧，四十条中规定的三种地区分别达到亩产粮食四百斤、五百斤、八百斤的计划指标〔3〕，就有落空的危险。抓紧是可能完成的。

我看中国就是靠精耕细作吃饭。将来，中国要变成世界第一个高产的国家。有的县现在已经是亩产千斤了，半个世纪搞到亩产两千斤行不行呀？将来是不是黄河以北亩产八百斤，淮河以北亩产一千斤，淮河以南亩产两千斤？到二十一世纪初达到这个指标，还有几十年，也许不要那么多时间。我们靠精耕细作吃饭，人多一点，还是有饭吃。我看一个人平均三亩地太多了，将来只要几分地就尽够吃。当然，还是要节制生育，我不是来奖励生育。

请同志们摸一下农民用粮的底。要提倡勤俭持家，节约粮食，以便有积累。国家有积累，合作社有积累，家庭有积累，有了这三种积累，我们就富裕起来了。不然，统统吃光了，有什么富裕呀？

今年，凡是丰收的地方，没有受灾的地方，应当提高一点积累。以丰补歉，很有必要。有的省的合作社，除公积金（百分之五）、公益金（百分之五）、管理费以外，生产费占总产值的百分之二十，其中基本建设费用又占生产费的百分之二十。我跟别的省的同志商量，他们说基本建设费用恐怕多了一点。我今天跟你们谈的，都是建议性质，可行则行，不可行则不行，而且各省各县不要一律，你们去研究一下。合作社的管理费，过去有些地方占的比例太大，应当缩小到百分之一。所谓管理费，就是合作社干部的补贴和办公费。要缩小管理费，增加农田基本建设费用。

中国人要有志气。我们应当教育全国城市、乡村的每一个人，要有远大的目标，有志气。大吃、大喝，统统吃光、喝光，算不算一种志气呢？这不算什么志气。要勤俭持家，作长远打算。什么红白喜事，讨媳妇，死了人，大办其酒席，实在可以不必。应当在这些地方节省，不要浪费。这是改革旧习惯。把这个习惯改过来，要通过大鸣大放，也许是小鸣小放，争一番。还有赌博，这样的问题过去是没有法子禁止的，只有大鸣大放，经过辩论，才能改过来。我看，改革旧习惯也要列入规划。

还有一个除四害，讲卫生。消灭老鼠、麻雀〔4〕、苍蝇、蚊子这四样东西，我是很注意的。只有十年了，可不可以就在今年准备一下，动员一下，明年春季就来搞？因为苍蝇就是那个时候出世。我看还是要把这些东西灭掉，全国非常讲卫生。这是文化，要把这个文化大为提高。要来个竞赛，硬是要把这些东西灭掉，人人清洁卫生。各省也可以参差不齐，各县也可以参差不齐，将来横直看哪个是英雄。中国要变成四无国：一无老鼠，二无麻雀，三无苍蝇，四无蚊子。

计划生育，也来个十年规划。少数民族地区不要去推广，人少的地方也不要去推广。就是在人口多的地方，也要进行试点，逐步推广，逐步达到普遍计划生育。计划生育，要公开作教育，无非也是来个大鸣大放、大辩论。人类在生育上头完全是无政府状态，自己不能控制自己。将来要做到完全有计划的生育，没有一个社会力量，不是大家同意，不是大家一起来做，那是不行的。

还有综合计划问题。刚才我讲的是农业计划，还有工业计划，商业计划，文教计划。工、农、商、学的综合计划，完全有必要，兜起来互相配合。

种试验田的经验，值得普遍推广。县、区、乡和合作社的领导干部，都搞那么一小块田，试验能不能达到高产，用什么方法达到高产。

我们要摸农业技术的底。搞农业不学技术不行了。政治和业务是对立统一的，政治是主要的，是第一位的，一定要反对不问政治的倾向；但是，专搞政治，不懂技术，不懂业务，也不行。我们的同志，无论搞工业的，搞农业的，搞商业的，搞文教的，都要学一点技术和业务。我看也要搞一个十年规划。我们各行各业的干部都要努力精通技术和业务，使自己成为内行，又红又专。所谓先专后红就是先白后红，是错误的。因为那种人实在想白下去，后红不过是一句空话。现在，有些干部红也不红了，是富农思想了。有一些人是白的，比如党内的右派，政治上是白的，技术上又不专。有一些人是灰色的，还有一些人是桃红色的。真正大红，像我们的五星红旗那样的红，那是左派。但是单有红还不行，还要懂得业务，懂得技术。现在有许多干部就是一个红，就不专，不懂业务，不懂技术。右派说我们不能领导，“外行不能领导内行”。我们驳右派说，我们能领导。我们能者是政治上能。至于技术，我们有许多还不懂，但那个技术是可以学懂的。

无产阶级没有自己的庞大的技术队伍和理论队伍，社会主义是不能建成的。我们要在这十年内（科学规划也是十二年，还有十年），建立无产阶级知识分子的队伍。我们的党员和党外积极分子都要努力争取变成无产阶级知识分子。各级特别是省、地、县这三级要有培养无产阶级知识分子的计划，不然，时间过去了，人还没有培养出来。中国有句古话，“十年树木，百年树人”。百年树人，减少九十年，十年树人。十年树木是不对的，在南方要二十五年，在北方要更多的时间。十年树人倒是可以的。我们已经过了八年，加上十年，是十八年，估计可能基本上造成工人阶级的有马克思主义思想的专家队伍。十年以后就扩大这个队伍，提高这个队伍。

讲到农业与工业的关系，当然，以重工业为中心，优先发展重工业，这一条毫无问题，毫不动摇。但是在这个条件下，必须实行工业与农业同时并举，逐步建立现代化的工业和现代化的农业。过去我们经常讲把我国建成一个工业国，其实也包括了农业的现代化。现在，要着重宣传农业。这个问题小平〔5〕同志也讲了。

根据中央档案馆保存的讲话记录稿刊印。

注释

〔1〕这是毛泽东在中共八届三中全会上讲话的一部分。

〔2〕指《一九五六年到一九六七年全国农业发展纲要（草案）》。见本卷第3页注〔4〕。

〔3〕《一九五六年到一九六七年全国农业发展纲要（草案）》中规定：“从一九五六年开始，在十二年内，粮食每亩平均年产量，在黄河、秦岭、白龙江、黄河（青海境内）以北地区，由一九五五年的一百五十多斤增加到四百斤；黄河以南、淮河以北地区，由一九五五年的二百零八斤增加到五百斤；淮河、秦岭、白龙江以南地区，

由一九五五年的四百斤增加到八百斤。”

〔4〕一九六〇年三月，毛泽东在为中共中央起草的关于卫生工作的指示中将麻雀换为臭虫。

〔5〕小平，即邓小平，当时任中共中央总书记、国务院副总理。

在苏联最高苏维埃庆祝十月革命四十周年会上的讲话

（一九五七年十一月六日）

亲爱的同志们：

当伟大十月社会主义革命四十周年的节日，我和中国代表团全体同志代表中华人民共和国全国人民代表大会、中华人民共和国国务院和中国共产党中央委员会，代表中国全体人民和全体共产党员，谨向伟大的苏联人民、苏联政府和苏联共产党致热烈的兄弟般的祝贺，谨向在座的各位同志和朋友致以热烈的兄弟般的祝贺。

苏联人民在四十年前举行的这个伟大的革命，正如革命导师列宁多次指出的，开始了全世界历史的新时代。

历史上发生过各种的革命。但是，过去的任何一次革命，都不能够同十月社会主义革命相比拟。

建立一个没有人剥削人的社会，曾经是世界上的劳动人民和进步人类千百年来的梦想。十月革命破天荒第一次在世界六分之一的土地上，把这个梦想变成了现实。这个革命证明：没有了地主和资产阶级，人民完全能够有计划地建设自由幸福的新生活。同时又证明：没有了帝国主义的压迫，世界各民族完全能够和睦共处。

苏联人民在四十年中经历了艰苦的路程。帝国主义者千方百计地企图消灭世界上第一个社会主义共和国。苏联的敌人曾经显得好像比苏联更强大,他们两次武装进攻苏联。但是英勇的苏联人民,在光荣的苏联共产党的领导之下,把这些侵略者的进攻彻底地粉碎了。

苏联之所以不可战胜,就是因为苏联是一个用社会主义制度代替了资本主义制度的国家,是一个用无产阶级专政代替了剥削阶级专政的国家,是一个以资本主义国家所不能有的速度发展社会生产力的国家,是一个真正实行无产阶级的国际主义、真正反对民族压迫和援助被压迫民族解放的国家。这样的国家有本国全体人民的热烈支持,同时有世界各国人民的热烈支持。这两种支持所达到的程度,是各国的历史所从来没有过的。

苏联的面貌在四十年间完全改变了。在革命以前,俄国的经济力量和技术力量曾经是比较落后的。现在苏联已经成为世界上第一等强大的工业国家。苏联人民的生活水平不断地提高。苏联的教育、科学、文化事业的发展规模远远超过了资本主义国家。苏联建立了世界上第一个原子能发电站,制成了世界上第一批喷气式客机,制成了世界上第一批洲际弹道火箭,发射了世界上第一个和第二个人造卫星。全世界公认:苏联两次发射人造卫星的成就,开辟了人类征服自然界的新纪元。所有这些,不但是苏联人民的骄傲,而且是全世界无产阶级的骄傲,而且是全人类的骄傲。对此感到不高兴的,只是一些反动派。

苏联共产党创造性地运用马克思列宁主义的理论来解决实践中的任务，保证了苏联人民的建设事业不断取得胜利。苏联共产党第二十次代表大会[1]为苏联的共产主义建设所提出的奋斗纲领，就是一个范例。苏联共产党中央委员会在克服个人崇拜，在发展农业，在改组工业和建设的管理，在扩大加盟共和国和地方机构的权限，在反对反党集团、巩固党的团结，在改善苏联陆海军中党和政治的工作等等问题上所采取的明智措施，将毫无疑问地促成苏联各种事业的进一步巩固和进一步发展。

世界各国人民从苏联人民所获得的成就中，一天比一天明显地看到自己的将来。苏联的道路，十月革命的道路，从根本上说来，是全人类发展的共同的光明大道。世界各国的广大人民热烈地庆祝十月革命的四十周年，因为这四十年的历史使他们确信，无产阶级必然能够战胜资产阶级，社会主义必然能够战胜资本主义，被压迫民族必然能够战胜帝国主义。当然，在人民前面还有困难和曲折。但是，列宁在三十六年前说得好，“重要的是，坚冰已经打破，航线已经开通，道路已经指明”[2]。

中国共产党所领导的人民革命，从来就是十月革命所开始的世界无产阶级社会主义革命的一个组成部分。中国革命有自己民族的特点，估计到这些特点是完全必要的。但是不论在革命事业中和社会主义建设事业中，我们都充分地利用了苏联共产党和苏联人民的丰富经验。中国人民感到幸运，因为有十月革命和苏联社会主义建设的经验，使自己可以减少或者避免许多错误，可以比较顺利地进行自己的事业，虽然中国人民面前的困难还很多。

事情很明显，在十月革命以后，各国无产阶级的革命家如果忽视或者不认真研究俄国革命的经验，不认真研究苏联无产阶级专政和社会主义建设的经验，并且按照本国的具体条件，有分析地、创造性地利用这些经验，那末，他就不能通晓作为马克思主义发展新阶段的列宁主义，就不能正确地解决本国的革命和建设的问题；那末，他就会或者陷入教条主义的错误，或者陷入修正主义的错误。我们需要同时反对这两种错误倾向，而在目前，反对修正主义的倾向尤其是迫切的任务。

同样很明显，在十月革命以后，任何一个国家的政府如果拒绝同苏联友好相处，那就只能损害本国人民的真正利益。

现在全世界踏上十月革命道路而赢得胜利的，已经有欧洲和亚洲的一系列国家，包括了九亿多人口，形成了强大的社会主义的世界体系。资本主义早已丧失了优势，社会主义早已变成了不可战胜的力量。

社会主义制度终究要代替资本主义制度，这是一个不以人们自己的意志为转移的客观规律。不管反动派怎样企图阻止历史车轮的前进，革命或迟或早总会发生，并且将必然取得胜利。“搬起石头打自己的脚”，这是中国人形容某些蠢人的行为的一句俗话。各国反动派也就是这样的一批蠢人。他们对于革命人民所作的种种迫害，归根结底，只能促进人民的更广泛更剧烈的革命。难道沙皇和蒋介石对于革命人民的种种迫害，不就是对于伟大的俄国革命和伟大的中国革命起了这样的促进作用吗？

帝国主义除了把自己的命运寄托在对国内人民和殖民地

半殖民地人民的迫害以外，还指望着战争。但是他们能够从战争中指望什么呢？半个世纪以来，我们已经经历过两次世界大战。第一次世界大战之后，在俄国出现了伟大的十月社会主义革命。第二次世界大战之后，在东欧和东方出现了更多的革命。如果帝国主义好汉们决心发动第三次世界大战，他们除了促使世界资本主义制度根本灭亡以外，不会得到什么别的结果。

社会主义各国的政府和人民是和平的新生活的建设者。我们完全不需要战争，并且坚决反对新的世界大战。苏联、中国和其他社会主义国家一贯地为和缓国际紧张局势而努力。苏联在裁军问题上，在禁止制造、使用和试验大规模毁灭性武器的问题上，所一再提出的建议，代表着社会主义各国的共同主张，同时也符合世界各国人民的利益。我们坚决主张，社会主义国家和资本主义国家实行和平竞赛，各国内部的事务由本国人民按照自己的意愿解决。我们坚决主张，一切国家实行互相尊重主权和领土完整、互不侵犯、互不干涉内政、平等互利、和平共处这样大家知道的五项原则。

美帝国主义顽固地要干涉各国的内部事务，包括社会主义国家的内部事务，例如，在中国干涉解放台湾，在匈牙利制造反革命叛乱〔3〕。它特别放肆地干涉那些位于美国和社会主义阵营之间的中间地带各国的内部事务。美国现在还在策划通过土耳其或以色列侵入独立的叙利亚，还在阴谋颠覆反殖民主义的埃及政府。美国的这种疯狂的侵略政策，不但造成了中东的危机，而且造成了新的世界战争的危机。全世界爱好和平自由的人民都站在叙利亚方面，反对美国和土耳其的侵略者，正如他们在去年十月都站在埃及方面，反对英法和以色列的侵略者一样。苏联政府已经向美国和土耳其提出严重警告，要求他们迅速打消侵略计划。中国政府和中国人民坚决支持叙利亚的卫国斗争，坚决支持苏联的正义立场。

帝国主义的豺狼们应该记住，由他们任意摆布人类命运、任意宰割亚非国家的时代，已经一去不复返了。

美国帝国主义曾经而且还在继续竭力破坏中国人民的解放事业。但是它终究无法阻止中国的六亿人口勇敢地走上社会主义的道路。中国的各种建设事业已经在八年的短时期内取得了过去百年中所不可能有的成就。中国有一小撮资产阶级右派分子企图反对社会主义道路，反对共产党在国家生活中的领导地位，反对中国同苏联和各社会主义国家结成亲密的联盟。他们的这种狂妄企图，已经在全国人民的反击之下彻底失败了。〔4〕

为了在更加巩固的基础上迅速发展中国的社会主义事业，中国人民正在共产党的领导之下进行一个生气勃勃的整风运动。这就是在城市和农村中对于社会主义和资本主义两条道路、国家的根本制度和重大政策、党政工作人员的工作作风、人民的生活福利等项问题，用摆事实讲道理的方法，有领导地自由地展开全民性的大辩论，用以正确地解决在人民内部实际存在而为当前所必须解决的各项矛盾问题。这是一个社会主义的人民自我教育、自我改造的运动。这个运动已经取得巨大的胜利。凡是这样做了的地方，人民的社会主义觉悟迅速增长，错误思想迅速澄清，工作中的缺点迅速克服，人民内部的团结迅速加强，劳动纪律和劳动生产率迅速提高。我们正在六亿人口中分期分批地推行这个人民自我教育运动，大概再有几个月就可以在全国范围内取得胜利。今后，我们准备每年或每两年举行一次整风运动，运动时间可以大为缩短，作为解决我国整个过渡时期各项社会矛盾的一个主要方法。实行这个方法有一个根本的出发点，就是必须坚决相信群众的大多数是会站在我们方面的，是讲道理的。这一点已为运动的全部经验所证明。

我们根据列宁关于密切联系群众、承认群众的首创精神、实行批评和自我批评的原则，在多年的革命实践中，得出了整风的方法，而目前的社会主义自我教育运动又一次说明了这个方法的正确性。

中国的社会主义建设得到了苏联的多方面的兄弟般的援助。在庆祝十月社会主义革命四十周年的时候，请让我们对于给予中国这种友好援助的苏联共产党、苏联政府和苏联人民，致以衷心的谢意！

中华人民共和国早在成立的初期，就同苏联缔结了友好同盟互助的条约〔5〕。这是两个伟大社会主义国家的伟大同盟。我们同苏联和整个社会主义阵营共命运，同呼吸。我们认为，增强以苏联为首的社会主义各国的团结，是一切社会主义国家的神圣的国际义务。

以美国为首的帝国主义者采用一切挑拨离间的手段，企图破坏以苏联为首的社会主义各国的友谊和团结。但是，事实只能使帝国主义者失望。以苏联为首的社会主义阵营团结得愈来愈紧密了。自从有历史以来，任何国家间的关系，都不可能像社会主义国家间这样休戚与共，这样互相尊重和互相信任，这样互相援助和互相鼓舞。这是因为社会主义国家是完全新型的国家，是推翻了剥削阶级而由劳动人民掌握权力的国家。在这些国家间的相互关系中，实现着国际主义和爱国主义相统一的原则。共同的利益和共同的理想把我们紧紧地联结在一起。马克思在国际工人协会成立宣言中这样说过："过去的经验证明：忽视在各国工人间应该存在的兄弟团结，忽视这个应该鼓励他们在解放斗争中坚定地并肩作战的兄弟团结，就会使他们分散的努力遭到共同的失败。"〔6〕九十几年前马克思的这个指示，对于我们永远不会过时。

亲爱的同志们！从世界各国来的工人阶级和广大人民的代表今天在这里参加苏联最高苏维埃庆祝十月革命四十周年的盛会，这个事实本身就说明了世界人民力量的伟大团结，就象征了国际社会主义运动的兴旺发达。让我们继续努力增强社会主义各国的团结，增强全世界劳动人民和被压迫民族的团结，去迎接新的更伟大的胜利！

伟大的十月社会主义革命万岁！

以苏联为首的社会主义各国的团结和友谊万岁！

马克思列宁主义的伟大的国际主义旗帜万岁！

全世界无产者和爱好和平的人民联合起来！

根据一九五七年十一月七日
《人民日报》刊印。

注　　释

〔1〕苏联共产党第二十次代表大会，见本卷第22页注〔4〕。

〔2〕见列宁《十月革命四周年》。新的译文是："重要的是，坚冰已经打破，航路已经开通，道路已经指明。"（《列宁选集》第4卷，人民出版社1995年版，第569页）

〔3〕指匈牙利一九五六年十月至十一月发生的反政府政治事件。

〔4〕一九五七年四月，中共中央决定在全党进行一次反对官僚主义、宗派主义和主观主义的整风运动。极少数资产阶级右派分子乘机向共产党和新生的社会主义制度进攻，妄图取代共产党的领导。六月，中共中央发出指示，决定对右派进攻实行反击。当时对极少数资产阶级右派分子的进攻进行反击是必要的，但在斗争中犯了严重的扩大化的错误。一九七八年，中共中央决定对被划为右派分子的人进行复查，把错划的改正过来。

〔5〕一九五〇年二月十四日，中华人民共和国同苏维埃社会主义共和国联盟在莫斯科签订《中苏友好同盟互助条约》。主要内容是，双方采取一切必要的措施，制止日本或其同盟国家的侵略行为；双方遵照平等、互利、互相尊重国家主权与领土完整的原则，发展和巩固两国间的经济、文化互助合作关系。条约于同年四月十一日起生效，有效期三十年。一九七九年四月三日举行的中华人民共和国第五届全国人民代表大会常务委员会第七次会议，鉴于国际形势已发生重大变化，决定条约期满后不延长。

〔6〕见马克思《国际工人协会成立宣言》。新的译文是："过去的经验证明：忽视在各国工人间应当存在的兄弟团结，忽视那应该鼓励他们在解放斗争中坚定地并肩作战的兄弟团结，就会使他们受到惩罚，——使他们分散的努力遭到共同的失败。"（《马克思恩格斯选集》第2卷，人民出版社1995年版，第607页）

在莫斯科共产党和工人党代表会议上的讲话[1]

（一九五七年十一月十八日）

同志们：

我讲几句话。请同志们允许我即席讲话。因为我在几年前害过一次脑贫血症，最近一两年好一些，站起来讲话还有些不方便。

我想讲两个问题：形势问题，团结问题。

现在我感觉到国际形势到了一个新的转折点。世界上现在有两股风：东风，西风。中国有句成语：不是东风压倒西风，就是西风压倒东风。我认为目前形势的特点是东风压倒西风，也就是说，社会主义的力量对于帝国主义的力量占了压倒的优势。

四十年前的十月革命是整个人类历史的转折点，怎么现在又有转折点呢？还是有的。打希特勒[2]，在一个时期，有一二年时间，希特勒占了上风。那时，希特勒不但占领大半个欧洲，而且打进苏联，苏联让出了一大块土地，可见希特勒一时占了上风。斯大林格勒一战[3]成为转折点，从此希特勒就走下坡路，苏联就势如破竹一直打到柏林。这不是一个转折点吗？据我看来，斯大林格勒一仗，是整个第二次世界大战的转折点。

去年，最近这几年，西方世界非常猖狂，利用我们阵营中的一些问题，特别是匈牙利事件[4]，在我们阵营的脸上擦黑，我们的天上飞起许多乌云。但是匈牙利反革命被镇压下去了。在苏伊士运河事件[5]中，苏联的警告也起了制止侵略战争的作用。西方擦黑我们的脸的目的，依我看，主要是想“整”各国共产党。在这一方面，他们也达到了一部分目的。例如美国的法斯特[6]，共产主义的可耻的叛徒，就跑出党去了。还有一些共产党也跑出去了一些人。帝国主义对此大为高兴。我想我们也应该高兴。叛徒跑出去了，有什么不好？

今年，一九五七年，形势大为不同了。我们的天上是一片光明，西方的天上是一片乌云。我们很乐观，而他们呢，却是皇皇不安。两个卫星上天[7]，使他们睡不着觉。六十几国共产党在莫斯科开会是从来没有过的事，从来也没有这样大的规模。但是在社会主义阵营各国中，在各国共产党中，特别是在各国人民中，还有相当多的人总是相信美国了不起。你看，他们还有那么多钢，有那么多飞机大炮。我们的比他们的少。西方国家无数的报纸、广播电台天天吹，美国之音、自由欧洲电台等等吹得神乎其神，于是乎造成一种假象，欺骗了相当多的一部分人。我们就要揭穿这种欺骗。我有十件证据来说明这个问题：究竟是他们行还是我们行，究竟是东风压倒西风，还是西风压倒东风？

第一件，打希特勒的时候，罗斯福[8]和丘吉尔[9]的手里有多少钢呢？大约有七千万吨。可是吃不下希特勒，毫无办法。

总要想个办法吧，于是采用了旅行的办法，一走就走到雅尔塔[10]，请求苏联帮助。那时，斯大林手中有多少钢呢？在战前有一千八百万吨。因为在战争中损失了许多地方，据赫鲁晓夫[11]同志告诉我，钢产量打了个对折，剩下九百万吨。有七千万吨钢的人，来请求有九百万吨钢的人。条件是什么呢？易北河以东划为红军的进攻区，就是说，他们忍痛下决心让这一大块区域脱离他们的体系，让这一大块区域有可能转变为社会主义体系。这件事很有说服力，说明物质力量多少不完全决定问题，人是主要的，制度是主要的。在雅尔塔又谈到打日本。又是美国人吃不下日本，又是要请共产主义帮助。中国的满洲[12]，朝鲜的一部分，作为红军的攻击区，并且决定让日本退还半个库页岛、一个千岛群岛。这也是忍痛让步啊！为了吃掉他们的同伴——日本帝国主义。

第二件，中国革命。一九四九年初国民党被我们打得呜呼哀哉的时候，向杜鲁门[13]大喊救命，说：美国老爷呀，你出几个兵吧！杜鲁门说：我一个兵也不能出！于是国民党又说：你可以不可以讲几句话呢？说长江以南这块地方，如果共产党到了那里的时候，美国就不能坐视。杜鲁门说：这个不行，讲不得的，共产党很厉害。于是乎蒋介石只好开跑。他现在在台湾。

第三件，朝鲜战争。在开始的时候，美国一个师有八百门炮，中国志愿军三个师才有五十多门炮。但是一打就像赶鸭子一样，几个星期就把美国人赶了几百公里，从鸭绿江赶到三八线[14]以南去了。后来美国人集中了力量进行反攻，我们和金日成[15]同志商量，退到了三八线相持，构筑阵地。一打，整个朝鲜战争差不多打了三年。美国的飞机就像黄蜂一样，我们在第一线一架飞机也没有。双方同意讲和。在什么地点？他们说在一条丹麦的船上，我们说在开城，在我们的地方。他们说：好。因为会址在我们的地方，他们每天开会得打着白旗子来，开完会打着白旗子回去。后来，他们感到不好意思了——天天打白旗子。说改一个地方吧，改到双方战线的中间，地名叫板门店。我们说也可以。但是又谈了年把，美国总是不甘心签字，拖。最后，在一九五三年，我们在三八线上突破了二十一公里的防线，美国人吓倒了，马上签字。那么厉害、有那么多钢的美国人，也只得如此。这个战争，实际上是三国打的，朝鲜、中国、苏联，苏联出了武器。但是敌人方面呢，有十六个国家〔16〕。

第四件，越南战争。法国人被胡志明〔17〕打得呜呼哀哉，屁滚尿流。有人可以作证，胡志明同志在座。法国人不想干了，美国人一定要干，因为他的钢多。但是美国人也只是出武器，维持紧张局势，出兵就不来。于是乎有日内瓦会议〔18〕，把大半个越南划给越南民主共和国。

第五件，苏伊士运河事件。两个帝国主义进攻，打了几天，苏联人讲了几句话，就缩回去了。当然还有第二个因素，就是全世界在讲话，反对英法侵略。

第六件事是叙利亚。美国作好了计划要打，又是苏联人讲了几句话，还任命了一个将军，叫做罗科索夫斯基。做了这两件事，他们说不好打了。这件事还没有完结，还要警惕，可能将来还闹乱子。但是现在总算没有打。

第七件是苏联抛上了两个卫星。抛卫星的国家有多少钢？五千一百万吨。不是讲美国非常厉害吗？你为什么到现在连一个山药蛋还没有抛上去？你有一万万吨钢，牛皮吹得那么大呀，做出了先锋计划[19]。先锋计划要改名了，得改成落后计划。

由这七件事，我想可以得出一个概念：西方世界被抛到我们后面去了。抛得很近还是抛得很远？照我讲——也许我这个人有些冒险主义，我说，永远地抛下去了。在苏联发射人造卫星以前，社会主义国家在人心归向、人口众多方面已经对于帝国主义国家占了压倒的优势；而在苏联发射人造卫星以后，就在最重要的科学技术部门方面也占了压倒的优势。人们说，美国也会赶上来的，它也会抛卫星的。这是真的。赫鲁晓夫同志的报告就讲了美国会抛卫星的。但是他们现在正在争论究竟是一年、二年还是五年才能赶上苏联。我不管你是一年、二年还是五年，你总是被抛到后面去了。我们的苏联同志，赫鲁晓夫同志，大概只是晚上睡觉，白天不会睡觉。所有苏联人不会白天晚上，一年、二年、五年总是睡觉吧？你一年、二年、五年赶上苏联，但是苏联又前进啦。

同志们，我讲讲我们国家的事情吧。我国今年有了五百二十万吨钢，再过五年，可以有一千万到一千五百万吨钢；再过五年，可以有二千万到二千五百万吨钢；再过五年，可以有三千五百万到四千万吨钢。当然，也许我在这里说了大话，将来国际会议再开会的时候，你们可能批评我是主观主义。但是我是有相当根据的。我们有很多苏联专家帮助我们。中国人是想努力的。中国从政治上、人口上说是个大国，从经济上说现在还是个小国。他们想努力，他们非常热心工作，要把中国变成一个真正的大国。赫鲁晓夫同志告诉我们，十五年后，苏联可以超过美国。我也可以讲，十五年后我们可能赶上或者超过英国。因为我和波立特、高兰[20]同志谈过两次话，我问过他们国家的情况，他们说现在英国年产两千万吨钢，再过十五年，可能爬到年产三千万吨钢。中国呢，再过十五年可能是四千万吨，岂不超过了英国吗？那末，在十五年后，在我们阵营中间，苏联超过美国，中国超过英国。

归根结底，我们要争取十五年和平。到那个时候，我们就无敌于天下了，没有人敢同我们打了，世界也就可以得到持久和平了。

现在还要估计一种情况，就是想发动战争的疯子，他们可能把原子弹、氢弹到处摔。他们摔，我们也摔，这就打得一塌糊涂，这就要损失人。问题要放在最坏的基点上来考虑。我们党的政治局开过几次会，讲过这个问题。现在要打，中国只有手榴弹，没有原子弹，但是苏联有。要设想一下，如果爆发战争要死多少人。全世界二十七亿人口，可能损失三分之一；再多一点，可能损失一半。不是我们要打，是他们要打，一打就要摔原子弹、氢弹。我和一位外国政治家辩论过这个问题。他认为如果打原子战争，人会死绝的。我说，极而言之，死掉一半人，还有一半人，帝国主义打平了，全世界社会主义化了，再过多少年，又会有二十七亿，一定还要多。我们中国还没有建设好，我们希望和平。但是如果帝国主义硬要打仗，我们也只好横下一条心，打了仗再建设。每天怕战争，战争来了你有什么办法呢？我先是说东风压倒西风，战争打不起来，现在再就如果发生了战争的情况，作了这些补充的说明，这样两种可能性都估计到了。

我讲十件证据，刚才讲了七件，下面再讲三件。

第八件是英国退出亚洲、非洲很大一片土地。

第九件是荷兰退出印尼。

第十件是法国退出叙利亚、黎巴嫩、摩洛哥、突尼斯，在阿尔及利亚没有办法。

落后国家强些，还是先进国家强些？印度强些，还是英国强些？印尼强些，还是荷兰强些？阿尔及利亚强些，还是法国强些？我看所有帝国主义国家都是下午六点钟的太阳，而我们呢，是早上六点钟的太阳。于是乎转折点就来了。就是说，西方国家抛到后边了，我们大大占了上风了。一定不是西风压倒东风，因为西风是那么微弱。一定是东风压倒西风，因为我们强大。

问题是不能用钢铁数量多少来作决定，而是首先由人心的向背来作决定的。历史上从来就是如此。历史上从来就是弱者战胜强者，没有枪的人战胜全副武装的人。布尔什维克〔21〕曾经一枝枪也没有。苏联同志告诉我，二月革命〔22〕的时候，只有四万党员；十月革命的时候，也只有二十四万党员。《联共(布)党史简明教程》那本书上的第一页第一段写了一个辩证法：从小组到全国。开头是稀稀拉拉的几十个人的小组，后来变成整个国家的领导者。苏联同志，你们修改《联共党史》的时候，我希望不要把这几句话修改掉了。我们中国也是如此，开头是稀稀拉拉几十个人的共产主义者的小组，现在也是领导着整个国家，领导着六亿四千万人口的大党。几十个共产主义者的小组，现在发展成一千二百万党员。我这话是特别想同资本主义国家共产党同志们交换意见的，因为他们现在还处在困难中，有些党很小，有些党有成批党员退出党。我说这不足为怪，也许是好事。我们的道路是曲折的，是按照螺旋形上升的。

还要讲个纸老虎问题。一九四六年蒋介石开始向我们进攻的时候，我们许多同志，全国人民，都很忧虑：战争是不是能够打赢？我本人也忧虑这件事。但是我们有一条信心。那时有一个美国记者到了延安，名字叫安娜·路易斯·斯特朗。这个人就是在苏联住了二三十年，后来被斯大林赶走，以后又被赫鲁晓夫同志恢复了名誉的那位女作家。我同她谈话的时候谈了许多问题，蒋介石、希特勒、日本、美国、原子弹等等。我说一切所有号称强大的反动派统统不过是纸老虎，原因是他们脱离人民。你看，希特勒是不是纸老虎？希特勒不是被打倒了吗？我也谈到沙皇是纸老虎，中国皇帝是纸老虎，日本帝国主义是纸老虎，你看，都倒了。美帝国主义没有倒，还有原子弹，我看也是要倒的，也是纸老虎。蒋介石很强大，有四百多万正规军。那时我们在延安。延安这个地方有多少人？有七千人。我们有多少军队呢？我们有九十万游击队，统统被蒋介石分割成几十个根据地。但是我们说，蒋介石不过是一个纸老虎，我们一定会打赢他。为了同敌人作斗争，我们在一个长时间内形成了一个概念，就是说，在战略上我们要藐视一切敌人，在战术上我们要重视一切敌人。也就是说在整体上我们一定要藐视他，在一个一个的具体问题上我们一定要重视他。如果不是在整体上藐视敌人，我们就要犯机会主义的错误。马克思、恩格斯只有两个人，那时他们就说全世界资本主义要被打倒。但是在具体问题上，在一个一个敌人的问题上，如果我们不重视他，我们就要犯冒险主义的错误。打仗只能一仗一仗地打，敌人只能一部分一部分地消灭。工厂只能一个一个地盖，农民犁田只能一块一块地犁。就是吃饭也是如此。我们在战略上藐视吃饭：这顿饭我们能够吃下去。但是具体地吃，却是一口口地吃的，你不可能把一桌酒席一口吞下去。这叫做各个解决，军事书上叫做各个击破。

第一个问题讲完了。现在就第二个问题，团结问题，讲几句。

我非常高兴，非常庆幸我们的会议开得很团结。这次大会反映了全世界无产阶级和人民的上升的朝气、东风压倒西风这么一种形势。我们有很多缺点和错误，但是我们的成绩是主要的，是年年见成效的。于是乎反映在我们六十几国共产党大会上一股朝气，并且一致承认要有一个头，这个头就是苏联，就是苏共中央。中国有句俗话，蛇无头而不行。你看，我们每个人都有一个头。每个国家的党也有一个头，有集体的头和个人的头。中央委员会、政治局是集体，第一书记是个人，两者都要，不然就是无政府主义。

我高兴哥穆尔卡〔23〕同志昨天的演说，他说，承认苏联为首是一个真理，不是人为的，是历史上自然形成的。不过他那个国家的有些人在感情上还有问题，暂时不想讲这个话，要换一个形式讲，比如讲第一个和最强大的社会主义国家。他那个国家存在这样一个矛盾，先进分子同相当多的其他人之间还不调和。因此，他们还要做工作。我相信哥穆尔卡同志是好人。赫鲁晓夫同志两次向我表示：哥穆尔卡同志是可以信任的。我希望波兰、苏联、中国、其他国家完全团结起来，逐步地改进我们之间的关系。

我又高兴南斯拉夫的同志们在第二个宣言〔24〕上准备签字。他们在六十几个党的和平宣言上签字表示一件什么事情呢？就是表示团结。他们没有在十二国宣言〔25〕上签字，使十三国缺少了一国。他们说有困难，我们想也可以，我们不能强加于人，南斯拉夫不愿意签字就不签字好了。将来若干年后，我想他们是可以在另外一个宣言上签字的。

在团结问题上我想讲一点方法问题。我说对同志不管他是什么人，只要不是敌对分子、破坏分子，那就要采取团结的态度。对他们要采取辩证的方法，而不应采取形而上学的方法。什么叫辩证的方法？就是对一切加以分析，承认人总是要犯错误的，不因为一个人犯了错误就否定他的一切。列宁曾讲过，不犯错误的人全世界一个也没有〔26〕。我就是犯过许多错误的，这些错误对我很有益处，这些错误教育了我。任何一个人都要人支持。一个好汉也要三个帮，一个篱笆也要三个桩。这是中国的成语。中国还有一句成语，荷花虽好，也要绿叶扶持。你赫鲁晓夫同志这朵荷花虽好，也要绿叶扶持。我毛泽东这朵荷花不好，更要绿叶扶持。我们中国还有一句成语，三个臭皮匠，合成一个诸葛亮。这合乎我们赫鲁晓夫同志的口号——集体领导。单独的一个诸葛亮总是不完全的，总是有缺陷的。你看我们这十二国宣言，已有第一、第二、第三、第四次草稿，现在文字上的修正还没有完结。我看要是自称全智全能，像上帝一样，那种思想是不妥当的。因此，对犯错误的同志应该采取什么态度呢？应该有分析，采取辩证的方法，而不采取形而上学的方法。我们党曾经陷入形而上学——教条主义，对自己不喜欢的人就全部毁灭他。后来我们批判了教条主义，逐步地多学会了一点辩证法。辩证法的基本观点就是对立面的统一。承认这个观点,对犯错误的同志怎么办呢?对犯错误的同志第一是要斗争,要把错误思想彻底肃清;第二,还要帮助他。一曰斗,二曰帮。从善意出发帮助他改正错误,使他有一条出路。

对待另一种人就不同了。像托洛茨基〔27〕那种人,像中国的陈独秀、张国焘、高岗〔28〕那种人,对他们无法采取帮助态度,因为他们不可救药。还有像希特勒、蒋介石、沙皇,也都是无可救药,只能打倒,因为他们对于我们说来,是绝对地互相排斥的。在这个意义上来说,他们没有两重性,只有一重性。对于帝国主义制度、资本主义制度在最后说来也是如此,它们最后必然要被社会主义制度所代替。意识形态也是一样,要用唯物论代替唯心论,用无神论代替有神论。这是在战略目的上说的。在策略阶段上就不同了,就有妥协了。在朝鲜三八线上我们不是同美国人妥协了吗?在越南不是同法国人妥协了吗?在各个策略阶段上,要善于斗争,又善于妥协。

现在回到同志关系。我提议同志之间有隔阂要开谈判。有些人似乎以为,一进了共产党都是圣人,没有分歧,没有误会,不能分析,就是说铁板一块,整齐划一,就不需要讲谈判了。好像一进了共产党,就要是百分之百的马克思主义才行。其实有各种各样的马克思主义者:有百分之百的马克思主义者,有百分之九十的马克思主义者,有百分之八十的马克思主义者,有百分之七十的马克思主义者,有百分之六十的马克思主义者,有百分之五十的马克思主义者,有的人只有百分之十、百分之二十的马克思主义。我们可不可以在小房间里头两个人或者几个人谈谈呢？可不可以从团结出发，用帮助的精神开谈判呢？这当然不是同帝国主义开谈判（对于帝国主义，我们也是要同他们开谈判的），这是共产主义内部的谈判。举一个例子。我们这回十二国是不是开谈判？六十几个党是不是开谈判？实际上是在开谈判。也就是说，在不损伤马克思列宁主义的原则下，接受人家一些可以接受的意见，放弃自己一些可以放弃的意见。这样我们就有两只手，对犯错误的同志，一只手跟他作斗争，一只手跟他讲团结。斗争的目的是坚持马克思主义原则，这叫原则性，这是一只手。另一只手讲团结，团结的目的是给他一条出路，跟他讲妥协，这叫做灵活性。原则性和灵活性的统一，是马克思列宁主义的原则，这是一种对立面的统一。

无论什么世界，当然特别是阶级社会，都是充满着矛盾的。有些人说社会主义社会可以“找到”矛盾，我看这个提法不对。不是什么找到或者找不到矛盾，而是充满着矛盾。没有一处不存在矛盾，没有一个人是不可以加以分析的。如果承认一个人是不可加以分析的，就是形而上学。你看在原子里头，就充满矛盾的统一。有原子核和电子两个对立面的统一。原子核里头又有质子和中子的对立统一。质子里又有质子、反质子，中子里又有中子、反中子。总之，对立面的统一是无往不在的。关于对立面的统一的观念，关于辩证法，需要作广泛的宣传。我说辩证法应该从哲学家的圈子走到广大人民群众中间去。我建议，要在各国党的政治局会议和中央全会上谈这个问题，要在党的各级地方委员会上谈这个问题。其实我们的支部书记是懂得辩证法的，当他准备在支部大会上作报告的时候，往往在小本子上写上两点，第一点是优点，第二点是缺点。一分为二，这是个普遍的现象，这就是辩证法。

斯大林领导苏联党做了伟大的工作，他的成绩是主要的，缺点错误是第二位的。但是他在一个长时间内发展了形而上学，损害了辩证法。个人崇拜就是形而上学，任何人不能批评他。我看苏联的四十年是一个辩证法的过程。列宁的辩证法，斯大林有许多形而上学观点，这些观点见之行动，达于极点，势必走到它的反面，再来一个辩证法。我很高兴赫鲁晓夫同志在十月革命四十周年纪念会上讲了社会主义社会存在着矛盾。我很高兴苏联哲学界产生了许多篇文章谈社会主义社会的内部矛盾问题。有些文章还谈到了社会主义和资本主义的矛盾问题。这是两类性质不同的矛盾问题。

我的讲话就此结束吧。最后，再讲一句：我赞成两个宣言。

根据中国共产党第八届全国代表大会
第二次会议文件刊印。

注　　释

〔1〕这篇讲话选入本书时作了个别删节。

〔2〕希特勒，见本卷第75页注〔3〕。

〔3〕指斯大林格勒保卫战。一九四二年夏，德军在对苏联全面进攻失败后，转而对苏德战场南翼实施重点进攻。七月十七日德军开始猛攻斯大林格勒，企图攻占该城，切断伏尔加河，南夺高加索油田，北攻莫斯科。苏军先后以五个方面军的兵力同广大人民一起艰苦奋战，在顽强的防御战中消灭大量敌人。十一月十九日苏军转入反攻，二十三日包围了三十三万德军。次年二月二日全歼该敌。这一战役，德军损失兵力达一百五十万人，苏军夺得战略主动权，标志着苏德战争和第二次世界大战达到新的转折点。

〔4〕匈牙利事件，指一九五六年十月至十一月发生在匈牙利的反政府政治事

件。

〔5〕苏伊士运河事件，见本卷第201页注〔3〕。

〔6〕法斯特，一九一四年生，美国作家。一九四二年加入美国共产党。曾写过一些揭露资本主义社会的黑暗、反映美国历史上革命运动的作品，担任过世界和平理事会理事。苏联共产党第二十次代表大会和匈牙利事件后，宣布退出美国共产党。

〔7〕指一九五七年十月四日和十一月三日苏联成功发射两颗人造地球卫星。

〔8〕罗斯福，一九三三年至一九四五年任美国总统。

〔9〕丘吉尔，一九四〇年至一九四五年任英国战时联合内阁首相。

〔10〕雅尔塔，在前苏联的克里米亚半岛。一九四五年二月四日至十一日，苏、美、英三国首脑在这里举行会议，签订了《雅尔塔协定》。参见本卷第129页注〔14〕。

〔11〕赫鲁晓夫，当时任苏联共产党中央委员会第一书记。

〔12〕满洲，这里指中国东北地区。

〔13〕杜鲁门(一八八四——一九七二)，美国民主党人。一九四五年至一九五三年任美国总统。

〔14〕三八线，见本卷第66页注〔3〕。

〔15〕金日成(一九一二——一九九四)，当时任朝鲜劳动党中央委员会委员长、朝鲜民主主义人民共和国内阁首相。朝鲜战争期间，任朝鲜劳动党中央军事委员会委员长、朝鲜人民军最高司令官。

〔16〕朝鲜战争期间，美国在"联合国军"的名义下，组织了英国、法国、荷兰、比利时、卢森堡、澳大利亚、新西兰、加拿大、南非联邦、埃塞俄比亚、土耳其、希腊、菲律宾、泰国、哥伦比亚，连同美国共十六个国家的军队，对朝鲜民主主义人民共和国进行武装干涉。

〔17〕胡志明(一八九〇——一九六九)，当时任越南劳动党中央委员会主席、越南民主共和国主席。

〔18〕日内瓦会议，指一九五四年四月二十六日至七月二十一日在瑞士日内瓦举行的讨论和平解决朝鲜问题和恢复印度支那和平问题的国际会议。这次会议达成的《关于在越南停止敌对行动的协定》中，规定法国军队集结在北纬十七度线以南。这样，就把大半个越南划给了越南民主共和国。

〔**19**〕先锋计划，是当时美国制订的人造地球卫星发射计划。美国试图通过这一计划在航天技术领域居于世界前列。

〔**20**〕波立特，当时任英国共产党中央执行委员会主席。高兰（一九一一——一九七七），当时任英国共产党中央委员会总书记。

〔**21**〕布尔什维克，指布尔什维克党，原苏联共产党前身，一九一二年正式建立。

〔**22**〕二月革命，指一九一七年三月（俄历二月）在俄国发生的推翻沙皇专制制度的资产阶级民主革命。

〔**23**〕哥穆尔卡（一九〇五——一九八二），当时任波兰统一工人党中央委员会第一书记。

〔**24**〕指一九五七年十一月十六日至十九日在莫斯科召开的六十四个国家共产党和工人党代表会议通过的《和平宣言》。

〔**25**〕指一九五七年十一月十四日至十六日在莫斯科召开的社会主义国家共产党和工人党代表会议通过的《社会主义国家共产党和工人党代表会议宣言》（通称《莫斯科宣言》）。阿尔巴尼亚、保加利亚、匈牙利、波兰、德意志民主共和国、罗马尼亚、捷克斯洛伐克、苏联、越南、蒙古、朝鲜和中国等十二个国家执政的共产党和工人党代表团参加了这次会议。

〔**26**〕见列宁《共产主义运动中的“左派”幼稚病》。原文是：“不犯错误的人是没有而且也不可能有的。”（《列宁选集》第4卷，人民出版社1995年版，第146页）

〔**27**〕托洛茨基（一八七九——一九四〇），十月革命时，任俄国社会民主工党（布尔什维克）中央政治局委员、彼得格勒苏维埃主席。十月革命胜利后，曾任外交人民委员、陆海军人民委员、革命军事委员会主席、共产国际执行委员会委员等职。一九二六年十月联共（布）中央全会决定，撤销他的中央政治局委员的职务。一九二七年一月共产国际执行委员会决定，撤销他的执行委员的职务。同年十一月被开除出党。一九二九年一月被驱逐出苏联。一九四〇年八月在墨西哥遭暗杀。

〔**28**〕陈独秀，参见本卷第56页注〔3〕。张国焘，参见本卷第58页注〔12〕。高岗，参见本卷第45页注〔7〕。

给胡乔木[1]的信

（一九五七年十二月二十五日）

乔木同志：

除四害通知[2]尚有缺点，不扎实，轻飘一些。这是因为没有研究各地已经取得的丰富经验，你脑子里对此问题还很不懂的原故。现在有大批经验了，可用一个星期的时间将全国各省、市、县见于报纸的经验一齐找来仔细看一遍，边看边想，形成成套思想，然后下笔成文。至少改三遍、五遍，找彭真、刘仁[3]及北京有经验的除害干部二三人及科学家二三人开一二次会，发表意见，修正文件，字斟句酌，逻辑清楚，文字兴致勃勃。文件可以长一点，达一千字至二千字左右也可以。总之使人看了感觉解决问题，百倍信心，千钧干劲，行动起来。内容要把人人振奋，改造国家，带动消灭人病、牲口病、作物病的道理讲清楚，这是理论。然后讲办法，也要讲得入情入理，使人觉得切实可行，没有外行话。要写这一部分，也要认真研究，下苦功钻一下。然后讲到书记动手，报纸、刊物、广播、定期扫除、定期检查等事，作为结束。两星期内写好、通过、发出也就好了。送我看一次。

莫斯科讲话[4]，请打字送我再看一次，还觉得有需要修改之处。

毛 泽 东

十二月二十五日八时

到济南时，可歇一宿，认真谈一下。那里的斗争文件，工业、农业计划，找一份带回去，认真看一遍。

根据手稿刊印。

注 释

〔1〕胡乔木，当时任中共中央书记处候补书记、毛泽东的秘书。

〔2〕指中共中央、国务院关于除四害、讲卫生的指示稿。

〔3〕彭真（一九〇二——一九九七），山西曲沃人，当时任中共北京市委第一书记、北京市市长。刘仁（一九〇九——一九七三），四川酉阳人，当时任中共北京市委第二书记。

〔4〕指毛泽东一九五七年十一月在莫斯科共产党和工人党代表会议上的三次讲话。

给刘建勋、韦国清[1]的信

（一九五八年一月十二日）

刘建勋、韦国清二同志：

送上几份地方报纸，各有特点，是比较编得好的，较为引人看，内容也不错，供你们参考。省报问题是一个极重要问题，值得认真研究，同《广西日报》的编辑们一道，包括版面、新闻、社论、理论、文艺等项。钻进去，想了又想，分析又分析，同各省报纸比较又比较，几个月时间就可以找出一条道路来的。精心写作社论是一项极重要任务，你们自己、宣传部长、秘书长、报社总编辑，要共同研究。第一书记挂帅，动手修改一些最重要的社论，是必要的。一张省报，对于全省工作，全体人民，有极大的组织、鼓舞、激励、批判、推动的作用。请你们想一想这个问题，以为如何？

毛　泽　东

一九五八年一月十二日上午七时

根据人民出版社一九八三年出版的《毛泽东书信选集》刊印。

注 释

〔1〕刘建勋(一九一三——一九八三),河北沧县人,当时任中共广西省委第一书记。韦国清(一九一三——一九八九),广西东兰人,当时任中共广西省委书记处书记、广西省省长。

关于中国人民志愿军撤出朝鲜问题

（一九五八年一月二十四日）

金日成[1]首相同志：

一九五七年十二月十六日和二十五日两次来信都已经收到了。

来信中关于中国人民志愿军撤出朝鲜的问题所提出的两个方案，我们已经仔细地研究过。我们觉得，由朝鲜民主主义人民共和国主动提出外国军队撤出朝鲜的要求，然后由中国政府响应朝鲜政府的要求，是比较适宜的。因此，我们认为采用十二月十六日来信中所提出的方案较好。对于这个方案，我们提出一些具体意见。这些意见，我们已经同苏联政府商量过，他们表示完全同意。现将这些意见函告如下，请你和朝鲜劳动党中央考虑是否妥当。

1．由朝鲜民主主义人民共和国最高人民会议写信给联合国，要求联合国军撤出朝鲜，的确是有一定的好处的，因为这样可以便于苏联作为联合国的一个成员国在联合国内提出主张，推动联合国采取行动。但是，这个方式也有缺点，那就是把整个联合国作为同我们敌对的一方，而实际上派出侵略军队组成联合国军的，只是少数联合国的成员国。因此，我们建议由朝鲜民主主义人民共和国政府发表一个公开声明。声明中根据朝、中方面在一九五四年日内瓦会议[2]上关于朝鲜问题的基本主张，提出以下的建议：

(1)联合国军和中国人民志愿军同时撤出朝鲜；

(2)由朝鲜南北双方在对等的基础上进行协商，以建立和发展南北朝鲜之间的经济和文化关系，并且筹备全朝鲜的自由选举；

(3)在外国军队完全撤出南北朝鲜以后的一定时期内，在中立国机构监督之下举行全朝鲜的自由选举。

2. 在朝鲜民主主义人民共和国政府发表了公开声明以后，中国政府接着发表声明，支持朝鲜政府的主张，并且正式表示准备同朝鲜民主主义人民共和国政府协商分批定期撤走中国人民志愿军的问题，同时要求联合国军方面有关各国政府采取同样的步骤。

3. 苏联政府接着也发表声明，支持朝、中政府的声明，强调联合国军方面各国政府应该像中国政府那样响应朝鲜民主主义人民共和国政府的要求，并且建议召开有关国家的会议讨论和平解决朝鲜问题。

4. 今年二月中，周恩来同志代表中国政府访问朝鲜期间，朝中两国政府可以在联合公报中宣布，中国政府已经商得中国人民志愿军的同意，中国人民志愿军决定在一九五八年年底以前分批撤出朝鲜。在联合公报中，朝、中两国政府可以声明，中国人民志愿军在联合国军之前撤出朝鲜，是为了和缓紧张局势，便于朝鲜南北双方在对等的基础上协商朝鲜的和平统一。因此，联合国军应该采取同样的行动。同时，中国人民志愿军发表声明表示：中国人民和朝鲜人民是唇齿相依、患难与共的，中国人民志愿军撤出朝鲜决不是对朝、中人民休戚相关的利益置之不理。如果李承晚〔3〕和美国重新进行挑衅，越过停战线，那末，中国人民志愿军在朝鲜政府提出要求的情况下，将毫不犹豫地再一次同朝鲜人民军并肩击退侵略。

5. 中国人民志愿军撤出朝鲜的时间表，我们初步拟定如下：

(1)一九五八年三月至四月，在朝、中两国政府发表联合公报以后，撤回三分之一，其余的三分之二均放在第二道防线，由朝鲜人民军全部接防第一线；

(2)一九五八年七月至九月，撤回第二个三分之一；

(3)一九五八年年底以前撤回最后的三分之一。

6. 在朝中两国政府联合公报发表后，中立国监察委员会〔4〕的两瑞方面很可能再次提出撤销监察委员会的要求，届时，我们可以根据联合国军尚未撤走的理由，请他们留一最小限度的人数在板门店执行监察任务，但是也要准备他们会不顾而去。

以上各点意见，请你们研究后答复。

此致

敬礼

毛　泽　东

一九五八年一月二十四日

根据中央档案馆保存的原件刊印。

注　释

〔1〕金日成，当时任朝鲜劳动党中央委员会委员长、朝鲜民主主义人民共和国内阁首相。

〔2〕日内瓦会议，见本卷第148页注〔3〕。

〔3〕李承晚（一八七五——一九六五），当时任南朝鲜即韩国总统。

〔4〕中立国监察委员会，是根据《朝鲜停战协定》于一九五三年八月一日成立的，由波兰、捷克斯洛伐克、瑞典和瑞士四国成员组成，执行《朝鲜停战协定》有关条款所规定的监督、观察、视察与调查的职能。

工作方法六十条(草案)

(一九五八年一月)

我国人民,在共产党领导下,一九五六年在社会主义所有制方面取得了基本的胜利,一九五七年发动整风运动,又在思想战线和政治战线方面取得了基本的胜利,就在这一年,又超额地完成了第一个五年建设计划〔1〕。这样,我国六亿多人民就在共产党的领导下,认清了自己的前途、自己的责任,打击了从资产阶级右派分子方面刮起来的反党反人民反社会主义的妖风〔2〕,同时也纠正了和正在继续纠正党和人民自己从旧社会带来的和由于主观主义造成的一些缺点和错误。党是更加团结了,人民的精神状态是更加奋发了。党群关系大为改善。我们现在看见了从来没有看见过的人民群众在生产战线上这样高涨的积极性和创造性。全国人民为在十五年或者更多一点时间内在钢铁及其他主要工业生产品方面赶上或者超过英国这个口号所鼓舞。一个新的生产高潮已经和正在形成。为了适应这种情况,中央和地方党委的工作方法,有作某些改变的需要。这里所说的几十条,并不都是新的。有一些是多年积累下来的,有一些是新提出的。这是中央和地方同志一九五八年一月先后在杭州会议〔3〕和南宁会议〔4〕上共同商量的结果。这几十条,大部分是会议上同志们的发言启发了我,由我想了一想写成的;一部分是直接记录同志们的意见;有一个重要条文(关于规章制度)[5]是由刘少奇同志和地方同志商定而由他起草的;由我直接提出的只占一部分。这里讲的也不完全是工作方法,有一些是工作任务,有一些是理论原则,但是工作方法占了主要地位。我们现在的主要目的,是想在工作方法方面求得一个进步,以适应已经改变了的政治情况的需要。这几十条现在只是建议,还待征求意见。条文或者要减少,或者要增加,都还未定。请同志们加以研究,提出意见,以便修改,然后提交政治局批准,方能成为一个正式的内部文件。

毛　泽　东

一九五八年一月三十一日

(一)县以上各级党委要抓社会主义建设工作。这里有十四项:1. 工业,2. 手工业,3. 农业,4. 农村副业,5. 林业,6. 渔业,7. 畜牧业,8. 交通运输业,9. 商业,10. 财政和金融,11. 劳动、工资和人口,12. 科学,13. 文教,14. 卫生。

(二)县以上各级党委要抓社会主义工业工作。这里也有十四项:1. 产量指标,2. 产品质量,3. 新产品试制,4. 新技术,5. 先进定额,6. 节约原材料,找寻和使用代用品,7. 劳动组织、劳动保护和工资福利,8. 成本,9. 生产准备和流动资金,10. 企业的分工和协作,11. 供产销平衡,12. 地质勘探,13. 资源综合利用,14. 设计和施工。这是初步拟定的项目,以后应该逐步形成工业发展纲要四十条[6]。

(三)各级党委要抓社会主义农业工作。这里也有十四项:1. 产量指标,2. 水利,3. 肥料,4. 土壤,5. 种子,6. 改制(改变耕作制度，如扩大复种面积，晚改早，旱改水等），7. 病虫害，8. 机械化（新式农具，双轮双铧犁，抽水机、适合中国各个不同区域的拖拉机及用摩托开动的运输工具等），9. 精耕细作，10. 畜牧，11. 副业，12. 绿化，13. 除四害，14. 治疾病讲卫生。这是从农业发展纲要四十条[7]中抽出来的十四个要点。四十条必须全部施行。抽出一些要点，目的在于有所侧重。纲举目张，全网自然提起来了。

（四）全面规划，几次检查，年终评比。这是三个重要方法。这样一来，全局和细节都被掌握了，可以及时总结经验，发扬成绩，纠正错误，又可以激励人心，大家奋进。

（五）五年看三年，三年看头年，每年看前冬。这是一个掌握时机的方法。时机上有所侧重，把握就更大了。

（六）一年至少检查四次。中央和省一级，每季要检查一次；下面各级按情形办理。重要的任务在没有走上轨道之前，要每月检查一次。这也是掌握时机的方法，是就一年内说的。

（七）如何评比？省和省比，市和市比，县和县比，社和社比，厂和厂比，矿和矿比，工地和工地比。可以订评比公约，也可以不订。农业比较易于评比。工业可以根据可比的条件评比，按产业系统评比。

（八）什么时候交计划？省、自治区、直属市、专区、县都要按照三个十四项订出计划。订计划时要有重点，不可在同一时间内百废俱兴。区、乡、社的计划内容主要就是农业十四项。项目可以根据当地情况有所增减。先订五年的计划，可以是粗线条的。一九五八年七月一日以前交卷。计划要逐级审查。为了便于比较，省委要在县、区、乡、社的计划中选一些最好的和少数最坏的送给中央审查。省和专区的计划都要按期交中央，一个也不能少。

(九)生产计划三本账。中央两本账，一本是必成的计划，这一本公布；第二本是期成的计划，这一本不公布。地方也有两本账。地方的第一本就是中央的第二本，这在地方是必成的；第二本在地方是期成的。评比以中央的第二本账为标准。

(十)从今年起，中央和省、市、自治区党委要着重抓工业，抓财金贸。一年要抓四次，主要是七月(或八月)、十一月、一月(上旬)三次。再不抓，十五年赶上英国的口号可能落空。要把工业部门和财贸部门的若干主要负责干部带到讨论地方工作的会场上去，中央的带到地方去，省、直属市和自治区的带到专区、市属区和县里去，许多在中央工作的同志和在地方工作的同志都有这种要求。

(十一)各地方的工业产值(包括中央下放的厂矿、原来的地方国营工业和手工业的产值，不包括中央直属厂矿的产值)，争取在五年内，或者七年内，或者十年内，超过当地的农业产值。各省市对于这件事要立即着手订计划，今年七月一日以前订出来。主要的任务是使工业认真地为农业服务。大家要切实摸一下工业，做到心中有数。

(十二)在今后五年内，或者六年内，或者七年内，或者八年内，完成农业发展纲要四十条的规定。各省委、直属市委、自治区党委对于这个问题应当研究一下。就全国范围来看，五年完成四十条不能普遍做到，六年或者七年可能普遍做到，八年就更加有可能普遍做到。

(十三)十年决于三年，争取在三年内大部分地区的面貌基本改观。其他地区的时间可以略为延长。口号是：苦战三年。方法是：放手发动群众，一切经过试验。

（十四）反对浪费。在整风中，每个单位要以若干天工夫，来一次反浪费的鸣放整改。每个工厂、每个合作社、每个商店、每个机关、每个学校、每个部队都要进行一次认真的反浪费斗争。今后每年都要反一次浪费。

（十五）在我国的国民经济中，积累和消费的比例怎样才算恰当，这是一个关系我国经济发展速度的大问题，希望大家研究。

（十六）关于农业合作社的积累和消费的比例问题也需要研究。湖北同志有这样的意见：以一九五七年生产和分配的数字为基础，以后的增产部分四六分（即以四成分配给社员，六成作为合作社积累）、对半分、倒四六分（即以四成作为合作社积累，六成分配给社员）。如果生产和收入已经达到当地富裕中农的水平的，可以在经过鸣放辩论取得群众同意以后，增产的部分三七分（即以三成分配给社员，七成作为合作社积累），或者一两年内暂时不分，以便增加积累，准备生产大跃进。这个意见是否适当，请各地讨论。

（十七）集体经济和个体经济的矛盾需要解决，需要定出一个适当的比例。现在的情况是，有的地方，有些农家的收入中个体经济和集体经济的比例是倒四六、倒三七（即是家庭副业和经营自留地的收入，占到总收入的百分之六十、七十）。这种情况必然影响农民对于社会主义集体经济的积极性。这种情况应当改变。各省可以经过鸣放辩论，研究出控制的办法，对经济关系作适当调整，在鼓励农民生产积极性和全面发展生产的基础上,使农家的收入中个体经济和集体经济的比例,在几年内逐步达到三比七或者二比八(即是农民从合作社得到的收入,占家庭总收入的百分之七十或者八十)。

(十八)普遍推广试验田。这是一个十分重要的领导方法。这样一来,我党在领导经济方面的工作作风将迅速改观。在乡村是试验田,在城市可以抓先进的厂矿、车间、工区和工段。突破一点就可以推动全面。

(十九)抓两头带中间。这是一个很好的领导方法。任何一种情况都有两头,即是有先进和落后,中间的状态又总是占多数。抓住两头就把中间带动起来了。这是一个辩证的方法,抓两头,抓先进和落后,就是抓住了两个对立面。

(二十)组织干部和群众对先进经验的参观和集中地展览先进的产品和作法,是两项很好的领导方法。用这些方法可以提高技术水平,推广先进经验,鼓励互相竞赛。许多问题到实地一看就解决了。社和社、乡和乡、县和县、省和省之间,都可以组织互相参观。中央、省、市、专区和县都可以举办生产建设展览会。

(二十一)不断革命。我们的革命是一个接一个的。从一九四九年在全国范围内夺取政权开始,接着就是反封建的土地改革,土地改革一完成就开始农业合作化,接着又是私营工商业和手工业的社会主义改造。社会主义三大改造,即生产资料所有制方面的社会主义革命,在一九五六年基本完成。接着又在去年进行政治战线上和思想战线上的社会主义革命,这个革命在今年七月一日以前可以基本上告一段落。但是问题没有完结,今后一个相当长的时期内每年都要用鸣放整改的方法继续解决这一方面的问题。现在要来一个技术革命，以便在十五年或者更多一点的时间内赶上和超过英国。中国经济落后，物质基础薄弱，使我们至今还处在一种被动状态，精神上感到还是受束缚，在这方面我们还没有得到解放。要鼓一把劲。再过五年，就可以比较主动一些了；十年后将会更加主动一些；十五年后，粮食多了，钢铁多了，我们的主动就更多了。我们的革命和打仗一样，在打了一个胜仗之后，马上就要提出新任务。这样就可以使干部和群众经常保持饱满的革命热情，减少骄傲情绪，想骄傲也没有骄傲的时间。新任务压来了，大家的心思都用在如何完成新任务的问题上面去了。提出技术革命，就是要大家学技术，学科学。右派说我们是小知识分子，不能领导大知识分子。还有人说要对老干部实行"赎买"，给点钱，叫他们退休，因为老干部不懂科学，不懂技术，只会打仗、搞土改。我们一定要鼓一把劲，一定要学习并且完成这个历史所赋予我们的伟大的技术革命。这个问题要在干部中议一议，开个干部大会，议一议我们还有什么本领。过去我们有本领，会打仗，会搞土改，现在仅仅有这些本领就不够了，要学新本领，要真正懂得业务，懂得科学和技术，不然就不可能领导好。我在一九四九年所写的《论人民民主专政》里曾经说过："严重的经济建设任务摆在我们面前。我们熟习的东西有些快要闲起来了，我们不熟习的东西正在强迫我们去做。这就是困难。""我们必须克服困难，我们必须学会自己不懂的东西。"时间过去了八年。这八年中，革命一个接着一个，大家的思想都集中在那些问题上，很多人来不及学科学，学技术。从今年起，要在继续完成政治战线上和思想战线上的社会主义革命的同时，把党的工作的着重点放到技术革命上去。这个问题必须引起全党注意。各级党委可以在党内事先酝酿,向干部讲清楚,但是暂时不要在报上宣传,到七月一日以后我们再大讲特讲,因为那时候基层整风已经差不多了,可以把全党的主要注意力移到技术革命上面去了。注意力移到技术方面,又可能忽略政治,因此必须注意把技术和政治结合起来。

(二十二)红与专、政治与业务的关系,是两个对立物的统一。一定要批判不问政治的倾向。一方面要反对空头政治家,另一方面要反对迷失方向的实际家。

政治和经济的统一,政治和技术的统一,这是毫无疑义的,年年如此,永远如此。这就是又红又专。将来政治这个名词还是会有的,但是内容变了。不注意思想和政治,成天忙于事务,那会成为迷失方向的经济家和技术家,很危险。思想工作和政治工作,是完成经济工作和技术工作的保证,它们是为经济基础服务的。思想和政治又是统帅,是灵魂。只要我们的思想工作和政治工作稍为一放松,经济工作和技术工作就一定会走到邪路上去。

现在一方面有社会主义世界同帝国主义世界的严重的阶级斗争;另一方面,就我国内部来说,阶级还没有最后消灭,阶级斗争还是存在的。这两点必须充分估计到。同阶级敌人作斗争,这是过去政治的基本内容。但是,在人民有了自己的政权以后,这个政权同人民的关系,就基本上是人民内部的关系了,采用的方法不是压服而是说服。这是一种新的政治关系。这个政权只对人民中破坏正常社会秩序的犯法分子采取暂时的程度不同的压服手段,作为说服的辅助手段。在由资本主义到社会主义的过渡时期，人民中还隐藏一部分反社会主义的敌对分子，例如资产阶级右派分子，对这种人，我们基本上也是采取由群众鸣放辩论〔8〕的方法去解决问题。只对严重的反革命破坏分子采取镇压的手段。过渡时期完结、彻底消灭了阶级以后，单就国内情况来说，政治就完全是人民内部的关系。那时候，人和人之间的思想斗争、政治斗争以及革命一定还是会有的，并且不可能没有。对立统一的规律，量变质变的规律，肯定否定的规律，永远地普遍地存在。但是斗争和革命的性质跟过去不同，不是阶级斗争，而是人民内部的先进和落后之间的斗争，社会制度的先进和落后之间的斗争，科学技术的先进和落后之间的斗争。由社会主义过渡到共产主义是一场斗争，是一个革命。进到共产主义时代了，又一定会有很多很多的发展阶段。从这个阶段到那个阶段的关系，必然是一种从量变到质变的关系。各种突变、飞跃都是一种革命，都要通过斗争，“无冲突论”是形而上学的。

政治家要懂些业务。懂得太多有困难，懂得太少也不行，一定要懂得一些。不懂得实际的是假红，是空头政治家。要把政治和技术结合起来，农业方面是搞试验田，工业方面是抓先进典型、试用新技术、试制新产品。这些都是用的“比较”法，在相同的条件下，拿先进和落后比，促使落后赶上先进。先进和落后是矛盾的两个极端，“比较”是对立的统一。企业和企业之间，企业内部车间和车间、小组和小组、个人和个人之间，都是不平衡的。不平衡是普遍的客观规律。从不平衡到平衡，又从平衡到不平衡，循环不已，永远如此，但是每一循环都进到高的一级。不平衡是经常的，绝对的；平衡是暂时的，相对的。我国现在经济上的平衡和不平衡的变化,是在总的量变过程中许多部分的质变。若干年后,中国由农业国变成工业国,那时候将完成一个飞跃,然后再继续量变的过程。

评比不仅比经济、比生产、比技术,还要比政治,就是比领导艺术。看谁领导得比较好些。

(二十三)上层建筑一定要适合经济基础和生产力发展的需要。政府各部门所制定的各种规章制度是上层建筑的一部分。八年来积累起来的规章制度许多还是适用的,但是有相当一部分已经成为进一步提高群众积极性和发展生产力的障碍,必须加以修改,或者废除。在修改或者废除这些不合理的规章制度方面,最近一个时期,在群众中间,已经创造了许多先进经验,例如石景山发电厂改进职工福利待遇的办法,湘江机械制造厂改进职工宿舍制度的办法,江苏戚墅堰发电厂改进奖金的办法,广西省一级几个商业机关合并为一个机关,由总数二千四百人缩减为三百五十人,即减少七分之六的人员等。应该作出这样一个总的规定,即是在多快好省地按计划按比例地发展社会主义事业的前提下,在群众觉悟提高的基础上,允许并且鼓励群众的那些打破限制生产力发展的规章制度的创举。

中央各部门,各省、市、自治区党委,应该派遣负责同志到各地的基层单位去,总结群众中的这一类先进经验,发展下层单位和群众的这一类有利于社会主义建设的创举,建议主管机关给以批准,停止原有的规章制度中某些规定在这个单位实行,并且把这个单位的先进经验推广到其他单位试行。

中央各部门,各省、市、自治区党委,还应当派遣负责同志到各地的基层单位去，发现那里有些什么规章制度已经限制了群众积极性的提高和生产力的发展，根据那里的实际情况，通过基层党委和群众的鸣放辩论，保存现有规章制度中的合理部分，修改或者废除其中的不合理部分，并且拟定一些新的适合需要的规章制度，在这个单位实行，也可以推广到其他单位试行。

中央各部门，各省、市、自治区党委，应该系统地总结这方面的典型的成熟的先进经验。重大的和全国性的，经过党中央和国务院批准，地方性的，经过相应的地方党委和政府批准，技术性的和专业性的，经过主管部门批准，然后在全国或者全省的相同的所有单位中普遍推行。经过一段时间实行以后，在必要的时候，再根据新的经验修改或者重新制定各种规章制度。

这是制定和修改各种规章制度的群众路线的方法。

（二十四）一定要把整风坚持到底。全党要鼓起干劲，打掉官风，实事求是，同人民打成一片，尽可能地纠正一切工作上、作风上、制度上的缺点和错误。

（二十五）中央和省、直属市、自治区两级党委的委员，除了生病的和年老的以外，一年一定要有四个月的时间轮流离开办公室，到下面去作调查研究，开会，到处跑。应当采取走马看花、下马看花两种方法。哪怕到一个地方谈三四小时就走也好。要和工人、农民接触，要增加感性知识。中央的有些会议可以到北京以外的地方去开，省委的有些会议可以到省会以外的地方去开。

（二十六）以真正平等的态度对待干部和群众。必须使人感到人们互相间的关系确实是平等的,使人感到你的心是交给他的。学习鲁迅。鲁迅的思想是和他的读者交流的,是和他的读者共鸣的。人们的工作有所不同,职务有所不同,但是任何人不论官有多大,在人民中间都要以一个普通劳动者的姿态出现。决不许可摆架子。一定要打掉官风。

对于下级所提出的不同意见,要能够耐心听完,并且加以考虑,不要一听到和自己不同的意见就生气,认为是不尊重自己。这是以平等态度待人的条件之一。

(二十七)各级党委,特别是坚决站在中央正确路线方面的负责同志,要随时准备挨骂。人们骂得对的,我们应当接受和改正。骂得不对的,特别是歪风,一定要硬着头皮顶住,然后加以考察,进行批判。在这种情况下,决不可以随风倒,要有反潮流的大无畏的精神。这一点,我们已经在一九五七年受到了考验。

(二十八)在省、地、县三级或者在省、地、县、乡四级的干部会议上,讨论一次党的领导原则问题。讨论一下这些原则是否正确:“大权独揽,小权分散。党委决定,各方去办。办也有决,不离原则。工作检查,党委有责。”这几句话里,关于党委的责任,是说大事由它首先作出决定,并且在执行过程中加以检查。“大权独揽”是一句成语,习惯上往往指的是个人独断。我们借用这句话,指的却是主要权力应当集中于中央和地方党委的集体,用以反对分散主义。难道大权可以分揽吗?这八句歌诀,产生于一九五三年,就是为了反对那时的分散主义而想出来的。所谓“各方去办”,不是说由党员径直去办,而是一定要经过党员在国家机关中、在企业中、在合作社中、在人民团体中、在文化教育机关中，同非党员接触、商量、研究，对不妥当的部分加以修改，然后大家通过，方才去办。第三句话里所说的“原则”，指的是：党是无产阶级组织的最高形式，民主集中制，集体领导和个人作用的统一（党委和第一书记的统一），中央和上级的决议。

（二十九）是否事事都要问过第一书记？可以不必。大事一定要问。要有二把手、三把手，第一书记不在家的时候，要另外有人挂帅。

（三十）党委要抓军事。军队必须放在党委的领导和监督之下，现在基本上也正是这样做的，这是我军的优良传统。做军事工作的同志是要求中央和地方党委抓这项工作的。只是因为忙于社会改革和经济建设工作，近几年来我们抓得少了一些。现在应当改善这种情况。办法也是一年抓几次。

（三十一）大型会议、中型会议和小型会议，都是必需的，各地和各部门要好好安排一下。小型会议，参加的几个人，一二十人，便于发现问题和讨论问题。上千人参加的大型会议，只能采取先作报告后加讨论的方法，这种会不能太多，每年两次左右。小型和中型会议每年至少要开四次。这种会最好到下面去开。省委可以到地委召开一个地区或者相近几个地区的县书会议。中央同志和国务院各部门可以轮番到地方开些小型会议。各个经济协作区〔9〕有事就开会，每年至少开四次。

（三十二）开会的方法应当是材料和观点的统一。把材料和观点割断，讲材料的时候没有观点，讲观点的时候没有材料，材料和观点互不联系，这是很坏的方法。只提出一大堆材料,不提出自己的观点,不说明赞成什么反对什么,这种方法更坏。要学会用材料说明自己的观点。必须要有材料,但是一定要有明确的观点去统率这些材料。材料不要多,能够说明问题就行,解剖一个或者几个麻雀就够了,不需要很多。自己应当掌握丰富的材料,但是在会上只需要拿出典型性的。必须懂得,开会同写大著作是有区别的。

(三十三)一般说来,不要在几小时内使人接受一大堆材料、一大堆观点,而这些材料和观点又是人们平素不大接触的。一年要找几次机会,让那些平素不大接触本行事务的人们,接触本行事务,给以适合需要的原始材料或者半成品。不要在一个早上突如其来地把完成品摆在别人面前。要下些毛毛雨,不要在几小时内下几百公厘的倾盆大雨。"强迫受训"的制度必须尽可能废除,"强迫签字"的办法必须尽可能减少。要彼此有共同的语言,必须先有必要的共同的情报知识。

(三十四)十个指头的问题。人有十个指头,要使干部学会善于区别九个指头和一个指头,或者多数指头和少数指头。九个指头和一个指头有区别,这件事看来简单,许多人却不懂得。要宣传这种观点。这是大局和小局、一般和个别、主流和支流的区别。我们要注意抓住主流,抓错了一定翻筋斗。这是认识问题,也是逻辑问题。说一个和九个指头,这种说法比较生动,也比较合于我们工作的情况。我们的工作,除非发生了根本路线上的错误,成绩总是主要的。但是这种说法对于某些人却不适用,例如右派分子。许多极右分子,那是几乎十个指头都烂了;学生中的大部分普通右派分子也不只烂了一个指头,但又不是全烂了,所以还可以留在学校里。

(三十五)“攻其一点或几点，尽量夸大，不及其余。”这是一种脱离实际情况的形而上学的方法。一九五七年资产阶级右派分子向社会主义猖狂进攻，他们用的就是这种方法。我党在历史上吃过这种方法的大亏，这就是教条主义占统治地位的时期。立三路线〔10〕也是如此。修正主义，或者右倾机会主义，也用这种方法。陈独秀路线〔11〕和抗日时期的王明路线〔12〕，就是如此。一九三五年，张国焘〔13〕也用过这种方法。一九五三年高岗饶漱石反党联盟〔14〕，用的也是这种方法。我们应当总结过去的经验，从认识论和方法论上加以批判，使干部觉醒起来，以免再吃大亏。好人犯个别错误的时候，也会不自觉地采用这种方法，所以好人也要研究方法论。

(三十六)概念的形成过程，判断的形成过程，推理的过程，就是调查和研究的过程，就是思维的过程。人脑是能够反映客观世界的，但是要反映得正确很不容易。要经过反复的考察，才能反映得比较正确，比较接近客观实际。有了正确的观点和正确的思想，还要有比较恰当的表达方式告诉别人。概念、判断的形成过程，推理的过程，就是“从群众中来”的过程；把自己的观点和思想传达给别人的过程，就是“到群众中去”的过程。在我们的干部中，大概还有不少的人，不明白这样一个简单的真理：任何英雄豪杰，他的思想、意见、计划、办法，只能是客观世界的反映，其原料或者半成品只能来自人民群众的实践中，或者自己的科学实验中，他的头脑只能作为一个加工工厂而起制成完成品的作用，否则是一点用处也没有的。人脑制成的这种完成品，究竟合用不合用，正确不正确，还得交由人民群众去考验。如果我们的同志不懂得这一点，那就一定会到处碰钉子。

(三十七)文章和文件都应当具有这样三种性质:准确性、鲜明性、生动性。准确性属于概念、判断和推理问题,这些都是逻辑问题。鲜明性和生动性,除了逻辑问题以外,还有词章问题。现在许多文件的缺点是:第一,概念不明确;第二,判断不恰当;第三,使用概念和判断进行推理的时候又缺乏逻辑性;第四,不讲究词章。看这种文件是一场大灾难,耗费精力又少有所得。一定要改变这种不良的风气。做经济工作的同志在起草文件的时候,不但要注意准确性,还要注意鲜明性和生动性。不要以为这只是语文教师的事情,大老爷用不着去管。重要的文件不要委托二把手、三把手写,要自己动手,或者合作起来做。

(三十八)不可以一切依赖秘书,或者"二排议员"。要以自己动手为主,别人帮助为辅。不要让秘书制度成为一般制度,不应当设秘书的人不许设秘书。一切依赖秘书,这是革命意志衰退的一种表现。

(三十九)学点自然科学和技术科学。

(四十)学点哲学和政治经济学。

(四十一)学点历史和法学。

(四十二)学点文学。

(四十三)学点文法和逻辑。

(四十四)建议在自愿的原则下,中央和省市的负责同志,学一种外国文。争取在五年到十年的时间内达到中等程度。

(四十五)中央和省的主要负责人,可以设置一名学习秘书。

（四十六）外来干部要学本地话，一切干部要学普通话。先订一个五年计划，争取学好，或者大体学好，至少学会一部分。在少数民族地区工作的汉族干部，必须学当地民族的语言。少数民族的干部，也应当学习汉语。

（四十七）中央各部，省、专区、县三级，都要比培养“秀才”。没有知识分子不行，无产阶级一定要有自己的“秀才”。这些人要较多地懂得马克思主义，又有一定的文化水平、科学知识、词章修养。

（四十八）一切中等技术学校和技工学校，凡是可能的，一律试办工厂或者农场，进行生产，做到自给或者半自给。学生实行半工半读。在条件许可的情况下，这些学校可以多招些学生，但是不要国家增加经费。

一切高等工业学校的可以进行生产的实验室和附属工场，除了保证教学和科学研究的需要以外，都应当尽可能地进行生产。此外，还可以由学生和教师同当地的工厂订立参加劳动的合同。

（四十九）一切农业学校除了在自己的农场进行生产，还可以同当地的农业合作社订立参加劳动的合同，并且派教师住到合作社去，使理论和实际结合。农业学校应当由合作社保送一部分合于条件的人入学。

农村里的中小学，都要同当地的农业合作社订立合同，参加农、副业生产劳动。农村学生还应当利用假期、假日或者课余时间回到本村参加生产。

（五十）大学和城市里的中等学校，在可能条件下，可以由几个学校联合设立附属工厂或者作坊，也可以同工厂、工地或者服务行业订立参加劳动的合同。

一切有土地的大中小学,应当设立附属农场;没有土地而邻近郊区的学校,可以到农业合作社参加劳动。

(五十一)开展以除四害为中心的爱国卫生运动。今年要每月检查一次,以便打下基础。各地可以根据当地的情况,增加四害以外的其他内容。

(五十二)化肥工厂,中央、省、专区三级都可以设立。中央化工部门要帮助地方搞中小型化肥工厂的设计,中央机械部门要帮助地方搞中小型化肥工厂的设备。

(五十三)省、自治区、直属市,应当设立农具研究所,专门负责研究各种改良农具和中小型机械农具,同农具制造厂密切联系,研究好了就交付制造。

(五十四)湖北孝感县的联盟农业社,一部分土地每年种一造,亩产二千一百三十斤;四川仁寿县的前进农业社,一部分土地一造亩产一千六百八十斤;陕西宜君县的清河农业社,这个社在山区,一部分土地一造亩产一千六百五十四斤;广西百色县的拿坡农业社,一部分土地一造亩产一千六百斤。这些单季高产的经验,各地可以研究试行。

(五十五)种子搭配的问题(即是在一个地域内,一种作物要有几种品种,同时种植),各地可以进行研究。

(五十六)薯类大有用处。人吃,猪吃,牛吃,造酒,造糖,造粉。各地可以试制薯类粉,有控制地适当地推广薯类种植。

(五十七)绿化。凡能四季种树的地方,四季都种。能种三季的种三季。能种两季的种两季。

(五十八)陕西商洛专区每户种一升核桃。这个经验值得各地研究。可以经过鸣放辩论取得群众同意以后，将这个经验推广到种植果木、桑、柞、茶、漆、油料等经济林木方面去。

（五十九）林业要计算覆盖面积，算出各省、各专区、各县的覆盖面积比例，作出森林覆盖面积规划。

（六十）今年九月以前，要酝酿一下我不做中华人民共和国主席的问题。先在各级干部中间，然后在工厂和合作社中间，组织一次鸣放辩论，征求干部和群众的意见，取得多数人的同意。这是因为去掉共和国主席这个职务，专做党中央主席，可以节省许多时间做一些党所要求我做的事情。这样，对于我的身体状况也较为适宜。如果在辩论中群众发生抵触情绪，不赞成这个建议，可以向他们说明，在将来国家有紧急需要的时候，只要党有决定，我还是可以出任这种国家领导职务的。现在和平时期，以去掉一个主席职务较为有利。关于这个请求，已经得到中央政治局以及中央和地方许多同志的同意，认为这是一个好主意。〔15〕所有这些，请向干部和群众解释清楚，免除误会。

根据中共中央文件刊印。

注　释

〔1〕第一个五年建设计划，见本卷第3页注〔3〕。

〔2〕见本卷第320页注〔4〕。

〔3〕杭州会议，指中共中央一九五八年一月二日至四日在浙江杭州召开的有部分中央领导人和部分地方负责人参加的工作会议。会议主要讨论工作方法问题。

〔4〕南宁会议，指中共中央一九五八年一月十一日至二十二日在广西南宁召

开的有部分中央领导人和部分地方负责人参加的会议。会议讨论一九五八年的国民经济计划和国家预算问题,同时研究改进工作方法的问题。

〔**5**〕指《工作方法六十条(草案)》的第二十三条。

〔**6**〕工业发展纲要四十条,后来没有形成。

〔**7**〕指《一九五六年到一九六七年全国农业发展纲要(草案)》。见本卷第3页注〔4〕。

〔**8**〕鸣放辩论,即“大鸣、大放、大辩论、大字报”,简称“四大”。一九五七年春天,中国共产党开始整风,广大群众积极对党的工作中的问题提出意见和建议。而极少数右派分子却利用中共中央提出的“百花齐放、百家争鸣”口号,要求实行“大鸣、大放”,他们的不少言论实质上是向新生的社会主义制度和党的领导地位进攻。复杂的形势,大鸣、大放、大辩论和大规模贴大字报的做法,形成了全国性的政治上不稳定状态。中国共产党发动群众同样运用“四大”的方法进行了反右派斗争,但是这个斗争严重地扩大化了。在“文化大革命”中,“四大”演变为向所谓走资本主义道路当权派造反夺权的主要手段。一九七五年“四大”被写进《中华人民共和国宪法》。一九七八年修改后的宪法仍将“四大”列为人民的民主权利。一九八〇年二月中共中央十一届五中全会认为,“四大”没有起过保障人民民主权利的积极作用,反而妨碍了人民正常行使自己的民主权利。同年九月,第五届全国人民代表大会第三次会议作出决议,取消当时宪法第四十五条中公民“有运用‘大鸣、大放、大辩论、大字报’的权利”的规定。

〔**9**〕一九五八年六月一日,中共中央决定,将全国划分为东北、华北、华东、华南、华中、西南、西北等七个协作区。每个协作区都成立协作区委员会,作为它的领导机构。协作区委员会由有关省、自治区、直辖市党委第一书记和其他必要的人员组成,下设经济计划办公厅,作为它的办事机构,并接受国家计划委员会和国家经济委员会的指导。

〔**10**〕立三路线,即李立三“左”倾冒险主义错误。见本卷第58页注〔10〕。

〔**11**〕陈独秀路线,即陈独秀右倾机会主义错误。见本卷第56页注〔3〕。

〔**12**〕抗日时期的王明路线,指王明右倾机会主义错误。见本卷第48页注〔19〕。

〔**13**〕张国焘,参见本卷第58页注〔12〕。

〔**14**〕高岗饶漱石反党联盟,见本卷第45页注〔7〕。

〔**15**〕一九五八年十一月二十八日至十二月十日在武昌举行的中共八届六中全会通过决议，同意毛泽东提出的关于他不做下届中华人民共和国主席候选人的建议。

在成都会议上的讲话[1]

（一九五八年三月）

一

少奇同志在南宁会议[2]谈了规章制度问题。规章制度从苏联搬来了一大批，如搬苏联的警卫制度，害死人，限制了负责同志的活动，前呼后拥，不许参观，不许上馆子，不许上街买鞋。陈云[3]同志让他亲戚煮饭，警卫部门认为不得了。这是讲公安部。其他各部都有规章制度问题，搬苏联的很多，害人不浅。那些规章制度束缚生产力，制造浪费，制造官僚主义。这也是拿钱买经验。建国之初，没有办法，搬苏联的，这有一部分真理，但也不是全部真理，不能认为非搬不可，没有其他办法。政治上、军事上的教条主义，历史上犯过，但就全党讲，犯这错误的只是小部分人，多数人并无硬搬的想法。建党和北伐时期，党比较生动活泼，后来才硬搬。规章制度是繁文缛节，都是“礼”。大批的“礼”，中央不知道，国务院不知道，部长也不一定知道。工业和教育两个部门搬得厉害。农业部门搬的也有，但是中央抓得紧，几个章程和细则都经过了中央，还批发一些地方的经验，从实际出发，搬得少一些。农业上见物也见人，工业上只见物不见人。商业好像搬得少一点，计划、统计、财政、基建程序、管理制度搬得不少。基本思想是用规章制度管人。

搬，要有分析，不要硬搬，硬搬就是不独立思考，忘记了历史上教条主义的教训。教训就是理论和实践相脱离。理论从实践中来，又到实践中去，这个道理没有运用到经济建设上。马列主义的普遍真理与中国革命具体实际相结合，这是唯物论；二者是对立的统一，也就是辩证法。为什么硬搬，就是不讲辩证法。苏联有苏联的一套办法。苏联经验是一个侧面，中国实践又是一个侧面，这是对立的统一。苏联的经验只能择其善者而从之，其不善者不从之。把苏联的经验孤立起来，不看中国实际，就不是择其善者而从之。如办报纸，搬《真理报》的一套，不独立思考，好像三岁小孩子一样，处处要扶，否则就丧魂失魄。什么事情都要提出两个办法来比较，这才是辩证法，不然就是形而上学。铁路选线、工厂选厂址、三峡选坝址，都有几个方案，为什么规章制度不可以有几个方案？部队的规章制度，也是不加分析，生搬硬套，进口“成套设备”。

二

规章制度是一个问题，借此为例，讲一讲思想方法问题——坚持原则和独创精神。

国际方面，要和苏联、一切人民民主国家及各国共产党、工人阶级友好，讲国际主义，学习苏联及其他外国的长处，这是一个原则。但是学习有两种方法：一种是专门模仿；一种是有独创精神，学习与独创结合。硬搬苏联的规章制度，就是缺乏独创精神。

我们党从建党到北伐这一时期，即一九二一年至一九二七年，虽有陈独秀右倾机会主义的错误〔4〕，但当时党的作风比较生动活泼。十月革命胜利后三年，我们建立了党，参加党的人都是参加五四运动和受其影响的青年人。十月革命后，列宁在世，苏联阶级斗争很尖锐，斯大林尚在岌岌可危的时候，他们也是生动活泼的。这个时期，一般说没有教条主义。

从内战开始到遵义会议〔5〕这一时期，即一九二七年至一九三五年，我们党发生了三次“左”倾路线〔6〕，而以一九三一年至一九三四年的王明路线〔7〕最为厉害。当时苏联反托派胜利了，斯大林的地位开始巩固，在理论上又战胜了德波林学派〔8〕，而共产国际〔9〕远东部实际上又是米夫〔10〕在负责，他的作用太大了。这些条件使教条主义得以形成。中国的“左”倾机会主义者差不多都是在苏联受到影响的，当然也不是所有去莫斯科的人都是教条主义者。当时去苏联的许多人当中，有些人是教条主义者，有些人不是；有些人联系实际，有些人不联系实际，只看外国。当时王明〔11〕等人搞了所谓“二十八个半布尔什维克”，几百人在苏联学习，为什么只有二十八个半呢？就是他们“左”得要命，自己整自己，使自己孤立。

中国的教条主义有中国的特色，过去已经作过结论。中国的教条主义表现在战争中，表现在富农等问题上。因为中国富农人数很少，决定原则上不要动它，向富农作某些让步。但是“左派”不赞成，他们主张“地主不分田，富农分坏田”，结果地主富农都没饭吃，一部分被迫上山搞白色游击队，赤白对立。在资产阶级问题上，他们主张一概打倒，不仅政治上消灭，经济上也消灭，混淆了民主革命和社会主义革命。他们对帝国主义也不加分析，认为是一块铁板，没有矛盾，都支持国民党。

全国解放后，一九五〇年至一九五七年，在经济工作和文教工作中产生了教条主义，军事工作中搬了一部分教条，但基本原则坚持了，还不能说是教条主义。经济工作中的教条主义，主要表现在重工业工作、计划工作、银行工作和统计工作方面，特别是重工业和计划方面，因为我们不懂，完全没有经验，横竖自己不晓得，只好搬。统计几乎全部是抄苏联的。教育方面搬得也相当厉害，例如五分制、小学五年一贯制等，甚至不考虑解放区的教育经验。卫生工作也搬，害得我三年不能吃鸡蛋，不能喝鸡汤，因为苏联有一篇文章说不能吃鸡蛋和喝鸡汤，后来又说能吃了。不管人家的文章正确不正确，中国人都听，都奉行，总是苏联第一。商业搬得少些，因为中央接触较多，批转文件较多。轻工业工作中的教条主义也少些。社会主义革命和农业合作化未受教条主义影响，因为中央直接抓，中央这几年主要抓革命和农业，商业也抓了一点。

各个部门存在教条主义的情况不同，需要分析比较，找出原因。

一、重工业的设计、施工、安装，自己都不行，没有经验，没有专家，部长是外行，只好抄外国的，抄了也不会鉴别。这方面大部分正确，一部分不正确，是硬搬。

二、我们对苏联和中国的情况都不了解。对苏联的经验、情况、历史发展不甚了解，既然不了解只好盲目地学他们。现在情况变了，大企业的设计、施工，一般说来可以自己搞了；装备，再有五年就可以自己造了；对苏联的和对中国的情况，了解得也比较多了。

三、精神上受到压力。菩萨比人大好多倍,是为了吓人。戏台上的英雄豪杰一出来,与众不同。斯大林就是那样的人。中国人当奴隶当惯了,似乎还要继续当下去。中国艺术家画我和斯大林在一起的像,我总比斯大林矮一些,这就是盲目屈服于苏联的压力。马列主义主张对任何人都是平等的,应该平等待人。赫鲁晓夫〔12〕一棍子打死斯大林也是一种压力,中国党内多数人是不同意的,但也有一些人屈服于这个压力,要学打倒个人崇拜。有些人对反个人崇拜很感兴趣。个人崇拜有两种,一种是正确的崇拜,如对马克思、恩格斯、列宁、斯大林正确的东西,我们必须崇拜,永远崇拜,不崇拜不得了。真理在他们手里,为什么不崇拜呢?我们相信真理,真理是客观存在的反映。另一种是不正确的崇拜,不加分析,盲目服从,这就不对了。反个人崇拜的目的也有两种,一种是反对不正确的崇拜,一种是反对崇拜别人,要求崇拜自己。

四、忘记了历史经验教训,不懂得比较法,不懂得树立对立面。我昨天已经讲过,对许多规章制度,我们许多同志不去设想有没有另外一种方案,择其合乎中国情况者应用,不合乎者另拟,也不作分析,不动脑筋,不加比较。中央苏区时的教条主义和宗派主义者,他们的《布尔什维克》〔13〕刊物把自己说成百分之百的正确,自己吹嘘自己。《实话》〔14〕报攻击中央苏区有五大错误,不讲一条好处,其办法是“攻其一点或几点,不及其余”。

一九五六年四月的《论十大关系》,开始提出我们自己的建设路线,原则和苏联相同,但方法有所不同,有我们自己的一套内容。在十大关系中，工业和农业，沿海和内地，中央和地方，国家、集体和个人，国防建设和经济建设，这五条是主要的。国防费用在和平时期要少，行政费用在任何时候都要少。

一九五六年，斯大林受到批判，我们一则以喜，一则以忧。揭掉盖子，破除迷信，去掉压力，解放思想，完全必要。但一棍子打死，我们就不赞成。他们不挂斯大林的像，我们挂。一九五〇年我和斯大林在莫斯科吵了两个月，订立了中苏友好同盟互助条约〔15〕。对中长路、合股公司、国境问题，我的态度是：第一，你提出，我不同意者要争；第二，如果你一定要坚持，我可以接受，但保留意见。这是因为要顾全整个社会主义的利益。还有两处势力范围，东北和新疆，不准第三国的人住在那里，现在取消了。批判斯大林，使那些迷信他的人清醒了一些。要使我们的同志认识到，老祖宗也有缺点，要加以分析，不要那样迷信。对苏联经验，一切好的应当接受，不好的应当拒绝。现在我们已学会了一些本领，对苏联有了些了解，对自己也比较了解了。

一九五七年，在《关于正确处理人民内部矛盾的问题》的报告中，讲了工农业同时并举、中国工业化的道路、农业合作化等问题。这一年发生了一件大事，就是全民整风、反右派〔16〕，群众性的对我们的批评，对人们思想的启发很大。

一九五八年，在杭州〔17〕、南宁、成都开了三次会。会上大家提了许多意见，开动脑筋，总结八年的经验，对思想有很大启发。南宁会议上提出了一个问题，就是国务院各部门的规章制度，可以改，而且应当改。怎样改呢？一个办法是和群众见面，一个办法是搞大字报。另一个问题是地方分权，现在已经开始实行。中央集权和地方分权同时存在，能集的则集，能分的则分，这是去年三中全会后定下来的〔18〕。资产阶级民主在社会主义之前是进步的，到社会主义时则是反动的。在苏联的总人口中，俄罗斯族占百分之五十多，少数民族占将近百分之五十，而在中国的总人口中，汉族占百分之九十四，少数民族占百分之六，所以中国不能像苏联那样搞加盟共和国。

中国的革命是违背斯大林的意志而取得胜利的，“真洋鬼子”不许革命。党的七大〔19〕提出放手发动群众，壮大人民力量，建立新中国。抗日时期我们同王明的争论，从一九三七年开始，到一九三八年八月为止，我们提十大纲领〔20〕，王明提六大纲领〔21〕。按照王明的做法，即斯大林的做法，中国革命是不能成功的。我们革命胜利了，斯大林又怀疑我们不是真正的革命，我们也不辩护。抗美援朝战争〔22〕一打，这种怀疑才消除了。可是到我们提出正确处理人民内部矛盾问题的时候，我们讲这个问题，他们不讲，还说我们是搞自由主义，好像又不是真革命了。这个讲话发表后，《纽约时报》全文登载，杜勒斯〔23〕说要看一看。讲话是六月十九日在《人民日报》发表的，六月二十一日至二十三日他就看到了，并在二十三日作出结论，说是“中国要自由化”。当时苏联给了我们一个“备忘录”，怕我们向右转。资产阶级要灭亡，见了芦苇当渡船。半个月后杜勒斯说：中国坏透了，苏联还好些。反右派一起，当然“自由化”没有了。

总之，基本路线是普遍真理，但各有枝叶不同。各国如此，中国的各个省也如此。

三

各省、市、自治区要每两个月开一次会，开几个人或十几个人的小型会，检查总结一次工作。协作区[24]也要两三个月开一次会。今年要抓紧，因为是群众运动，两个月变化很大，要互通情报。开会的目的，是为了调整生产节奏。工业要有生产节奏，农业也要有，商业、文教、政治都要有点节奏。一波未平一波又起，这是快和慢的对立的统一。在多快好省、鼓足干劲、力争上游的总路线下，波浪式地前进，这是缓和急的对立的统一，劳和逸的对立的统一。只有急和劳，就是片面性。如果专搞劳动强度，不休息，那怎么行呀？湖北有个县委书记，不看农民的情绪，腊月二十九还让修水库，结果民工跑了一半。做事总是有缓有急，是苦战和休整的统一。打仗也是有节奏的。从前打仗，两个战役之间必须有一个休整、补充和练兵的时间，不可能一个接一个地打。但在中央苏区，那些"百分之百的布尔什维克"，就是反对休整，主张"勇猛果敢，乘胜直追，直捣南昌"，那怎么行呢？苦战和休整的对立的统一，这是规律，而且是互相转化的。没有一种事情不是互相转化的。急转化为缓，缓转化为急，劳转化为逸，逸转化为劳。苦战和休整，也是如此。劳和逸、急和缓有同一性，苦战和休整也有同一性。睡眠和起床也是对立的统一。试问，谁能担保起床以后就不睡觉？反之，"久卧者思起"。睡眠转化为起床，起床转化为睡眠。开会走向反面，转化为散会。只要一开会就包含着散会的因素，我们不能在成都开一万年的会。《红楼梦》里说："千里搭长棚，没有个不散的筵席。”这是真理。散会以后，问题积起来了，又转化为开会。团结中就包含不团结，有意见分歧就转化为斗争，不可能天天团结，年年团结。讲团结，就是因为有不团结。人总是参差不齐的，不平衡是绝对的、永久的、无条件的。不团结也是无条件的，讲团结时还有不团结，因此要做工作。只讲团结一致，不讲斗争，不是马列主义。从团结的愿望出发，经过斗争，才能达到新的团结。团结转化为斗争，斗争再转化为团结。不能光讲团结和一致，不讲矛盾和斗争。苏联就只强调一致，不讲矛盾，特别是不讲领导同被领导之间的矛盾。没有矛盾和斗争，就没有世界，就没有发展，就没有生命，就没有一切。老讲团结，就是“一潭死水”，就会冷冷清清。一潭死水好？还是“不尽长江滚滚来”，后浪逐前浪好？要打破旧的团结基础，经过斗争，在新的基础上达到新的团结。党是这样，阶级是这样，人也是这样。团结、斗争、团结，这就有工作做了。生产转化为消费，消费转化为生产。生产就是为了消费，生产不仅是为其他劳动者，生产者自己也是消费者。不吃饭，一点气力没有，不能生产，吃了饭有了热量，就可以多做工作。马克思认为，生产就包含着消费，新产品的生产就是原材料的消费，机器的消耗，劳动力的消耗。〔25〕生产与消费，建设与破坏，都是对立的统一，是互相转化的。鞍钢的生产就包含消费，几十年就要更换设备。播种转化为收获，收获转化为播种。播种是消费种子，种子播下后，就向反面转化，由种子变为秧苗，以后收获，又得到新的种子。

要举丰富的例子，搞几十个、百把个例子，来说明对立的统一和互相转化的概念，才能搞通思想，提高认识。

春夏秋冬也是相互转化的，春夏的因素就包含在秋冬中。生与死也是相互转化的，生物转化为死物，死物转化为生物。我主张五十岁以上的人死了以后开庆祝会，因为人是非死不可的，没有死就没有生，这是自然规律。

苏联出版的《简明哲学辞典》中有一条专门与我作对，它说生与死、资产阶级与无产阶级、战争与和平相互转化是不对的。〔26〕那末究竟谁对？请问，生物不是由死物转化来的，那是如何而来的呢？地球上原来只有无机物，以后才有有机物。有生命的物质都是氮、氢等十二种元素变成的，生物总是死物转化而来的。

压迫者和被压迫者也是相互转化的，资产阶级和工人阶级、地主和农民的关系就是这样。当然，我们这个压迫者是对旧统治者阶级而言的，而不是对老百姓讲的。这是讲阶级专政，而不是讲个人压迫者。

战争转化为和平，和平转化为战争。和平是战争的反面，没有打仗哪会有"和平"二字。三八线〔27〕一打仗是战争，一停战又是和平。战争是特殊形式的政治，是政治的继续，政治也是一种战争。

总而言之，量变转化为质变，质变转化为量变。欧洲教条主义浓厚，苏联因为有伟大的成就，就产生一些缺点，总是要转化的。现在我们讲辩证法，将来也可能产生教条主义，思想僵化的现象可能发生。如果我们工业搞成世界第一，那时就可能翘尾巴，翘得像孙行者的尾巴那样高，那时就可能转变为落后。

有限转化为无限，无限转化为有限。古代的辩证法转化为中世纪的形而上学，中世纪的形而上学转化为近代的辩证法。宇宙也是转化的，不是永久不变的。资本主义要转变到社会主义，社会主义又要转变到共产主义。共产主义社会还是要转化的，也是有始有终的，一定会分阶段的，不会固定不变的，将来或许要另起个名字。只有量变没有质变，那就违背了辩证法。世界上没有什么东西不是经过发生、发展和消灭的。猴子变人，产生了人，但整个人类最后是要消灭的，它会变成另外一种东西，那时候地球也没有了。地球总要毁灭的，太阳也要冷却的，太阳的温度现在就比古代低得多了。二百万年以来我们处在第四纪冰河时期，冰河一来，生物就大批死亡。现在南极大陆下面有很多煤炭，可见古时候那里是很热的。

事物总是有始有终的，只有两个无限，时间和空间无限。无限是由有限构成的，各种东西都是逐步发展、逐步变动的。

讲这些，是为了解放思想，把思想活泼一下。脑子一固定，就很危险。要教育干部，中央、省、地、县四级干部很重要，包括各个系统，有几十万人。要多想，不要死背经典著作，而要开动脑筋，使思想活泼起来。

过去我们在建设问题上用的心思太少，主要精力是搞革命。错误还是要犯的，不可能不犯，犯错误是正确路线形成的必要条件。正确路线是对错误路线而言，二者是对立的统一。正确路线是在同错误路线作斗争中形成的。说错误都可以避免，只有正确，没有错误，这种观点是反马克思主义的。问题是犯得少一点，犯得小一点。正确与错误是对立的统一，难免论是正确的，可免论是不正确的。只有正确，没有错误，历史上没有这个事实，这是否认对立统一这个规律，是形而上学。争取错误犯得最少，这是可能的。错误犯得多少，是高个子和矮个子的关系。少犯错误，是可能的，应该办到，马克思、列宁就办到了。

根据中央档案馆保存的讲话记录稿刊印。

注　　释

〔1〕一九五八年三月八日至二十六日，中共中央在四川成都召开有部分中央领导人、部分地方负责人、中央有关部委负责人参加的会议。毛泽东在九日、十日、二十日、二十二日、二十五日、二十六日共作了六次讲话。本篇一是九日讲话的一部分；本篇二是十日的讲话；本篇三是二十日讲话的主要部分。

〔2〕南宁会议，见本卷第362页注〔4〕。

〔3〕陈云，当时任中共中央政治局常委、中央副主席、国务院副总理。

〔4〕陈独秀右倾机会主义的错误，见本卷第56页注〔3〕。

〔5〕遵义会议，见本卷第109页注〔7〕。

〔6〕三次"左"倾路线，见本卷第109页注〔4〕。

〔7〕一九三一年至一九三四年的王明路线，见本卷第47页注〔18〕。

〔8〕德波林（一八八一——一九六三），苏联哲学家。一九二九年当选为苏联科学院院士。三十年代初，苏联哲学界发动对德波林学派的批判，认为他们犯了理论脱离实践、哲学脱离政治等唯心主义性质的错误。

〔9〕共产国际，即第三国际，见本卷第57页注〔7〕。

〔10〕米夫（一九〇一——一九三八），苏联人。一九二八年任共产国际东方部副部长兼莫斯科中山大学校长。一九三〇年冬到上海任共产国际驻中国代表。中共六届四中全会上，在他的支持下，王明掌握了党的最高领导权。

〔11〕王明，见本卷第47页注〔16〕。

〔12〕赫鲁晓夫，当时任苏联共产党中央委员会第一书记。

〔13〕《布尔什维克》，中共中央机关刊物。一九二七年十月二十四日创刊，现存

的最后一期是一九三二年七月出版的第五卷第一期。

〔**14**〕《实话》，由中共中央出版，一九三〇年十月三十日创刊，现存的最后一期是一九三一年三月五日出版的第十三期。

〔**15**〕中苏友好同盟互助条约，见本卷第320页注〔5〕。

〔**16**〕见本卷第320页注〔4〕。

〔**17**〕杭州会议，见本卷第362页注〔3〕。

〔**18**〕一九五七年九月二十日至十月九日，中共八届三中全会在北京召开。会议通过了关于改进工业管理体制、改进商业管理体制、改进财政管理体制的三个规定草案，适当向地方和企业下放管理权力。同年十一月十四日，第一届全国人大常委会第八十四次会议原则批准这三个规定，决定自一九五八年起施行。

〔**19**〕七大，即中国共产党第七次全国代表大会。见本卷第98页注〔3〕。

〔**20**〕见本卷第129页注〔12〕。

〔**21**〕见本卷第129页注〔11〕。

〔**22**〕抗美援朝战争，见本卷第45页注〔2〕。

〔**23**〕杜勒斯，当时任美国国务卿。

〔**24**〕协作区，见本卷第363页注〔9〕。

〔**25**〕参见马克思《〈政治经济学批判〉导言》(《马克思恩格斯选集》第2卷，人民出版社1995年版，第8—12页)。

〔**26**〕参见罗森塔尔、尤金编的《简明哲学辞典》(人民出版社1955年版)第156页。

〔**27**〕三八线，见本卷第66页注〔3〕。

干部要以普通劳动者的姿态出现[1]

（一九五八年五月二十日）

讲一讲以普通劳动者的姿态出现的问题。这个问题所以要特别提出来，是因为我们有些干部是老子天下第一，看不起人，靠资格吃饭，做了官，特别是做了大官，就不愿意以普通劳动者的姿态出现。这是一种很恶劣的现象。如果大多数干部能够以普通劳动者的姿态出现，那末这少数干部就会被孤立，就可以改变官僚主义的习气。靠做大官吃饭，靠资格吃饭，妨碍了创造性的发挥。因此，要破除官气，要扫掉官气，要在干部当中扫掉这种官气。谁有真理就服从谁，不管是挑大粪的也好，挖煤炭的也好，扫街的也好，贫苦的农民也好，只要真理在他们手里，就要服从他们。如果你的官很大，可是真理不在你手里，也不能服从你。再说一遍，要是大多数干部扫掉了官气，剩下来的人就是有官气，也容易扫掉了，因为他们孤立了。官气是一种低级趣味，摆架子、摆资格、不平等待人、看不起人，这是最低级的趣味，这不是高尚的共产主义精神。以普通劳动者的姿态出现，则是一种高级趣味，是高尚的共产主义精神。能够做到这一点，防止大国沙文主义，就有可能了。如果我们大多数干部特别是领导干部，以科学的态度，以谦虚的态度，是正确的谦虚态度而不是虚伪的谦虚态度待人，以普通劳动者的姿态出现，大国沙文主义就可以防止，即使出现了也不可怕。

根据中央档案馆保存的讲话记录稿刊印。

注　释

〔1〕这是毛泽东在中国共产党第八次全国代表大会第二次会议上讲话的一部分。

独立自主地搞建设[1]

（一九五八年六月十七日）

此件即刻印发军委会议各同志。很好一个文件，值得认真一读，可以大开眼界。这是你们自己的事情。没有现代化工业，哪有现代化国防？自力更生为主，争取外援为辅，破除迷信，独立自主地干工业、干农业、干技术革命和文化革命，打倒奴隶思想，埋葬教条主义，认真学习外国的好经验，也一定研究外国的坏经验——引以为戒，这就是我们的路线。经济战线上如此，军事战线上也完全应当如此。反对这条路线的人们如果不能说服我们，他们就应当接受这条路线。“既不能令，又不受命，是绝物也”[2]，走进死胡同，请问有什么出路呢？

毛　泽　东

一九五八年六月十七日

根据手稿刊印。

注　　释

〔1〕这是毛泽东为向中共中央军事委员会扩大会议印发国务院副总理兼国家计划委员会主任李富春关于第二个五年计划要点报告写的批语。

〔2〕见《孟子·离娄上》。

同黑非洲青年代表团的谈话[1]

（一九五八年七月十二日）

欢迎你们来，非洲的朋友来得很少。我们都是亚非国家，参加万隆会议[2]的国家。我们亚洲、非洲，还有拉丁美洲，这三个地区过去都是受帝国主义压迫的。非洲同亚洲离得非常近，中间只有一条小水，苏伊士运河，一脚就跨过去了。

世界是被压迫人民的，压迫者是没有前途的。西方帝国主义者是压迫人民的。亚洲、非洲、拉丁美洲国家也有当地的压迫者，例如土耳其的政府就不是高明的，黎巴嫩的政府也不高明，中国有个蒋介石也不是好人，日本也有坏人。不过压迫者是少数，好人还是占多数的，这是九个指头同一个指头的问题。就是西方的国家里好人也占多数，法国也是好人占多数，压迫者占少数。少数的压迫者是害怕九个指头的好人去反对他一个指头的坏人的。

人民与统治者有区别，这一点很重要，这要经过几十年甚至一百年的观察才能分别清楚。我们受帝国主义压迫一百多年，才认识到这一点。过去好几十年中，中国人认为凡是外国人都是坏的。你们认识到这一点很不容易，要认识到这一点，才能取得胜利。你们认识到了这一点，你们就是接近胜利了。大多数民族是被压迫民族，少数是压迫人的。

西方帝国主义者自以为是文明的，说被压迫者是野蛮的。可是我们没有占领别人的地方，非洲也没有占领过欧洲。是欧洲占领非洲，这就很文明了？欧洲不如非洲，它们占领别人的地方不是很野蛮吗？帝国主义占领我们中国，这就很野蛮。我们中国过去、现在都没有占领别的国家，将来也不会去占领美国、英国作殖民地，所以我们始终是文明国家。你们也是如此。你们解放后也不会去占领法国、美国、英国、德国。它们喜欢说我们很脏、很不干净、很不卫生。我看也不见得，我们还干净一点。要有自信心，看不起欧美帝国主义，它们不算数。

帝国主义者长期以来散布他们是文明的、高尚的、卫生的。这一点在世界上还有影响，比如存在一种奴隶思想。我们也当过帝国主义的奴隶，当长久了，精神就受影响。现在我国有些人中还有这种精神影响，所以我们在全国人民中广泛宣传破除迷信。过去中国人中有恐美病，要去掉它的影响。你们有没有人有恐法病？想必会有的，法国一直在宣传那些东西，总会有人跟着它走。我们要在人民中慢慢改掉这种思想。

欢迎你们到中国各地走一走。中国还是一个落后的国家，我们现在正在开始改造这种落后的面貌。过一个时期，我们的工厂会多一些。你们下一次来中国时，可以看看中国有什么进步没有。解放了的人民是什么都可以创造出来的。只要你们得到解放，你们也会什么都能创造出来的。刚才外交部长陈毅同志跟我说，摩洛哥向法国、英国买机器买不到，法国、英国不肯把工作母机卖给他们，摩洛哥要向中国买机器，他们很欢迎我们的机器。法国、英国、比利时离摩洛哥很近，但是不卖机器给他们。我们卖机器给他们。

一个国家获得解放后应该有自己的工业，轻工业、重工业都要发展，同时要发展农业、畜牧业，还要发展林业。森林是很宝贵的资源。中国解放后自己发展工业，自己制造机器。你们那些国家怎么样？有没有民族资本？自己能不能制造机器？

我的著作，中国的情况，仅仅只能作你们的参考，你们办事要按照你们国家的实际情况。当然中国的情况你们也可以看看，比如上海、北京就可以看看。但是，你们做事一定要根据你们国家自己的情况，一个民族有自己的历史，有自己的环境。在这方面，我们过去是吃过亏的，照搬外国，就是照搬苏联的经验，结果把南方的根据地几乎都丢掉了，只好长征，使革命受了很大损失。马克思和列宁都曾说过，他们的理论仅仅是行动的指南，是指导方向的，不能当作教条。〔3〕但我们有些同志就是不懂得这一点，后来受了损失，吃了苦头，才明白了。长征中我们走了很多路，用两条腿走的，全部路程等于地球的轴心，从中国钻进去，从美国出来，有一万二千五百公里。那时我们犯了错误，蒋介石就逼着我们走这么多路，走到北方来了。这以后我们就得到了教训，知道马列主义的普遍真理是应该相信的，但是要同中国革命的实际情况相结合。后来一结合就灵了，就打胜仗了。

根据中央档案馆保存的谈话记录稿刊印。

注　　释

〔**1**〕这是谈话的主要部分。

〔**2**〕万隆会议，见本卷第148页注〔2〕。

〔**3**〕见列宁《论策略书》。原文是："马克思和恩格斯总是说，'我们的学说不是教条，而是行动的指南'"。（《列宁选集》第3卷，人民出版社1995年版，第24页）

同苏联驻华大使尤金的谈话[1]

（一九五八年七月二十二日）

昨天你们走了以后，我一直睡不着，也没有吃饭。今天请你们来谈谈，当个医生，下午就可以吃饭、睡觉了。你们很幸运，能够吃饭、睡觉。

我们言归正传，吹一吹昨天交谈的问题。就在这个房间里吹！我们之间没有紧张局势。我们是十个指头中，九个指头相同，一个指头不同。这个问题，我讲了两三次了，你忘了没有？

昨天的问题我又想了一下，可能我有误会，也可能我是正确的，经过辩论可以解决。看来，关于海军提出的核潜艇的请求[2]可以撤销。这个问题我脑子里没有印象，问了他们才知道，海军司令部里有那么些热心人，就是苏联顾问，他们说苏联已经有了核潜艇，只要打个电报去，就可以给。

海军核潜艇是一门尖端科学，有秘密，中国人是毛手毛脚的，给了我们，可能发生问题。

苏联同志胜利了四十年，有经验。我们胜利才八年，没有经验，你们才提合营问题。所有制问题老早就提过，列宁就提过租让制[3]，但那是对资本家的。

中国还有资本家，但国家是由共产党领导的。你们就是不相信中国人，只相信俄国人。俄国人是上等人，中国人是下等人，毛手毛脚的，所以才产生了合营的问题。要合营，一切都合营，陆海空军、工业、农业、文化、教育都合营，可不可以？或者把一万多公里长的海岸线都交给你们，我们只搞游击队。你们只搞了一点原子能，就要控制，就要租借权。此外，还有什么理由？

你们控制过旅顺、大连，后来走了。为什么控制？因为当时是国民党的中国。后来你们自动走了，因为是共产党领导的中国了。

在斯大林的压力下，搞了东北和新疆两处势力范围、四个合营企业〔4〕。后来，赫鲁晓夫〔5〕同志提议取消了，我们感谢他。

你们一直不相信中国人，斯大林很不相信。中国人被看作是第二个铁托〔6〕，是个落后的民族。你们说欧洲人看不起俄国人，我看俄国人有的看不起中国人。

斯大林在最紧要的关头，不让我们革命，反对我们革命。在这一点上，他犯了很大的错误，与季诺维也夫〔7〕是一样的。

另外，我们对米高扬〔8〕不满意。他摆老资格，把我们看做儿子。他摆架子，可神气了。一九四九年他第一次来西柏坡的时候，架子就很大，后来又来了几次，都是这样。每次来都劝我去莫斯科，我说去干什么？他说，总会有事情做的。后来，还是赫鲁晓夫同志出了题目，去开会，搞个文件。

去庆祝十月革命四十周年，这是我们共同的事业。当时我说过，什么兄弟党，只不过是口头上说说，实际上是父子党，是猫鼠党。这一点，我在小范围内同赫鲁晓夫等同志谈过。他们承认。这种父子关系，不是欧洲式的，是亚洲式的。当时在场的有布尔加宁、米高扬、库西宁、苏斯洛夫〔9〕等人，还有你（指尤金）吗？中国方面，有我和邓小平〔10〕。

我对米高扬在我们八大〔11〕上的祝词不满意，那天我故意未出席，表示抗议。很多代表都不满意，你们不知道。他摆出父亲的样子，讲中国是俄国的儿子。

中国有它自己的革命传统，但中国革命没有十月革命也不能胜利，没有马克思列宁主义也不能胜利。

苏联的经验要学。普遍真理要遵守，这就是《莫斯科宣言》里所写的那九条〔12〕。要学习所有的经验，正确的经验要学，错误的经验也要学。错误的经验是：斯大林的形而上学、教条主义。他不完全是形而上学，有一部分辩证法，但大部分是形而上学。你们叫做个人崇拜，是一个东西。斯大林很爱摆架子。

我们支持苏联，但错误的东西不支持。关于和平过渡问题，我们没有公开谈，报上没有讲。我们很谨慎，也未公开批评你们，采取了内部交谈的办法。我去莫斯科以前，和你谈过。在莫斯科期间，由邓小平同志谈了五条〔13〕。今后，我们也不准备公开谈，因为这对赫鲁晓夫同志不利，应该巩固他的领导。我们不谈，并不是因为我们这些意见不是真理。

在国家关系上，我们两国是团结一致的。这连我们的敌人都承认，一直到现在都是这样。只要是不利于苏联的，我们都反对。帝国主义、修正主义对苏联的进攻，在大的问题上我们都反对。苏联也是这样做的。

苏联人从什么时候开始相信中国人的呢？从打朝鲜战争开始的。从那个时候起，两国开始合拢了，才有一百五十六项〔14〕。斯大林在世时是一百四十一项，后来赫鲁晓夫同志添了好多项。

我们对你们是没有秘密的。我们的军事、政治、经济、文化,你们都知道,你们有一千多个专家在我们这儿工作。我们相信你们,因为你们是社会主义国家,是列宁的后代。

但在我们的关系中,也有过问题,主要与斯大林有关。有三件事:第一,两次王明路线〔15〕。王明是斯大林的后代。第二,不要我们革命,反对我们革命。第三国际〔16〕已经解散了,还下命令,说你们不与蒋介石讲和、打内战的话,中国民族有灭亡的危险。然而我们并没有灭亡。第三,我第一次去莫斯科时,斯大林、莫洛托夫、贝利亚〔17〕就向我进攻。

为什么当时我请斯大林派一个学者来看我的文章?是不是我那样没有信心,连文章都要请你们来看?没有事情干吗?不是的,是请你们来中国看看,中国是真的马克思主义,还是半真半假的马克思主义。

你回去以后说了我们的好话。你对斯大林说的第一句话,就是"中国人是真正的马克思主义者"。但斯大林还是怀疑。只是到朝鲜战争时才改变了他的看法,也改变了东欧和其他各国兄弟党对我们的怀疑。

这种怀疑是必然的:"第一,你们反王明;第二,不要你们革命,你们非革命不可;第三,到莫斯科要斯大林订条约,要收回中长路,那么神气。"在莫斯科,科瓦廖夫〔18〕招待我,费德林〔19〕当翻译。我发了脾气,拍了桌子。我说,我在这儿有三个任务:一、吃饭;二、睡觉;三、拉屎。

军事学院有个苏联顾问,在讲战例的时候,只准讲苏联的,不准讲中国的,不准讲朝鲜战争的,只准讲苏军的十大打击。

让我们自己讲讲嘛！他连我们自己讲都不让。我们打了二十二年仗嘛！在朝鲜还打了三年嘛！请军委把这个材料搜集一下，交给尤金同志，如果他要的话。

有些事情我们没说，怕影响中苏关系，尤其是在波、匈事件的时候。当时波兰要赶走你们的专家，刘少奇同志在莫斯科建议你们撤走一部分，你们接受了，波兰人就高兴了，说他们有自由了。那时我们不能提专家问题，怕你们怀疑我们利用这个机会赶走专家。我们不赶，即使有十个波兰赶，我们也不赶。我们需要苏联的帮助。

我劝过波兰人，要学习苏联，劝他们在反教条主义以后，提出学习苏联的口号。学习苏联，对谁有利？对苏联有利，还是对波兰有利？这首先对波兰有利。

我们要学习苏联，但首先要考虑到我们自己的经验，以我们自己的经验为主。

有些苏联顾问，任职可以定个期限。如在我国军事、公安两个部门的首席顾问，一直没有个期限，换来换去，也不通知我们，也不征求我们的意见。好比说派大使吧，你尤金走了，派另外的人来，如果不和我们商量，能行吗？这种做法是不对的。你们派到我们公安部门的顾问，坐在那里，如果中国人不告诉他情况，他能知道个什么？

我劝你们去各省跑跑，与人民接触，多了解情况。我同你谈了多次，如果不是一万次，也有一千次了。

苏联专家中大部分人基本上是好的，个别人有些缺点。我们过去也有缺点，没有主动多向苏联同志介绍情况。现在要克服这些缺点，采取积极的态度。这次就向他们介绍中国的总路线，一次不成，两次；两次不成，三次、多次。

这些话，都是由于搞核潜艇“合作社”引起的。现在我们决定不搞核潜艇了，撤回我们的请求。要不然就把全部海岸线交给你们，把过去的旅顺、大连加以扩大。但是不要混在一起搞，你们搞你们的，我们搞我们的。我们总要有自己的舰队。两把手不好办。

打起仗来情况就不同了，你们的军队可以到我们这儿来，我们的军队也可以到你们那儿去。如果在我们这儿打，你们的军队也应该听我们的指挥。如果在你们那儿打，我们的军队比你们少的话，也应该听你们的指挥。

我这些话很不好听，你们可以说我是民族主义，又出现了第二个铁托。如果你们这样说，我就可以说，你们把俄国的民族主义扩大到了中国的海岸。

取消四个合营公司、撤销旅顺基地的是赫鲁晓夫同志。斯大林在世时，要在我们这儿搞罐头工厂。我回答他说，你们给我们设备，帮助我们建设，全部产品都给你们。赫鲁晓夫同志夸奖了我，说我回答得好。但为什么现在又搞海军“合作社”？你们建议搞海军“合作社”，怎么向全世界讲话？怎么向中国人民讲话？你们可以训练中国人，同帝国主义斗争，你们作顾问。否则，旅顺，不仅旅顺，可以租给你们九十九年。搞“合作社”有一个所有权问题，你们提出双方各占百分之五十。你们昨天把我气得一宿没有睡觉。他们（指在座的其他中国领导人）没有气，我一个人有气。如果犯错误，是我一个人。

（周恩来：这是我们政治局的一致意见。）

这次没谈通，可以再谈，可以每天向你谈一次。不行，我可以去莫斯科同赫鲁晓夫同志谈，或者请赫鲁晓夫同志来北京，把一切问题都谈清楚。

（彭德怀：今年苏联国防部长马利诺夫斯基同志给我打来一个电报，要求在中国海岸建设一个长波雷达观测站，用来在太平洋指挥潜艇舰队，需要的费用一亿一千万卢布，苏联负担七千万，中国负担四千万。）

这个问题和搞海军“合作社”一样，无法向人民讲，向国外讲，政治上不利。

（彭：彼得罗舍夫斯基〔20〕，在作风上也很粗暴。他对我们的建军原则，对我们在个别地方不采用苏军条例，很不满。在一次军委扩大会议上，福建军区的叶飞〔21〕同志说，福建到处是山，苏军的练兵条例不完全适用，因为苏军条例主要是按平原的条件制定的。彼得罗舍夫斯基听了很不满意，当时就说：“你污辱了伟大斯大林所创造的伟大的军事科学。”他这样一说，会场的气氛很紧张。）

上面这些事，有的过去讲了，有的没有讲。你们这样大力地帮助我们，而我们又讲你们的坏话，可能使你们难过。我们的关系，就好像教授与学生的关系。教授可能有缺点，学生是不是要提意见？要提，这不是要把教授赶走，教授还是好教授。

你们就帮助我们建造核潜艇嘛！你们可以作顾问。为什么要提出所有权各半的问题？这是一个政治问题。我们打算搞二三百艘这种潜艇。

要讲政治条件，连半个指头都不行。你可以告诉赫鲁晓夫同志，如果讲条件，我们双方都不必谈。如果他同意，他就来，不同意，就不要来，没有什么好谈的，有半个小指头的条件也不成。

在这个问题上，我们可以一万年不要援助。但其他方面的合作还可以进行，决不会闹翻。我们还是始终一致地支持苏联。我们可以在房子里吵架。

我在莫斯科时同赫鲁晓夫同志谈过，你们不一定满足我们的一切要求。你们不给援助，可以迫使我们自己努力。满足一切要求，反而对我们不利。

政治上的合作很重要。在政治上，我们拆你们的台，你们不好办；你们拆我们的台，我们也不好办。

战时，我们的一切军港、一切机场，你们都可以使用，一切地方你们都可以来。你们的地方，你们的海参崴，我们也可以去。战争结束了，就回来。关于这点，可以先订一个战时协定，不要等到战争开始时才订，要提前订。在协定里也要规定，我们也可以到你们那里去，即使我们不去，也要这样订，因为这是个平等问题。平时，这样做不行。平时你们帮助我们建立基地，建设军队。

搞海军“合作社”，就是在斯大林活着的时候，我们也不干。我在莫斯科也和他吵过嘛！

赫鲁晓夫同志取消了“合作社”〔22〕，建立了信任。这次提所有权问题，使我想起斯大林的东西又来了。可能是我误会了，但话要讲清楚。

你昨天说，你们的条件不好，核潜艇不能充分发挥力量，没有前途，中国的条件好，海岸线长，等等。你们从海参崴经库页岛、千岛群岛出大洋，条件很好嘛！

你们讲的话，使我感到不愉快。请你照样告诉给赫鲁晓夫同志，我怎么说的，你就怎么讲，不要代我粉饰，好让他听了舒服。他批评了斯大林，现在又在搞斯大林的东西。

分歧还是有的。我们的，有的你们不同意；你们的，有的我们不同意。比如，我们的“人民内部矛盾”、“百花齐放”，你们就那么满意呀！

斯大林支持王明路线，使我们的革命力量损失了百分之九十以上。当革命处在关键的时候，他不让我们革命，反对我们革命。革命胜利后，他又不信任我们。他大吹自己，说什么中国的胜利是在他的理论指导下取得的。一定要彻底打破对他的迷信。斯大林对中国所做的这些事，我在死以前，一定写篇文章，准备一万年以后发表。

（尤金：对于中共的各项政策，我们苏共中央的态度是：中国问题怎样解决，是中国同志自己的事情，因为他们最了解情况。同时，我们认为，议论像中共这样伟大的党的政策是否正确，是轻率的、傲慢的。）

只能说是基本上正确。我自己也犯过错误，由于我的过错，在战争中也打过败仗，比如长沙、土城等四次战役。如果说我基本上是正确的，我就很高兴了。只能说我基本上正确是接近实际的。

建立潜艇舰队的问题，这是个方针问题：是我们搞你们帮助，还是搞“合作社”，这一定要在中国决定。赫鲁晓夫同志也可以来，因为我已经去过他那里了。

对于什么都不能迷信。比如，你们一位专家，根据一个院士的一本书，就说我们山西的煤不能炼焦。这样一来就完了，我们没有炼焦煤了，因为山西的煤最多嘛！

在长江大桥工作过的苏联专家西宁同志，是一个好同志。他的建桥方法，在你们国内一直没有用武之地。大型的不让他搞，让他搞个中型的嘛！中型的也不让他搞，让他搞个小型的嘛！小型的也不让搞。但是，他到我们这儿来一说，蛮有道理。反正我们什么也不懂，就请他搞吧！结果一试验就成功了，成了世界上第一流的科学工作。

我没有见过西宁同志。我和建设长江大桥的很多领导同志谈过话，他们一致反映：西宁是个好同志，一切工作他都亲自参加，工作方法很好，凡事都和中国同志一起做。大桥修好了，中国同志学会了很多东西。你们当中谁认识他，请代我向他问候。

不要在专家中，在两党和两国的关系中造成一种紧张气氛，我没有这个意思。我们的合作是全面的，是很好的。你要向使馆的工作人员和专家们讲清楚，不要说毛泽东同志提了意见，可不得了了。

有些问题早就想讲，但过去情况不好，发生了波、匈事件，你们政治上有困难，不宜于讲。比如专家问题，那时我们不好讲。

斯大林后来也很好了，中苏订了条约〔23〕，帮助了朝鲜战争〔24〕，搞了一百四十一项。当然，这不都是他个人的功绩，是整个苏共中央的功绩。因此，我们不强调斯大林的错误。

根据中央文献出版社、世界知识出版社一九九四年出版的《毛泽东外交文选》刊印。

注　释

〔1〕这是毛泽东同苏联驻华大使尤金谈话的主要部分。一九五八年七月二十一日，尤金向毛泽东转达了赫鲁晓夫和苏共中央主席团关于苏联同中国建立一支共同核潜艇舰队的建议，并希望周恩来、彭德怀去莫斯科进行具体商量。毛泽东当即表示："首先要明确方针：是我们办，你们帮助？还是只能合办，不合办你们就不给帮助，就是你们强迫我们合办？"

〔2〕一九五八年六月二十八日，中国方面根据苏联军事顾问的意见，向苏联提出为发展中国海军核潜艇提供技术援助的要求。同年七月二十一日，苏联驻华大使尤金向毛泽东转达了赫鲁晓夫和苏共中央主席团关于苏联同中国建立一支共同核潜艇舰队的建议。由于苏方的这一建议有损中国的主权，中国方面撤销了请苏方就发展核潜艇提供技术援助的要求。

〔3〕租让制，是苏俄政府在从资本主义到社会主义过渡时期采取的国家资本主义的一种形式。列宁在《论粮食税》一文中讲到租让制时说："苏维埃制度下的租让是什么呢？这就是苏维埃政权、即无产阶级的国家政权为反对小私有者的（宗法式的和小资产阶级的）自发势力而和国家资本主义订立的一种合同、同盟或联盟。承租人就是资本家。他按资本主义方式经营，是为了获得利润，他同意和无产阶级政权订立合同，是为了获得高于一般利润的额外利润，或者是为了获得用别的办法得不到或极难得到的原料。苏维埃政权获得的利益，就是发展生产力，就是立刻或在最短期间增加产品数量。""租让制这种国家资本主义，和苏维埃体系内其他形式的国家资本主义比较起来，大概是最简单、明显、清楚和一目了然的形式。在这里，我们和最文明先进的西欧资本主义直接订立正式的书面合同。我们确切知道自己的得失、自己的权利和义务，我们确切知道租让的期限，如果合同规定有提前赎回的权利，我们也确切知道提前赎回的条件。我们给世界资本主义一定的'贡赋'，在某些方面向他们'赎买'，从而立刻在某种程度上使苏维埃政权的地位得到加强，使我们经营的条件得到改善。"（《列宁选集》第4卷，人民出版社1995年版，第505、506页）

〔4〕一九五〇年三月和一九五一年七月，中苏两国政府分别签订有关创办中苏股份公司的四个协定，在中国境内开办民用航空公司、石油公司、有色及稀有金

属公司和造船公司。这四个合营企业的建立对当时中国的经济建设起了积极作用。但由于苏方企图把合营企业变为独立于中国主权之外的经济实体，在一些做法上损害了中国的权益。一九五四年十月十二日，中苏两国政府签署联合公报，苏方承诺于一九五五年一月一日前将四个中苏股份公司中的苏联股份出售给中国。苏联股份移交后，中苏民用航空公司由中国民用航空局接收，其余三个公司分别改名为新疆石油公司、新疆有色金属公司和大连造船厂。

〔5〕赫鲁晓夫，当时任苏联共产党中央委员会第一书记、苏联部长会议主席。

〔6〕铁托，见本卷第48页注〔20〕。

〔7〕季诺维也夫（一八八三——一九三六），十月革命前夕担任俄国社会民主工党（布尔什维克）中央政治局委员。因反对举行武装起义并泄露起义计划而受到列宁的严厉批评。后任彼得格勒苏维埃主席、共产国际执行委员会主席等职。一九二七年被开除出党。一九三六年在“肃反”中被处决。

〔8〕米高扬（一八九五——一九七八），当时任苏联共产党中央主席团委员、苏联部长会议副主席。

〔9〕布尔加宁（一八九五——一九七五），一九五七年时任苏联共产党中央主席团委员、苏联部长会议主席。库西宁（一八八一——一九六四），一九五七年时任苏联共产党中央主席团委员、中央书记处书记。苏斯洛夫（一九〇二——一九八二），一九五七年时任苏联共产党中央主席团委员、中央书记处书记。

〔10〕一九五七年十一月二日至二十一日，毛泽东率中国党政代表团访问苏联，参加苏联十月革命四十周年庆祝大会，并出席各国共产党工人党莫斯科会议。邓小平当时是代表团成员、中共中央总书记。

〔11〕八大，即中国共产党第八次全国代表大会。见本卷第98页注〔2〕。

〔12〕《莫斯科宣言》，指一九五七年十一月十四日至十六日在莫斯科召开的社会主义国家共产党和工人党代表会议通过的《社会主义国家共产党和工人党代表会议宣言》。在这个《宣言》中，提出了普遍适用于各个走上社会主义道路的国家的九条共同的规律，即：以马克思列宁主义政党为核心的工人阶级，领导劳动群众进行这种形式或那种形式的无产阶级革命，建立这种形式或那种形式的无产阶级专政；建立无产阶级同农民基本群众和其他劳动阶层的联盟；消灭基本生产资料资本主义所有制和建立基本生产资料的公有制；逐步实现农业的社会主义改造；有计划地发展国民经济，以便建成社会主义和共产主义，提高劳动人民的生活水平；

进行思想文化领域的社会主义革命，造成忠于工人阶级、劳动人民和社会主义事业的强大的知识分子队伍；消灭民族压迫，建立各民族间的平等和兄弟友谊；保卫社会主义果实，不让它受到国内外敌人的侵犯；实行无产阶级的国际主义，同各国工人阶级团结一致。

〔13〕一九五七年莫斯科会议期间，十一月十日中共代表团由邓小平向苏共中央系统地说明中国共产党关于从资本主义向社会主义过渡问题的观点，并向苏共中央提出了《关于和平过渡问题的意见提纲》，提纲的主要内容有五条。

〔14〕指我国第一个五年计划期间，由苏联援助中国建设的一百五十六项大中型工业项目。这些建设项目是中苏两国政府一九五〇年至一九五四年间经过反复协商后分批确定的，后调整为一百五十四项。一九六〇年由于苏联单方面废弃协议，实际进行施工的项目为一百五十项。

〔15〕指王明"左"倾冒险主义错误和王明右倾机会主义错误。见本卷第47页注〔18〕和第48页注〔19〕。

〔16〕第三国际，即共产国际，见本卷第57页注〔7〕。

〔17〕莫洛托夫（一八九〇——一九八六），一九四九年时任苏联共产党中央政治局委员、苏联部长会议副主席。贝利亚，一九四九年时任苏联共产党中央政治局委员、苏联部长会议副主席。

〔18〕科瓦廖夫，一九四九年十二月曾陪同毛泽东访问苏联，当时是苏联驻中国专家总负责人。

〔19〕费德林，一九一二年生，苏联汉学家。长期在苏联外交部门担任中文翻译，曾任苏联驻中国大使馆文化参赞。

〔20〕彼得罗舍夫斯基，曾受苏联政府派遣在中国任军事总顾问。

〔21〕叶飞（一九一四——一九九九），福建南安人。一九五六年八月至一九五七年十月任福州军区司令员兼政治委员。

〔22〕指中华人民共和国建立初期中苏两国合办的民用航空公司、石油公司、有色及稀有金属公司和造船公司。

〔23〕指一九五〇年二月十四日在莫斯科签订的《中苏友好同盟互助条约》，见本卷第320页注〔5〕。

〔24〕朝鲜战争，见本卷第66页注〔2〕。

教育与劳动结合的原则是不可移易的[1]

（一九五八年八月）

一

中国教育史有人民性的一面。孔子[2]的有教无类，孟子[3]的民贵君轻，荀子[4]的人定胜天，屈原[5]的批判君恶，司马迁[6]的颂扬反抗，王充、范缜、柳宗元、张载、王夫之[7]的古代唯物论，关汉卿、施耐庵、吴承恩、曹雪芹[8]的民主文学，孙中山的民主革命，诸人情况不同，许多人并无教育专著，然而上举那些，不能不影响对人民的教育，谈中国教育史，应当提到他们。但是就教育史的主要侧面说来，几千年来的教育，确是剥削阶级手中的工具，而社会主义教育乃是工人阶级手中的工具。

二

儿童时期需要发展身体，这种发展要是健全的。儿童时期需要发展共产主义的情操、风格和集体英雄主义的气概，就是我们时代的德育。这二者同智育是连结一道的。二者都同从事劳动有关，所以教育与劳动结合的原则是不可移易的。总结以上所说，我们所主张的全面发展，是要使学生得到比较完全的和比较广博的知识，发展健全的身体，发展共产主义的道德。

根据毛泽东手稿刊印。

注　释

〔1〕这是毛泽东在审阅中共中央宣传部部长、中央文教小组组长陆定一的《教育必须与生产劳动相结合》一文时加写的两段文字。陆定一的这篇文章后来发表在一九五八年九月一日出版的《红旗》杂志第七期。

〔2〕孔子，见本卷第 84 页注〔12〕。

〔3〕孟子（约公元前三七二——前二八九），名轲，字子舆，邹（今山东邹县）人。战国时期思想家。

〔4〕荀子（约公元前三二五——前二三八），名况，字卿，战国末期哲学家、教育家。

〔5〕屈原（约公元前三三九——约前二七八），名平，字原，战国时期诗人、政治家。

〔6〕司马迁（公元前一四五或公元前一三五——？），字子长，左冯翊夏阳（今陕西韩城西南）人。西汉史学家、文学家。

〔7〕王充（二七——约九七），字仲任，会稽上虞（今浙江上虞）人，东汉时期哲学家。范缜（约四五〇——约五一五），字子真，南阳舞阴（今河南泌阳西北）人，南朝齐、梁时期无神论思想家。柳宗元（七七三——八一九），字子厚，河东解县（今山西永济）人，唐代文学家、哲学家。张载（一〇二〇——一〇七七），字子厚，原籍大梁（今河南开封），生于长安（今陕西西安），北宋哲学家。王夫之（一六一九——一六九二），字而农，湖南衡阳人，明末清初哲学家。

〔8〕关汉卿（约一二二〇——约一三〇〇），大都（今北京市）人，元代剧作家。

施耐庵，元末明初小说家。吴承恩（约一五〇〇——约一五八二），字汝忠，淮安山阳（今江苏淮安）人，明代小说家。曹雪芹（一七一五——一七六三），名霑，字梦阮，满洲正白旗人，清代小说家。

同巴西记者马罗金和杜特列夫人的谈话

（一九五八年九月二日）

毛泽东：你们等了很久吧？因为我们开会，没有能早见你们。

马罗金：得到你的接见是一件很光荣的事，等多久都可以。

杜特列夫人：等得再长，我们也感谢你的接见。而且，这样可以有时间多看一些材料，也可以在中国多呆一些时候。

毛：看了些什么材料？

马、杜：有你的著作，包括《新民主主义论》。

毛：我在《新民主主义论》中讲到，第二次世界大战以后，不可能再出现基马尔〔1〕式的土耳其那样的国家；殖民地和半殖民地的资产阶级，要就是站在帝国主义战线方面，要就是站在反帝国主义战线方面，没有其他的道路。事实上，这种观点只适合于一部分国家，对于印度、印度尼西亚、阿拉伯联合共和国〔2〕等国家却不适用。它们不是帝国主义国家，也不是社会主义国家，而是民族主义国家。拉丁美洲也有许多这样的国家，将来还会多。

杜:《新民主主义论》这本书,对巴西这样的国家很重要。

毛:这本书里讲的是资产阶级民主革命。一般说来书中的观点是对的,只有像上面所说的个别地方需要做一些补充。

马:民族主义国家的中立立场可以长期维持吗?

毛:什么事情都不能永久维持。帝国主义不能够永久维持。社会主义也不能够永久维持,因为还要进入更高级的共产主义社会。中立立场可以维持相当长的时期,维持到还有必要的时候。

杜:对于民族主义国家说来,采取中立的立场是不是正义的?

毛:是的。这些国家既不站在帝国主义的一边,也不站在社会主义的一边,而站在中立的立场,不参加双方的集团,这是适合于它们现时的情况的。

杜:可以同时同双方维持正常关系吗?

毛:在我们看来是可以的。但是,民族主义国家采取中立立场,帝国主义国家却不喜欢,因为这些民族主义国家的中立是摆脱了它们的控制而取得的。民族主义国家的这种中立也就是一种独立自主、不受控制的立场。我们社会主义阵营欢迎这些国家的这种中立的立场,因为它有利于和平事业,不利于帝国主义的侵略计划和战争计划。我们把亚洲、非洲、拉丁美洲已经独立的国家看成朋友,把还没有独立、正在争取独立的国家也看成朋友。我们支持它们。

拉丁美洲有多少人口?

马:大约一亿。

毛:一亿人口的朋友。巴西人口占拉丁美洲人口的百分之六十，你们是大国。以后巴西人口还会多；土地那么大，跟中国差不多。你们的国家很有前途。

马：我们希望中国帮助我们工业化。

毛：只要你们愿意，我们没有不愿意的。所有亚洲、非洲、拉丁美洲的国家要我们助一臂之力，我们都是愿意的。

杜：拉丁美洲是美国很重要的一个阵地，美国正在世界各地败退，所以加紧对拉丁美洲施加压力。

毛：拉丁美洲是美国的后方。亚洲、非洲、拉丁美洲的国家，都曾经是或者仍然是帝国主义的后方和仓库。现在后方造反了，许多国家已经摆脱帝国主义的统治。

杜：拉丁美洲正在开始这样做，但是很不容易。

毛：可以先取得半独立的状态，然后完全独立。亚非有许多国家就是如此，有些已经独立了，有些已经半独立，正在争取完全独立，有些还在受帝国主义的统治。

马：我们希望知道主席对于中国同拉丁美洲国家建立外交关系和进行贸易的意见。

毛：只要巴西和其他拉丁美洲国家愿意同中国建立外交关系，我们一律欢迎。不建立外交关系，做生意也好。不做生意，一般往来也好。中国同拉丁美洲国家的社会制度是不同的，但是，在许多点上是相同的。首先，要求独立这一点是相同的。不仅你们有独立问题，我们也有。我们还有台湾问题，美国还在威胁我们。即使台湾收复了，美国的威胁还会存在。这是我们最大的共同点。其次，我们的经济都不发达。要求发展经济的愿望，在你们那里是迫切的，在我们这里也是迫切的。所有亚洲、非洲、拉丁美洲国家的共同历史任务，就是争取民族独立，发展民族经济和发展民族文化。

马：美国的禁运对中国有没有影响？

毛：对我们说来，没有影响，好处甚大。

马：主席对国际形势是乐观还是悲观？

毛：目前国际局势很好。西方国家要达到它们的目的是很困难的。它们的目的是要统治一切可能统治的地方，但是它们到处受到抵抗。它们这些殖民国家结成一体，自称为西方国家。从地理上看，巴西也算西方国家；但是，从政治上看，它们所说的西方国家，实际上只是美国、英国、法国、意大利、比利时、西德、荷兰等等。西方世界的太阳是傍晚的没落的太阳，亚洲、非洲、拉丁美洲的太阳是早晨的上升的太阳。帝国主义历来就是吓唬人的，有时也动手打人，我们就是不要被它们吓倒，不要怕它们。对西方的崇拜是一种迷信，这是由历史形成的，现在这种迷信正在逐渐破除。说西方是先进的，这也是一种迷信；恰恰相反，它们是落后的。自然，它们有一点东西，无非是几斤钢铁和几个原子弹；其实这也没有什么了不起，因为它们在政治上是落后的，是腐败的，是低级趣味的，所以我们看不起它们。列宁说过先进的亚洲、落后的欧洲这样的话。〔3〕那时候，列宁所指的是中国和亚洲其他国家的民主运动，他看出亚洲要跑在欧洲的前面。现在，除了社会主义阵营以外，除了亚洲的民族革命运动以外，还要加上非洲和拉丁美洲的民族革命运动，这些都是先进的，而西方世界则是落后的。这句话，杜勒斯〔4〕这些人听起来是不服气的。他们会说：“这是吹牛，我们有钢铁和原子弹，怎么反而是落后呢？”我说：他们虽然有钢铁和原子弹，但是这些东西是拿在落后的人手里，拿在垄断资本家手里；他们一时耀武扬威，最后总是要垮下去的。

破除对西方的迷信，这是一件大事，在亚洲、非洲、拉丁美洲都要进行。在我们国家也要继续破除这种迷信。我说的是，要在战略上蔑视帝国主义，把帝国主义看成纸老虎，不算数；但是在战术上和在每件具体工作上，却要重视它们，要认真地对待它们。帝国主义由真老虎变成半真半假的老虎，再变成完全的假老虎，即纸老虎，这是一个事物走向反面的转化过程，我们的任务就是要促进这个过程。在这个过程结束之前，老虎还可能要活一个时期，还能咬人。因此，打老虎要一拳一拳地打，要讲究拳法，不能大意。

西方国家的人民也不同意他们政府的做法。我说美国不好，只是说它的统治集团不好，美国人民是很好的。他们中间许多人现在还没有觉醒，但是一定会觉醒的。

杜：我们相信，你的解释对拉丁美洲很有帮助。

毛：我们对拉丁美洲人民的情况很关心。像尼克松到南美八国的故事〔5〕，我们很感兴趣。

马：他受到了很大的“欢迎”。杜勒斯在里约热内卢也受到很大的“欢迎”。

毛：拉丁美洲人民起来了，他们不把尼克松、杜勒斯看在眼里。在他们眼里，尼克松、杜勒斯不过是纸老虎。尼克松、杜勒斯都落后了，拉丁美洲人民比他们高明得多。

根据中央文献出版社、世界知识出版社一九九四年出版的《毛泽东外交文选》刊印，原题是《争取民族独立，破除对西方的迷信》。

注 释

〔1〕基马尔，又译凯末尔（一八八一——一九三八），土耳其民族商业资产阶级的代表。第一次世界大战后，领导土耳其的民族解放运动和资产阶级民主革命。一九二三年，在土耳其建立资产阶级共和国，当选为第一任总统。

〔2〕阿拉伯联合共和国，简称阿联，一九五八年由埃及、叙利亚合并组成。一九六一年叙利亚脱离阿拉伯联合共和国，成立阿拉伯叙利亚共和国。一九七一年阿拉伯联合共和国改名为阿拉伯埃及共和国。

〔3〕见列宁《落后的欧洲和先进的亚洲》（《列宁选集》第2卷，人民出版社1995年版，第317—319页）。

〔4〕杜勒斯，当时任美国国务卿。

〔5〕一九五八年四月二十八日至五月十四日，美国副总统尼克松先后对乌拉圭、阿根廷、巴拉圭、玻利维亚、秘鲁、厄瓜多尔、哥伦比亚和委内瑞拉等八个拉丁美洲国家进行访问。访问期间，这些国家相继发生了反对美国的拉丁美洲政策的激烈的抗议行动。尼克松到委内瑞拉时被迫提前结束访问回国。

关于国际形势问题[1]

（一九五八年九月五日、八日）

一

国际形势，我们历来有个观点，总是乐观的。后来总结为一个“东风压倒西风”。

美国现在在我们这里来了个“大包干”制度，索性把金门、马祖，还有些什么大担岛、二担岛、东碇岛一切包过去，我看它就舒服了。它上了我们的绞索，美国的颈吊在我们中国的铁的绞索上面。台湾也是个绞索，不过要隔得远一点。它要把金门这一套包括进去，那它的头更接近我们。我们哪一天踢它一脚，它走不掉，因为它被一根索子绞住了。

我现在提出若干观点，提出一些看法供给各位，并不要把它作为一个什么决定，作为一个法律。作为一个法律就死了，作为一个看法就是活的。拿这些观点去观察观察国际形势。

第一条，谁怕谁多一点。我看美国人是怕打仗。我们也怕打仗。问题是究竟哪一个怕得多一点。这也是个观点，也是个看法。请各位拿了这个观点去看一看，观察观察，以后一年、二年、三年、四年，就这样观察下去，究竟是西方怕东方多一点，还是我们东方怕西方多一点？据我的看法，是杜勒斯[2]怕我们怕得多一点，是英、美、德、法那些西方国家怕我们怕得多一点。为什么它们怕得多一点呢？就是一个力量的问题，人心的问题。人心就是力量，我们这边的人多一点，它们那边的人少一点。共产主义，民族主义，帝国主义，这三个主义中，共产主义和民族主义比较接近。而民族主义占领的地方相当宽，有三个洲：一个亚洲，一个非洲，一个拉丁美洲。即使这些洲里头有许多统治者是亲西方的，比如泰国、巴基斯坦、菲律宾、日本、土耳其、伊朗等国的，可是人民中间亲东方的不少，可能是相当多。就是垄断资本家以及中了他们的毒最深的人是主张战争的。除了垄断资本家，其他的人，大多数（不是全体）是不愿意战争的。比如北欧几个国家，当权的也是资产阶级，他们是不愿意战争的。力量对比是如此。因为真理是抓在大多数人手里，而不抓在杜勒斯手里，他们的心比我们虚，我们的心比较实。我们依靠人民，他们是维持那些反动统治者。现在杜勒斯就干这一套，他就专扶什么蒋委员长、李承晚、吴庭艳〔3〕这类人。我看是这样，双方都怕，但是他们怕我们比较多一点，因此战争是打不起来的。

第二条，美帝国主义它们结成军事集团，什么北大西洋〔4〕，巴格达〔5〕，马尼拉〔6〕，这些集团的性质究竟怎么样？我们讲它们是侵略的。它们是侵略的，那是千真万确的。但是它们现在的锋芒向哪一边呢？是向社会主义进攻，还是向民族主义进攻？我看现在是向民族主义进攻，就是向埃及、黎巴嫩和中东那些弱的国家进攻。社会主义国家，除非是比如匈牙利失败了，波兰也崩溃了，捷克、东德也崩溃了，连苏联也发生问题，我们也发生问题，摇摇欲倒，那个时候它们会进攻的。你要倒了，它们为什么不进攻？现在我们不倒，我们巩固，我们这个骨头啃不动，它们就啃那些比较可啃的地方，搞印尼、印度、缅甸、锡兰〔7〕，想搞垮纳赛尔〔8〕，想搞垮伊拉克，想征服阿尔及利亚等等。现在拉丁美洲有个很大的进步。尼克松是个副总统，在八个国家不受欢迎〔9〕，被吐口水，打石头。美国的政治代表在那些人面前被用口水去对付，这就是藐视“尊严”，没有“礼貌”了，在他们心目中间不算数了。你是我们的对头，因此拿口水、石头去对付你。所以，不要把这三个军事集团看得那么严重，要有分析。它们是侵略性的，但是它们并不巩固。

第三条，关于紧张局势。我们每天都是要求缓和紧张局势，紧张局势缓和了对世界人民是有利的。那末，凡是紧张局势就对我们有害，是不是？我看也不尽然。这个紧张局势，对我们并不是纯害无利，也有有利的一面。什么道理呢？因为紧张局势除了有害的一面外，还可以调动人马，调动落后阶层，调动中间派起来奋斗。怕打原子战争的，就要想一想。你看金门、马祖打这样几炮〔10〕，我就没有料到现在这个世界闹得这样满城风雨，烟雾冲天。这就是因为人们怕战争，怕美国到处闯祸。全世界那么多国家，除了一个李承晚之外，现在还没有第二个国家支持美国。可能还加一个菲律宾，叫做“有条件的支持”。比如伊拉克革命，还不是紧张局势造成的？紧张局势并不取决于我们，是帝国主义自己造成的，但是归根结底对于帝国主义更不利。这个观点列宁说过的，他是讲战争，他说，战争调动人们的精神状态使它紧张起来。现在当然没有战争，但是这种在武装对立的情况下的紧张局势也是能够调动一切积极因素，并且使落后阶层想一想的。

第四条，中东的撤兵问题。美英侵略军必须撤退。帝国主义现在想赖在那里不走，这对人民是不利的，可是同时也有教育人民的作用。你要反对侵略者，如果没有个对象，没有个靶子，没有个对立面，这就不好反。它自己现在跑上来当作对立面，并且赖着不走，就起了动员全世界人民起来反对美国侵略者的作用。所以它迟迟不撤退，总起来看对人民也不见得就那么纯害无利，因为这样人民每天就可以催它走：你为什么不走？

第五条，戴高乐〔11〕登台好，还是不登台好？现在法国共产党和人民应该坚决反对戴高乐登台，要投票反对他的宪法，但是同时要准备反对不了时，他登台后的斗争。戴高乐登台要压迫法共和法国人民，但对内对外也有好处。对外，这个人喜欢跟英美闹别扭，他喜欢抬杠子。他从前吃过苦头的，他写过一本回忆录，尽骂英美，而说苏联的好话。现在看起来，他还是要闹别扭的。法国跟英美闹别扭很有益处。对内，为教育法国无产阶级不可少之教员，等于我们中国的蒋委员长一样。没有蒋委员长，六亿人民教不过来的，单是共产党正面教育不行的。戴高乐现在还有威信，你这会把他打败了，他没有死，人们还是想他。让他登台，无非是顶多搞个五年，六年，七年，八年，十年，他得垮的。他一垮了，没有第二个戴高乐了，这个毒放出来了。这个毒必须放，等于我们右派的毒，你得让他放。你不让他放，他总是有毒的，放出来毒就消了。

第六条，禁运，不跟我们做生意。这个东西对于我们的利害究竟怎么样？我看，禁运对我们的利益极大，我们不感觉禁运有什么不利。禁运对于我们的衣食住行以及建设(炼钢炼铁)有极大的好处。一禁运,我们得自己想办法。我历来感谢何应钦〔12〕。一九三七年红军改编成国民革命军第八路军,每月有四十万法币,自从他发了法币,我们就依赖这个法币。到一九四〇年反共高潮时就断了,不来了。从此我们得自己想办法,想什么办法呢?我们就下了个命令,说法币没有了,你们以团为单位自己打主意。从此,各根据地搞生产运动,产生的价值不是四十万元,不是四百万元,甚至于不是四千万元,各根据地合起来,可能一亿两亿。从此就靠我们自己动手。现在的"何应钦"是谁呢?就是杜勒斯,改了个名字。现在它们禁运,我们就自己搞,搞大跃进,搞掉了依赖性,破除了迷信,就好了。

第七条,不承认问题。是承认比较有利,还是不承认比较有利?我说,等于禁运一样,帝国主义国家不承认我们比较承认我们是要有利一些。现在还有四十几个国家不承认我们,主要的原因就在美国。比如法国,想承认,但是因为美国反对就不敢。其他还有一些中南美洲、亚洲、非洲、欧洲的国家,以及加拿大,都是因为美国而不敢承认。资本主义国家现在承认我们的,合起来只有十九个,加上社会主义阵营十一个,有三十个〔13〕,再加上南斯拉夫,有三十一个。我看就是这么一点过日子吧。不承认我们,我看是不坏,比较好,让我们更多搞一点钢,搞个六七亿吨,那个时候它们总要承认。那个时候也可以不承认,它们不承认有什么要紧?

最后一条,就是准备反侵略的战争。头一条讲了双方怕打,仗打不起来,但世界上的事情还是要搞一个保险系数。因为世界上有个垄断资产阶级，恐怕他们冒里冒失乱搞，所以，要准备作战。这一条要在干部里头讲通。第一，我们不要打，而且反对打，苏联也是。要打就是他们先打，逼着我们不能不打。第二，但是我们不怕打，要打就打。我们现在只有手榴弹跟山药蛋。氢弹、原子弹的战争当然是可怕的，是要死人的，因此我们反对打。但是这个决定权不操在我们手中，帝国主义一定要打，那末我们就得准备一切，要打就打。就是说，死了一半人也没有什么可怕。这是极而言之。在整个宇宙史上来说，我就不相信要那么悲观。我跟尼赫鲁〔14〕总理辩论过这个问题，他说，那个时候没有政府了，统统打光了，想要讲和也找不到政府了。我说，哪有那个事，你这个政府被原子弹消灭了，老百姓又起一个政府，又可以议和。世界上的事情你不想到那个极点，你就睡不着觉。无非是打死人，无非是一个怕打。但是它一定要打，是它先打，它打原子弹，这个时候，怕，它也打，不怕，它也打。既然是怕也打，不怕也打，二者选哪一个呢？还是怕好，还是不怕好？每天总是怕，在干部和人民里头不鼓起一点劲，这是很危险的。我看，还是横了一条心，要打就打，打了再建设。因此，我们现在搞民兵，人民公社里头都搞民兵，全民皆兵。要发枪，开头发几百万枝，将来要发几千万枝，由各省造轻武器，造步枪、机关枪、手榴弹、小迫击炮、轻迫击炮。人民公社有军事部，到处练习。在座的有文化人，你们也要号召一下，单拿笔杆不行，一手拿笔杆，一手拿枪杆，又是文化，又是武化。

有这么八个观点，当做一种看法，供各位观察国际形势的时候采用。

二

还是谈一谈老话。关于绞索，上一次不是谈过吗？现在我们要讲对杜勒斯、艾森豪威尔[15]，对那些战争贩子使用绞索。对美国使用绞索的地方很多。据我看，凡是搞了军事基地的，就被一条绞索绞住了，例如：东方，南朝鲜、日本、菲律宾、台湾；西方，西德、法国、意大利、英国；中东，土耳其、伊朗；非洲，摩洛哥等等。每一个地方美国有许多军事基地，比如土耳其有二十几个基地，日本听说有八百个基地。还有些地方没有基地，但是有军队占领，比如美国在黎巴嫩，英国在约旦。

现在不讲别的，单讲两条绞索：一个黎巴嫩，一个台湾。台湾是老的绞索，美国已经占领几年了。它被什么人绞住了呢？被中华人民共和国绞住了。六亿人民手里拿着一根索子，这根索子是钢绳，把美国的脖子套住了。谁人让它套住的呢？是它自己造的索子，自己套住的，然后把绞索的一头丢到中国大陆上，让我们抓到。黎巴嫩是最近套住的，也是美国自己造的一条绞索，自己套上去的，绞索的一端就丢到阿拉伯民族手里。不但如此，而且是丢到全世界大多数人民手里，大家都骂它，不同情它，大多数国家的人民、政府手里拿着这个绞索。比如中东问题，联合国开了会。但主要是在阿拉伯人民手里套住了，不得脱身。它现在进退两难，早退好，还是迟退好？早退，那末所为何来呢？迟退，越套越紧，可能成为死结，那怎么得了呀？至于台湾，它是订了条约的[16]，比黎巴嫩还不同。黎巴嫩还比较活，没有什么条约，说是一个请，一个就来了，于是乎套上了。至于台湾，就订了个条约，这是个死结。这里不分民主党、共和党，订条约是艾森豪威尔，派第七舰队是杜鲁门〔17〕。杜鲁门那个时候可去可来，没有订条约，艾森豪威尔订了个条约。这也是国民党一恐慌、一要求，美国一愿意，就套上了。

金门、马祖套上了没有？金门、马祖据我看也套上了。为什么呢？他们不是讲现在还没有定，要共产党打上去，那个时候看情形再决定吗？问题是十一万国民党军队，金门九万五，马祖一万五，只要有这两堆在这个地方，他们得关心。这是他们的阶级利益，阶级感情。为什么英国人和美国人对一些国家的政府那样好？他们不能见死不救。昨天第七舰队的司令比克利亲自指挥〔18〕，还有那个斯摩特〔19〕，不是放大炮吗？引得国务院也不高兴、国防部也不高兴的那位先生，他也在那里跟比克利一道指挥。

总而言之，你是被套住了。要解脱也可以，你得采取主动，慢慢脱身。不是有脱身政策吗？在朝鲜有脱身政策，现在我看形成了金、马的脱身政策。你那一班子实在想脱身，而且舆论上也要求脱身。脱身者，是从绞索里面脱出去。怎么脱法呢？就是这十一万人走路。台湾是我们的，那是无论如何不能让步的，是内政问题；跟你的交涉是国际问题。这是两件事。你美国跟蒋介石搞在一起，这个化合物是可以分解的。比如电解铝、电解铜，用电一解，不就分离了吗？蒋介石这一边是内政问题，你那一边是外交问题，不能混为一谈。

现在五大洲，除了澳洲，四大洲美国都想霸住。首先是北美洲，那主要是它自己的地方，它有军队；然后是中南美洲，虽然没有驻军，但是它要“保护”的。再加上欧洲、非洲、亚洲，主要是欧亚非，主力是在欧亚两洲。这么几个兵，分得这么散，我不晓得它这个仗怎么打法。所以，我总是觉得，它是霸中间地带为主。至于我们这些地方，除非是社会主义阵营出了大乱子，它确有把握，一来，我们苏联、中国就全部崩溃，否则我看它是不敢来的。除了我们这个阵营以外，它都想霸占，一个拉丁美洲，一个欧洲，一个非洲，一个亚洲。还有个澳洲，澳洲也在军事条约上跟它联起来了，听它的命令。它用“反共”的旗帜取得这些地方好些，还是真正反共好些？所谓真正反共，就是拿军队来打我们，打苏联。我说，没有那么蠢的人。它只有几个兵调来调去，黎巴嫩事情发生，从太平洋调去，到了红海地方，形势不对，赶快回头，到马来亚〔20〕登陆，名为休息几天，十七天不吭声。后头它一个新闻记者自己宣布是管印度洋的，这一来，印度洋大家都反对。我们这里一打炮，这里兵不够，它又来了。台湾这些地方早一点解脱，对美国比较有利，它赖着不走，就让它套到这里，无损于大局，我们还是搞大跃进。

至于紧张局势，也许还可以讲几句。你搞紧张局势，你以为对你有利呀？不一定，紧张局势调动世界人心，都骂美国人。中东紧张局势大家骂美国人。台湾紧张局势又是大家骂美国人，骂我们的比较少。美国人骂我们，蒋介石骂我们，李承晚骂我们，也许还有一点人骂我们，主要就是这三个。英国是动摇派，军事上不参加，政治上听说它相当同情。因为它有个约旦问题，它不同情一下，美国人如果在黎巴嫩撤退，英国在约旦怎么办呀？尼赫鲁总理发表了声明，基本上跟我们一致的，赞成台湾这些东西归我们，不过希望和平解决。这回中东各国可是欢迎啦，特别是一个阿联〔21〕，一个伊拉克，每天吹，说我们这个事情好。因为我们这一搞,美国人对它们那里的压力就轻了。

我想可以公开告诉世界人民,紧张局势比较对于西方国家不利,对于美国不利。利在什么地方呢?中东紧张局势对于美国有什么利?对于英国有什么利?还是对于阿拉伯国家有利些,对于亚洲、非洲、拉丁美洲以及其他各洲爱好和平的人民有利些。台湾的紧张局势究竟对谁有利些呢?比如对于我们国家,我们国家现在全体动员,如果说中东事件有三四千万人游行示威、开会,这一次大概搞个三亿人口,使他们得到教育,得到锻炼。这个事情对于各民主党派的团结也好吧,各党派有一个共同奋斗目标,这样一来,过去心里有些疙瘩的,有些气的,受了批评的,也就消散一点吧。就这样慢慢搞下去,七搞八搞,我们大家还不就是工人阶级了。所以,帝国主义自己制造出来的紧张局势,结果反而对于反对帝国主义的我们几亿人口有利,对于全世界爱好和平的人民,各阶级,各阶层,政府,我看都有利。他们得想一想,美国总是不好,张牙舞爪。十三艘航空母舰就来了六艘,其中有大到那么大的,有什么六万五千吨的,说是要凑一百二十条船,第一个最强的舰队。你再强一点也好,把你那四个舰队统统集中到这个地方我都欢迎。你那个东西横直没有用的,统统集中来,你也上来不得。船的特点,就在水里头,不能上岸。你不过是在这个地方摆一摆,你越打,越使全世界的人都知道你无理。

根据中央文献出版社、世界知识出版社一九九四年出版的《毛泽东外交文选》刊印,原题是《在第十五次最高国务会议上谈国际形势》。

注　释

〔1〕这是毛泽东在第十五次最高国务会议上两次讲话中关于国际形势的部分。第十五次最高国务会议于一九五八年九月五日、六日和八日在北京举行。毛泽东先后在五日和八日的会议上作了讲话,本篇一选自九月五日的讲话,二选自九月八日的讲话。关于毛泽东九月八日的讲话,九月九日《人民日报》发表的经毛泽东修改的新闻稿作了报道,这里将有关国际形势部分摘录如下:

毛泽东主席说,目前的形势对全世界争取和平的人民有利。总的趋势是东风压倒西风。毛主席说,美帝国主义九年来侵占了我国领土台湾,不久以前又派遣它的武装部队侵占了黎巴嫩。美国在全世界许多国家建立了几百个军事基地。中国领土台湾、黎巴嫩以及所有美国在外国的军事基地,都是套在美帝国主义脖子上的绞索。不是别人而是美国人自己制造这种绞索,并把它套在自己的脖子上,而把绞索的另一端交给了中国人民、阿拉伯各国人民和全世界一切爱和平反侵略的人民。美国侵略者在这些地方停留得越久,套在它的头上的绞索就将越紧。

毛泽东主席又说,美帝国主义在全世界到处制造紧张局势,以期达到它侵略和奴役各国人民的目的。美帝国主义自以为紧张局势总是对它自己有利,但是事实是,美国制造的这些紧张局势走向了美国人愿望的反面,它起了动员全世界人民起来反对美国侵略者的作用。毛主席说,美国垄断资本集团如果坚持推行它的侵略政策和战争政策,势必有一天要被全世界人民处以绞刑。其他美国帮凶也将是这样。

毛主席对于中美两国在华沙即将开始的大使级代表的谈判寄予希望。他说:如果双方具有解决问题的诚意的话,谈判可能会取得某些成果。现在全世界人民都在注视着两国代表将要进行的谈判。

〔2〕杜勒斯,当时任美国国务卿。

〔3〕李承晚,当时任南朝鲜即韩国总统。吴庭艳(一九〇一——一九六三),当时任“越南共和国”总统兼总理和国防部长。

〔4〕指北大西洋公约组织。一九四九年四月,美国、英国、法国、荷兰、比利时、卢森堡、挪威、葡萄牙、意大利、丹麦、冰岛和加拿大在华盛顿签署《北大西洋公约》。同年八月二十四日公约生效,北大西洋公约军事集团建立。希腊和土耳其于

一九五二年，德意志联邦共和国于一九五五年，西班牙于一九八二年，波兰、捷克和匈牙利于一九九九年，正式加入该组织。

〔5〕指巴格达条约组织，是英、美两国为控制中东地区和遏制苏联而组织的军事集团。一九五五年十一月根据《巴格达条约》而成立，一九五九年八月改称中央条约组织。其成员国有土耳其、伊拉克、英国、伊朗和巴基斯坦，美国以“观察员”身分参加。一九五八年七月伊拉克王朝被推翻后，新政府于次年三月正式宣布退出。随着成员国在一系列国际问题上分歧的日益扩大，一九七九年三月伊朗、巴基斯坦、土耳其三国也宣布退出，同年九月二十八日该组织解散。

〔6〕指东南亚条约(即马尼拉条约)组织。一九五四年九月八日，在美国策动下，由美国、英国、法国、澳大利亚、新西兰、菲律宾、泰国和巴基斯坦在菲律宾首都马尼拉签订了《东南亚集体防务条约》，又称《马尼拉条约》。这是一个军事同盟条约，条约声明要用“自助和互助的办法”“抵抗武装进攻”。条约附有美国提出的“谅解”，对“侵略和武装进攻的意义”解释为“只适用于共产党的侵略”。条约还以议定书的形式，把柬埔寨、老挝和南越划为它的“保护地区”。一九五五年二月十九日条约生效时成立了东南亚条约组织。一九六二年七月日内瓦会议通过的《关于老挝中立的宣言》，不承认它对老挝的所谓保护。一九六七年起法国拒绝派正式代表团参加该组织的部长级理事会。一九七二年十一月八日巴基斯坦宣布退出。一九七七年六月该组织宣布解散。

〔7〕锡兰，今斯里兰卡。

〔8〕纳赛尔，当时任阿拉伯联合共和国总统。

〔9〕见本卷第406页注〔5〕。

〔10〕一九五八年七月，台湾国民党当局在美国的支持下叫嚷“反攻大陆”，并不断炮击福建沿海村镇。为严惩国民党军，反对美国侵犯中国主权，人民解放军福建前线部队奉命于八月二十三日开始对国民党军金门防卫部和炮兵阵地等军事目标进行炮击，封锁了金门岛，中断国民党军的补给。九月初，美国向台湾海峡地区大量增兵，派军舰、飞机直接为国民党军运输舰护航，公然入侵中国领海。为打击美国的侵略行径，人民解放军前线部队又于九月八日对金门国民党军和海上舰艇进行全面炮击。至一九五九年一月七日，共进行七次大规模炮击，十三次空战，三次海战，击落击伤国民党军飞机三十六架，击沉击伤军舰十七艘，毙伤国民党军七千余人。

〔11〕戴高乐（一八九〇——一九七〇），当时任法国总理。一九五八年十二月当选为法兰西第五共和国总统。

〔12〕何应钦（一八九〇——一九八七），贵州兴义人。抗日战争时期曾任国民党政府军事委员会参谋总长兼军政部部长。

〔13〕这里所说的十九个国家，指当时已同中国建立外交关系的阿富汗、巴基斯坦、柬埔寨、缅甸、尼泊尔、锡兰（斯里兰卡）、也门、伊拉克、印度、印度尼西亚、阿拉伯联合共和国（一九五八年二月由埃及和叙利亚合并建立）、丹麦、芬兰、荷兰、挪威、瑞典、瑞士、列支敦士登和英国。社会主义阵营十一个国家，指朝鲜、蒙古、越南、阿尔巴尼亚、保加利亚、波兰、德意志民主共和国、捷克斯洛伐克、罗马尼亚、苏联和匈牙利。

〔14〕尼赫鲁，即贾瓦哈拉尔·尼赫鲁（一八八九——一九六四），印度民族独立运动领袖。当时任印度总理。

〔15〕艾森豪威尔，当时任美国总统。

〔16〕指美国和台湾当局订立的《共同防御条约》。一九五〇年六月朝鲜战争爆发后，美国总统杜鲁门在公开宣布武装干涉朝鲜内战的同时，命令其海军第七舰队侵入台湾海峡。美国为使侵略中国领土的行为“合法化”，一九五四年十二月二日与台湾当局签署了《共同防御条约》。该条约规定：美国帮助台湾当局维持并发展武装部队；台湾遭到“武装攻击”时，“美国将采取行动”，对付“共同危险”；美国有在台湾、澎湖及其附近部署陆、海、空军的权利，还可扩及到经双方协议所决定的“其他领土”。一九五五年三月三日条约生效。一九七八年十二月十五日，美国政府就美利坚合众国和中华人民共和国建交发表的声明宣布，美台《共同防御条约》将予以终止。一九八〇年一月一日起该条约正式废除。

〔17〕杜鲁门，一九四五年至一九五三年任美国总统。

〔18〕一九五八年九月七日，比克利指挥美国第七舰队的几艘巡洋舰和驱逐舰，为载运军火增援金门的国民党军运输舰护航。

〔19〕斯摩特，当时任驻台湾美军司令。

〔20〕马来亚，今属马来西亚。

〔21〕阿联，阿拉伯联合共和国的简称。见本卷第 406 页注〔2〕。

中华人民共和国国防部告台湾同胞书

（一九五八年十月六日）

台湾、澎湖、金门、马祖军民同胞们：

我们都是中国人。三十六计，和为上计。金门战斗，属于惩罚性质。你们的领导者们过去长时期间太猖狂了，命令飞机向大陆乱钻，远及云、贵、川、康〔1〕、青海，发传单，丢特务，炸福州，扰江浙。是可忍，孰不可忍？因此打一些炮，引起你们注意。台、澎、金、马是中国领土，这一点你们是同意的，见之于你们领导人的文告，确实不是美国人的领土。台、澎、金、马是中国的一部分，不是另一个国家。世界上只有一个中国，没有两个中国。这一点，也是你们同意的，见之于你们领导人的文告。你们领导人与美国人订立军事协定〔2〕，是片面的，我们不承认，应予废除。美国人总有一天肯定要抛弃你们的。你们不信吗？历史巨人会要出来作证明的。杜勒斯九月三十日的谈话〔3〕，端倪已见。站在你们的地位，能不寒心？归根结底，美帝国主义是我们的共同敌人。十三万金门军民，供应缺乏，饥寒交迫，难为久计。为了人道主义，我已命令福建前线，从十月六日起，暂以七天为期，停止炮击，你们可以充分地自由地输送供应品，但以没有美国人护航为条件。如有护航，不在此例。你们与我们之间的战争，三十年了，尚未结束，这是不好的。建议举行谈判，实行和平解决。这一点，周恩来总理在几年前已经告诉你们了。这是中国内部贵我两方有关的问题，不是中美两国有关的问题。美国侵占台澎与台湾海峡，这是中美两方有关的问题，应当由两国举行谈判解决，目前正在华沙举行〔4〕。美国人总是要走的，不走是不行的。早走于美国有利，因为它可以取得主动。迟走不利，因为它老是被动。一个东太平洋国家，为什么跑到西太平洋来了呢？西太平洋是西太平洋人的西太平洋，正如东太平洋是东太平洋人的东太平洋一样。这一点是常识，美国人应当懂得。中华人民共和国与美国之间并无战争，无所谓停火。无火而谈停火，岂非笑话？台湾的朋友们，我们之间是有战火的，应当停止，并予熄灭。这就需要谈判。当然，再打三十年，也不是什么了不起的大事，但是究竟以早日和平解决较为妥善。何去何从，请你们酌定。

中华人民共和国
国 防 部 部 长 彭德怀

一九五八年十月六日上午一时

根据毛泽东手稿刊印。

注　　释

〔1〕康，指西康省，一九五五年撤销。撤销时，原辖区划归四川省。

〔2〕指美国与台湾国民党政府一九五四年签订的《共同防御条约》。见本卷第419页注〔16〕。

〔3〕美国国务卿杜勒斯一九五八年九月三十日对记者发表谈话，重申美国在

台湾问题上所持的国共“双方放弃武力”的立场，批评蒋介石政府在金门、马祖等岛屿上保持大量军队是不明智和不谨慎的，并承认蒋介石反攻大陆是一个“假设成分很大”的计划，认为“只靠他们自己的力量，他们是不会回到那里去的”。当有记者问到如果中国共产党方面作出某些让步，那末美国的对台湾政策是否会有所改变时，杜勒斯说：“我们在这些方面的政策是灵活的，是适应于我们必须应付的局势的。如果我们必须应付的局势改变了，我们的政策也会随之改变。”

〔**4**〕指中美大使级会谈。一九五五年四月二十三日，周恩来总理在亚非会议八国代表团团长会议上声明：中国政府愿意同美国政府谈判，讨论和缓远东紧张局势问题，特别是和缓台湾地区紧张局势问题。同年七月二十五日，中美双方就举行大使级会谈达成协议，并于八月一日在瑞士日内瓦进行首次会谈。此后由于美方缺乏诚意，会谈中断。一九五八年八月对金门炮击开始后，美国政府公开表示准备恢复会谈，双方随即于九月十五日在波兰华沙恢复会谈。迄至一九七〇年二月二十日，中美大使级会谈共举行了一百三十六次。由于美方坚持干涉中国内政的立场，会谈在和缓和消除台湾地区紧张局势问题上未取得任何进展。

中国医药学
是一个伟大的宝库

（一九五八年十月十一日）

尚昆[1]同志：

此件[2]很好。卫生部党组的建议在最后一段，即今后举办西医离职学习中医的学习班，由各省、市、自治区党委领导负责办理。我看如能在一九五八年每个省、市、自治区各办一个七十至八十人的西医离职学习班，以两年为期，则在一九六〇年冬或一九六一年春，我们就有大约二千名这样的中西结合的高级医生，其中可能出几个高明的理论家。此事请与徐运北[3]同志一商，替中央写一个简短的指示[4]，将卫生部的报告转发给地方党委，请他们加以研究，遵照办理。指示中要指出这是一件大事，不可等闲视之。中国医药学是一个伟大的宝库，应当努力发掘，加以提高。指示和附件发出后，可在《人民日报》发表。

毛　泽　东

十月十一日

根据人民出版社一九八三年出版的《毛泽东书信选集》刊印。

注　　释

〔1〕尚昆，即杨尚昆（一九〇七——一九九八），四川潼南（今属重庆市）人。当时任中共中央书记处候补书记、中央办公厅主任。

〔2〕指卫生部党组一九五八年九月二十五日向毛泽东并中央报送的关于组织西医学中医离职学习班的总结报告。

〔3〕徐运北，一九一四年生，山东聊城人。当时任卫生部党组书记、卫生部副部长。

〔4〕中共中央于一九五八年十一月十八日发出为转发卫生部党组关于组织西医学中医离职学习班的总结报告给上海局和各省、市、自治区党委的指示。这个指示连同卫生部党组的总结报告于一九五八年十一月二十日在《人民日报》发表。

中华人民共和国国防部命令[1]

（一九五八年十月十三日）

福建前线人民解放军同志们：

金门炮击，从本日起，再停两星期，借以观察敌方动态，并使金门军民同胞得到充分补给，包括粮食和军事装备在内，以利他们固守。兵不厌诈，这不是诈。这是为了对付美国人的。这是民族大义，必须把中美界限分得清清楚楚。我们这样做，就全局说来，无损于己，有益于人。有益于什么人呢？有益于台、澎、金、马[2]一千万中国人，有益于全民族六亿五千万人，就是不利于美国人。有些共产党人可能暂时还不理解这个道理。怎么打出这样一个主意呢？不懂，不懂！同志们，过一会儿，你们会懂的。呆在台湾和台湾海峡的美国人，必须滚回去。他们赖在这里是没有理由的，不走是不行的。台、澎、金、马的中国人中，爱国的多，卖国的少。因此要做政治工作，使那里大多数的中国人逐步觉悟过来，孤立少数卖国贼。积以时日，成效自见。在台湾国民党没有同我们举行和平谈判并且获得合理解决以前，内战依然存在。台湾的发言人说：停停打打，打打停停，不过是共产党的一条诡计。停停打打，确是如此，但非诡计。你们不要和谈，打是免不了的。在你们采取现在这种顽固态度期间，我们是有自由权的，要打就打，要停就停。美国人想在我国的内战问题上插进一只手来，他们叫做停火，令人忍俊不禁。美国人有什么资格谈这个问题呢？请问他们代表什么人？什么也不代表。他们代表美国人吗？中美两国没有开战，无火可停。他们代表台湾人吗？台湾当局没有发给他们委任状，国民党领袖根本反对中美会谈。美国民族是一个伟大的民族，其人民是善良的。他们不要战争，欢迎和平。但是美国政府的工作人员，有一部分，例如杜勒斯〔3〕之流，实在不大高明。即如所谓停火一说，岂非缺乏常识？台、澎、金、马整个地收复回来，完成祖国统一，这是我们六亿五千万人民的神圣任务。这是中国内政，外人无权过问，联合国也无权过问。世界上一切侵略者及其走狗，通通都要被埋葬掉，为期不会很远。他们一定逃不掉的。他们想躲到月球里去也不行。寇能往，我亦能往，总是可以抓回来的。一句话，胜利是全世界人民的。金门海域，美国人不得护航。如有护航，立即开炮。切切此令！

国防部长　彭德怀

一九五八年十月十三日上午一时

根据一九五八年十月十三日《人民日报》刊印。

注　　释

〔1〕这是毛泽东起草的。

〔2〕台、澎、金、马，指台湾、澎湖、金门和马祖。

〔3〕杜勒斯，当时任美国国务卿。

中华人民共和国国防部再告台湾同胞书[1]

（一九五八年十月二十五日）

台湾、澎湖、金门、马祖军民同胞们：

我们完全明白，你们绝大多数都是爱国的，甘心做美国人奴隶的只有极少数。同胞们，中国人的事只能由我们中国人自己解决。一时难于解决，可以从长商议。美国的政治掮客杜勒斯[2]，爱管闲事，想从国共两党的历史纠纷这件事情中间插进一只手来，命令中国人做这样，做那样，损害中国人的利益，适合美国人的利益。就是说，第一步，孤立台湾；第二步，托管台湾。如不遂意，最毒辣的手段，都可以拿出来。你们知道张作霖[3]将军是怎样死去的吗？东北有一个皇姑屯，他就是在那里被人治死的。世界上的帝国主义分子都没有良心。美帝国主义者尤为凶恶，至少不下于治死张作霖的日本人。同胞们，我劝你们当心一点儿。我劝你们不要过于依人篱下，让人家把一切权柄都拿了去。我们两党间的事情很好办。我已命令福建前线，逢双日不打金门的飞机场、料罗湾的码头、海滩和船只，使大金门、小金门、大担、二担大小岛屿上的军民同胞都得到充分的供应，包括粮食、蔬菜、食油、燃料和军事装备在内，以利你们长期固守。如有不足，只要你们开口，我们可以供应。化敌为友，此其时矣。逢单日，你们的船只、飞机不要来。逢单日我们也不一定打炮，但是你们不要来，以免受到可能的损失。这样，一个月中有半月可以运输，供应可以无缺。你们有些人怀疑，我们要瓦解你们军民之间官兵之间的团结。同胞们，不，我们希望你们加强团结，以便一致对外。打打停停，半打半停，不是诡计，而是当前具体情况下的正常产物。不打飞机场、码头、海滩、船只，仍以不引进美国人护航为条件。如有护航，不在此例。蒋、杜会谈〔4〕，你们吃了一点亏，你们只有代表“自由中国”发言的权利了；再加上小部分华侨，还许你们代表他们。美国人把你们封为一个小中国。十月二十三日，美国国务院发表十月十六日杜勒斯预制的同英国一家广播公司所派记者的谈话，杜勒斯从台湾一起飞，谈话就发出来。他说，他看见了一个共产党人的中国，并且说，这个国家确实存在，愿意同它打交道，云云。谢天谢地，我们这个国家，算是被一位美国老爷看见了。这是一个大中国。美国人迫于形势，改变了政策，把你们当作一个“事实上存在的政治单位”，其实并非当作一个国家。这种“事实上存在的政治单位”，在目前开始的第一个阶段，美国人还是需要的。这就是孤立台湾。第二个阶段，就要托管台湾了。国民党朋友们，难道你们还不感觉这种危险吗？出路何在？请你们想一想吧。此次蒋杜会谈文告不过是个公报，没有法律效力，要摆脱是容易的，就看你们有无决心。世界上只有一个中国，没有两个中国。这一点我们是一致的。美国人强迫制造两个中国的伎俩，全中国人民，包括你们和海外侨胞在内，是绝对不容许其实现的。现在这个时代，是一个充满希望的时代，一切爱国者都有出路，不要怕什么帝国主义者。当然，我们并不劝你们马上同美国人决裂，这样想，是不现实的。我们只是希望你们不要屈服于美国人的压力，随人俯仰，丧失主权，最后走到存身无地，被人丢到大海里去。我们这些话是好心，非恶意，将来你们会慢慢理解的。

国防部长　彭德怀

一九五八年十月二十五日

根据一九五八年十月二十六日《人民日报》刊印。

注　释

〔1〕这是毛泽东起草的。

〔2〕杜勒斯，当时任美国国务卿。

〔3〕张作霖（一八七五——一九二八），辽宁海城人，北洋军阀统治时期奉系军阀首领。曾在日本帝国主义支持下长期统治东北。一九二六年自任安国军总司令，联合直系军阀吴佩孚入据北京。一九二八年六月同蒋介石作战失败后退回东北，途经皇姑屯车站时，被日本关东军预埋的炸弹炸死。

〔4〕蒋、杜会谈，指蒋介石同美国国务卿杜勒斯一九五八年十月二十一日至二十三日在台湾举行的会谈。会谈公报中说，“美国承认中华民国是自由中国的以及广大中国人民所抱希望和愿望的真正代言人”。

给周世钊[1]的信

（一九五八年十月二十五日）

惇元兄：

赐书收到，十月十七日的，读了高兴。受任新职，不要拈轻怕重，而要拈重鄙轻。古人有云：贤者在位，能者在职，二者不可得而兼。我看你这个人是可以兼的。年年月月日日时时感觉自己能力不行，实则是因为一不甚认识自己；二不甚理解客观事物——那些留学生们，大教授们，人事纠纷，复杂心理，看不起你，口中不说，目笑存之，如此等类。这些社会常态，几乎人人要经历的。此外，自己缺乏从政经验，临事而惧，陈力而后就列，这是好的。这些都是实事，可以理解的。我认为聪明、老实二义，足以解决一切困难问题。这点似乎同你谈过。聪谓多问多思，实谓实事求是。持之以恒，行之有素，总是比较能够做好事情的。你的勇气，看来比过去大有增加。士别三日，应当刮目相看了。我又讲了这一大篇，无非加一点油，添一点醋而已。坐地日行八万里，蒋竹如[2]讲得不对，是有数据的。地球直径约一万二千五百公里，以圆周率三点一四一六乘之，得约四万公里，即八万华里。这是地球的自转（即一天时间）里程。坐火车、轮船、汽车，要付代价，叫做旅行。坐地球，不付代价（即不买车票），日行八万华里，问人这是旅行吗？答曰不是，我一动也没有动。真是岂有此理！囿于习俗，迷信未除。完全的日常生活，许多人却以为怪。巡天，即谓我们这个太阳系（地球在内）每日每时都在银河系里穿来穿去。银河一河也，河则无限，“一千”言其多而已。我们人类只是“巡”在一条河中，“看”则可以无数。牛郎晋人，血吸虫病，蛊病，俗名鼓胀病，周秦汉累见书传，牛郎自然关心他的乡人，要问瘟神情况如何了。大熊星座，俗名牛郎星（是否记错了？），属银河系。〔3〕这些解释，请向竹如道之。有不同意见，可以辩论。十一月我不一定在京，不见也可吧！

毛　泽　东

一九五八年十月二十五日

根据人民出版社一九八三年出版的《毛泽东书信选集》刊印。

注　　释

〔1〕周世钊（一八九七——一九七六），字惇元，湖南宁乡人，毛泽东在湖南省立第一师范学校读书时的同学。当时任湖南省副省长。

〔2〕蒋竹如（一八九八——一九六七），湖南湘潭人，毛泽东在湖南省立第一师范学校读书时的同学。长期从事教育工作。

〔3〕牛郎星不属大熊星座，它是天鹰星座中的α星。大熊星座中的星和牛郎星都属银河系。

关于读书的建议

（一九五八年十一月九日）

同志们：

此信送给中央、省市自治区、地、县这四级党的委员会的委员同志们。

不为别的，单为一件事：向同志们建议读两本书。一本，斯大林著《苏联社会主义经济问题》；一本，《马恩列斯论共产主义社会》[1]。每人每本用心读三遍，随读随想，加以分析，哪些是正确的（我以为这是主要的）；哪些说得不正确，或者不大正确，或者模糊影响，作者对于所要说的问题，在某些点上，自己并不甚清楚。读时，三五个人为一组，逐章逐节加以讨论，有两至三个月，也就可能读通了。要联系中国社会主义经济革命和经济建设去读这两本书，使自己获得一个清醒的头脑，以利指导我们伟大的经济工作。现在很多人有一大堆混乱思想，读这两本书就有可能给以澄清。有些号称马克思主义经济学家的同志，在最近几个月内，就是如此。他们在读马克思主义政治经济学的时候是马克思主义者，一临到目前经济实践中某些具体问题，他们的马克思主义就打了折扣了。现在需要读书和辩论，以期对一切同志有益。

为此目的，我建议你们读这两本书。将来有时间，可以再读一本，就是苏联同志们编的那本《政治经济学教科书》。乡级同志如有兴趣，也可以读。大跃进和人民公社时期，读这类书最有兴趣，同志们觉得如何呢？

毛　泽　东

一九五八年十一月九日于郑州

根据人民出版社一九八三年出版的《毛泽东书信选集》刊印。

注　　释

〔1〕《马恩列斯论共产主义社会》，即人民出版社一九五八年八月出版的《马克思恩格斯列宁斯大林论共产主义社会》。

关于社会主义商品生产问题[1]

（一九五八年十一月九日、十日）

一

许多人避而不谈商品和商业问题，好像不如此就不是共产主义似的。人民公社必须生产适宜于交换的社会主义商品，以便逐步提高每个人的工资。在生活资料方面，必须发展社会主义的商业；并且利用价值法则的形式，在过渡时期内作为经济核算的工具，以利逐步过渡到共产主义。现在我们的经济学家不喜欢经济学，苏联也是这样，认为谁说到价值法则谁就不名誉似的，表现在雅罗申柯写的一封信上。这些人不赞成商品生产，以为苏联已经是共产主义了，实际上还差得很远。我们搞社会主义只有几年，则差得更远。

列宁曾经大力提倡发展商业，因为苏联那时城乡商品流通有断流的危险。我们在一九五〇年也曾有过这种危险。现在运输情况不好，出现半断流的状态。我看要向两方面发展：一是扩大调拨，一是扩大商品生产。不如此，就不能发工资，不能提高生活。

提倡实事求是，不要谎报，不要把别人的猪报成自己的，不要把三百斤麦子报成四百斤。今年的九千亿斤粮食，最多是七千四百亿斤，把七千四百亿斤当数，其余一千六百亿斤当作谎报，比较妥当。人民是骗不了的。过去的战报，谎报战绩只能欺骗人民，欺骗不了敌人，敌人看了好笑。有真必有假，真真假假搞不清。偃师县原想瞒产，以多报少，也有的以少报多。《人民日报》最好要冷静一点。要把解决工作方法问题，当成重点，党的领导，群众路线，实事求是。

斯大林的《苏联社会主义经济问题》一书，要再看一遍。省委常委、地委常委以上干部要研究一下，都要研究这本书的第一章、第二章、第三章。过去看，不感兴趣，现在不同了。这三章中有许多值得注意的东西，也有一些写得不妥当，再有一些他自己也没有搞清楚。

第二章、第三章，讲商品和价值法则，你们有什么看法？我相当赞成其中的许多观点，把这些问题讲清楚很有必要。斯大林认为在苏联生产资料不是商品。在我们国家就不同，生产资料又是商品又不是商品，有一部分生产资料是商品，我们把农业机械卖给合作社。

进入共产主义要有步骤。我们向两方面扩大：一方面发展自给性的生产，一方面发展商品生产。现在要利用商品生产、商品交换和价值法则，作为有用的工具，为社会主义服务。在这方面，斯大林讲了许多理由。商品生产有没有消极方面呢？有就限制它嘛！

我国是商品生产很不发达的国家，比印度、巴西还落后。印度的铁路、纺织比中国发达。去年我们生产粮食三千七百亿斤，其中三百亿斤作为公粮，五百亿斤作为商品卖给国家，两项合起来商品粮还不到粮食总产量的四分之一。粮食以外的经济作物也很不发达，例如茶、丝、麻、烟都没有恢复到历史上的最高产量。需要有一个发展商品生产的阶段，否则公社发不出工资。例如河北省分三种县，一种只够吃饭，一种需要救济，一种除吃饭外还能发点工资。发工资又分几种情况，有的只能发几角钱。因此，每个公社在生产粮食以外还要发展能卖钱的东西，发展社会主义的商品生产和商品交换。必须肯定社会主义的商品生产和商品交换还有积极作用。调拨的产品只是一部分，多数产品是通过买卖进行商品交换。

现在有一种偏向，好像共产主义越快越好。实现共产主义是要有步骤的。山东范县提出两年实现共产主义，要派人去调查一下。现在有些人总是想在三五年内搞成共产主义。

二

大跃进把有些人搞得糊里糊涂，到处都是诗。有人说“诗无达诂”，这是不对的。诗有达诂，达即是通达，诂即是确凿。

睡不着觉，想说一点。试图搬斯大林，继续对一些同志作说服工作。我自以为是正确的，如果对立面的同志正确，那我服从。

现在仍然是农民问题。有些同志忽然把农民看得很高，以为农民是第一，工人是第二了，农民甚至比工人阶级还高，是老大哥了。农村在有些方面走在前面，这是现象，不是本质。有人以为中国的无产阶级在农村，好像农民是无产者，工人是小资产阶级。这样看，是不是马克思主义的？有的同志读马克思主义教科书时是马克思主义者，一碰到实际问题就要打折扣。这一股风，有几十万甚至几百万人。至于群众，也有些昏昏沉沉。于是谨慎小心，避开使用还有积极意义的资本主义范畴——商品生产、商品流通、价值法则等来为社会主义服务。第三十六条〔2〕的写法就是证据，尽量用不明显的词句，来蒙混过关，以便显得农民进入共产主义了。这是对马克思主义不彻底、不严肃的态度。这是关系到几亿农民的事。斯大林说不能剥夺农民。我国人民公社，不但种子，还有肥料、产品，所有权在农民。国家不给它东西，不进行等价交换，它的产品也不会给你。是轻率地还是谨慎地对待这个问题好呢？修武县县委书记，不敢宣布公社是全民所有制。他第一条是怕有灾荒，农业减产了，发不了工资，而国家又不能包下来，不能给补贴；第二条是怕丰产了，国家把粮食调走。这个同志是想事情的，不冒失。我们没有宣布土地国有，而是宣布土地、种子、牲畜、大小农具社有。这一段时期内，只有经过商品生产、商品交换，才能引导农民发展生产，进入全民所有制。

现在，我们有些人大有要消灭商品生产之势。他们向往共产主义，一提商品生产就发愁，觉得这是资本主义的东西，没有分清社会主义商品生产和资本主义商品生产的区别，不懂得在社会主义条件下利用商品生产的作用的重要性。这是不承认客观法则的表现，是不认识五亿农民的问题。在社会主义时期，应当利用商品生产来团结几亿农民。我以为有了人民公社以后，商品生产、商品交换更要发展，要有计划地大大发展社会主义的商品生产，例如畜产品、大豆、黄麻、肠衣、果木、皮毛。现在有人倾向不要商业了，至少有几十万人不要商业了。

这个观点是错误的，这是违背客观法则的。把陕西的核桃拿来吃了，一个钱不给，陕西的农民肯干吗？把七里营[3]的棉花无代价地调出来，会马上打破脑袋。这是不认识五亿农民，不懂得无产阶级对农民应该采取什么态度。恩格斯曾经说过，“一旦社会占有了生产资料，商品生产就将被消除，而产品对生产者的统治也将随之消除”。[4]产品在旧社会对人是有控制作用的。斯大林对恩格斯的这个公式所作的分析是对的，斯大林说：“恩格斯在他的公式中所指的，不是把一部分生产资料收归国有，而是把一切生产资料收归国有，即不仅把工业中的生产资料，而且也把农业中的生产资料都转归全民所有。”“恩格斯认为，在这样的国家中，在把一切生产资料公有化的同时，还应该消除商品生产。”[5]现在我们的全民所有是一小部分，只占有生产资料和社会产品的一小部分。只有把一切生产资料都占有了，才能废除商业。我们的经济学家似乎没有懂得这一点。

斯大林说，有一种“可怜的马克思主义者”认为，应当剥夺农村的中小生产者。[6]我国也有这种人。有些同志急于要宣布人民公社是全民所有，废除商业，实行产品调拨，这就是剥夺农民，只会使台湾高兴。我们在一九五四年犯过点错误，征购粮食太多了，全体农民反对我们，人人说粮食，户户谈统购，这也是“可怜的马克思主义者”因为不知道农民手里到底有多少粮。这还是征购，只是过头了一点，农民就反对。曾经有过这种经验，犯过这种错误，后来我们就减下来了，决定只征购八百三十亿斤。现在农民的劳动，同土地和其他生产资料（种子、工具、水利工程、林木、肥料等）一样是他们自己所有的，因此有产品所有权。不知道什么道理，我们的哲学家、经济学家显然把这些问题忘记了。忘记了这一点，我们就有脱离农民的危险。

商品生产不能与资本主义混为一谈。为什么怕商品生产？无非是怕资本主义。现在是国家同人民公社做生意，早已排除资本主义，怕商品生产做什么？不要怕，我看要大大发展商品生产。我国还有没有资本家剥削工人？没有了，为什么还怕呢？不能孤立地看商品生产，斯大林的话完全正确，他说："决不能把商品生产看作是某种不依赖周围经济条件而独立自在的东西。"〔7〕商品生产，要看它是同什么经济制度相联系，同资本主义制度相联系就是资本主义的商品生产，同社会主义制度相联系就是社会主义的商品生产。商品生产从古就有，商朝的"商"字，就是表示当时已经有了商品生产的意思。把纣王、秦始皇、曹操〔8〕看作坏人是完全错误的。纣王是个很有本事能文能武的人。纣王伐徐州之夷，打了胜仗，只是损失太大，俘虏太多，消化不了，以致亡了国。说什么"血流漂杵"〔9〕，纣王残暴极了，这是《书经》中夸张的说法。所以孟子说："尽信《书》，则不如无《书》。"〔10〕在奴隶时代商品生产并没有引导到资本主义。斯大林说，商品生产"替封建制度服务过，可是，虽然它为资本主义生产准备了若干条件，却没有引导到资本主义"。〔11〕斯大林的这一说法不很准确，应该说：封建社会这个母胎中已经孕育了资本主义的生产方式。

一九四九年七届二中全会〔12〕上，我的报告中就说到限制资本主义经济成分的问题，对资本主义经济成分不是漫无限制地任其泛滥。从一九五〇年开始，我们让资本主义经济成分发展了六年之久，但同时已经实行加工订货、统购包销、公私合营，对资本主义经济成分进行社会主义改造。到一九五六年，他们实际上空手过来了，斯大林所说的“一些决定性的经济条件”〔13〕，我们已经完全有了。斯大林说：“试问，为什么商品生产就不能在一定时期内同样地为我国社会主义社会服务而并不引导到资本主义呢？”〔14〕这句话很重要。已经把鬼吃了，还怕鬼？不要怕，不会引导到资本主义，因为已经没有了资本主义的经济基础。商品生产可以乖乖地为社会主义服务，把五亿农民引导到全民所有制。商品生产是不是有利的工具？应当肯定说：是。为了五亿农民，应当充分利用这个工具发展社会主义生产。要把这个问题提到干部中进行讨论。

劳动、土地及其他生产资料统统是农民的，是人民公社集体所有的，因此产品也是公社所有。他们只愿意用他们生产的产品交换他们需要的商品，用商品交换以外的办法拿走公社的产品，他们都不接受。我们不要以为中国农民特别进步。修武县县委书记的想法是完全正确的。商品流通的必要性是共产主义者要考虑的。必须在产品充分发展之后，才可能使商品流通趋于消失。同志们，我们建国才九年就急着不要商品，这是不现实的。只有当国家有权支配一切产品的时候，才可能使商品经济成为不必要而消失。只要存在两种所有制，商品生产和商品交换就是极其必要、极其有用的。河南提出四年过渡到共产主义，马克思主义“太多”了，不要急于在四年搞成。不要以为四年之后河南的农民就会同郑州的工人一样，这是不可能的。我们搞革命战争用了二十二年，曾经耐心地等得民主革命的胜利。搞社会主义没有耐心怎么行？没有耐心是不行的。

根据中央档案馆保存的讲话记录稿刊印。

注　　释

〔1〕一九五八年十一月二日至十日，毛泽东召集部分中央领导人和部分地方负责人在郑州举行工作会议。他在会上多次讲话，批评了急于想使人民公社由集体所有制过渡到全民所有制、由社会主义过渡到共产主义，以及企图废除商品生产等错误主张。本篇节选了毛泽东讲话中关于社会主义商品生产问题的内容。其一选自十一月九日的讲话；其二选自十一月十日下午的讲话。

〔2〕指《十五年社会主义建设纲要四十条(1958—1972)》第一次修正稿修改时重新改写的第三十六条，内容是："人民公社应当根据必要的社会分工发展生产，既要增加自给性的产品，又必须增加用以交换的产品。产品的交换，除了在公社相互之间可以继续采取合同制度以外，在国家和公社之间，应当逐步地从合同制度过渡到调拨制度。"这个纲要后来没有形成正式文件。

〔3〕指河南新乡七里营人民公社。

〔4〕见恩格斯《反杜林论》(《马克思恩格斯选集》第3卷，人民出版社1995年版，第633页)。

〔5〕见斯大林《苏联社会主义经济问题》(《斯大林选集》下卷，人民出版社1979年版，第546页)。

〔6〕见斯大林《苏联社会主义经济问题》。原文是："也不能把另一种可怜的马克思主义者的意见当作答案，他们认为，也许应该夺取政权，并且剥夺农村的中小生产者，把他们的生产资料公有化。"(《斯大林选集》下卷，人民出版社1979年版，第547页)

〔7〕见斯大林《苏联社会主义经济问题》(《斯大林选集》下卷，人民出版社1979年版，第549页)。

〔8〕纣王，又称帝辛，商朝最后的国君。秦始皇，即嬴政(公元前二五九——前

二一〇)，秦王朝的建立者。曹操(一五五——二二〇)，字孟德，沛国谯(今安徽亳县)人，三国时期政治家、军事家。

〔9〕见《书经·周书·武成》。

〔10〕见《孟子·尽心下》。

〔11〕见斯大林《苏联社会主义经济问题》(《斯大林选集》下卷，人民出版社1979年版，第549页)。

〔12〕七届二中全会，见本卷第98页注〔8〕。

〔13〕指生产资料公有制的建立、雇佣劳动制度的消灭和剥削制度的消灭。见斯大林《苏联社会主义经济问题》(《斯大林选集》下卷，人民出版社1979年版，第549页)。

〔14〕见斯大林《苏联社会主义经济问题》(《斯大林选集》下卷，人民出版社1979年版，第549页)。

记者头脑要冷静[1]

（一九五八年十一月二十一日）

做报纸工作的，做记者工作的，对遇到的问题要有分析，要有正确的看法、正确的态度。

矛盾有正面，有侧面。看问题一定要看到矛盾的各个方面。群众运动有主流，有支流。到下面去看，对运动的成绩和缺点要有辩证的观点，不要把任何一件事情绝对化。好事情不要全信，坏事情也不要只看到它的消极一面。比方瞒产，我对隐瞒产量是寄予同情的。当然，不说实话，是不好的。但是为什么瞒产？有很多原因，最主要的原因是想多吃一点，值得同情。瞒产，除了不老实这一点以外，没有什么不好。隐瞒了产量，粮食依然还在。瞒产的思想要批判，但是对发展生产没有大不了的坏处。

虚报不好，比瞒产有危险性。报多了，拿不出来。如果根据多报的数字作生产计划，有危险性，作供应计划，更危险。

记者到下面去，不能人家说什么，你就反映什么，要有冷静的头脑，要作比较。

强迫命令，不好。一定的命令还是需要的。如果什么事情都命令，就不好了。有些事情也并非强迫命令，例如党委的决议，一定要照办。总要有集中。集中的过程要有民主。要提倡民主作风，反对强迫命令。

记者要善于比较。唐朝有一个太守，他问官司，先去了解原告被告周围的人和周围的情况，然后再审原告被告。这叫作“勾推法”。这就是比较，同周围的环境比较。记者要善于运用这种方法。不要看到好的就认为全好，看到坏的就认为全坏。如果别人说全好，那你就问一问：是不是全好？如果别人说全坏，那你就问一问：一点好处没有吗？

记者的头脑要冷静，要独立思考，不要人云亦云。这种思想方法，首先是各新华分社和《人民日报》的记者、北京的编辑部要有。不要人家讲什么，就宣传什么，要经过考虑。

记者，特别是记者头子，头脑要清楚，要冷静。

根据新华出版社一九八三年出版的
《毛泽东新闻工作文选》刊印。

注释

〔1〕这是毛泽东同新华通讯社社长、《人民日报》总编辑吴冷西谈话的要点。

在武昌会议上的讲话[1]

（一九五八年十一月二十三日）

（一）从写文章谈起。中央十二个部的同志写了十二个报告，要议一议，作些修改。文章写得好，看了很高兴。路线还是那个路线，精神还是那个精神，就是所提指标和根据要切实研究一下。报告中提出的一些指标根据不充分，只讲可能，没有讲根据，各部需要补充根据。比如，讲十年达到四亿吨钢是可能的，为什么是可能的，就说得不充分。要搞得更扎实些。中央委员都要看一看，还可以发给十八个重点企业的党委书记、厂长，让他们都看一下，使他们有全局观点。有的文章修改以后甚至可以在报上发表，让人民知道，这没有什么秘密。我说要压缩空气，不是减少空气。物质不灭，空气还是那样多，只不过压缩一下而已，成为液体或者固体状态。

报告总要有充分根据。要再搞得清楚一些，说明什么时候可以过关。比如，钢铁的两头设备——采矿和轧钢没有过关，究竟什么时候可以过关？是否明年三月、四月、五月？为什么那时候可以过关？要说出个理由和根据。又比如，机械配套为什么配不起来，究竟什么时候配得起来，有什么根据？要与二把手商量一下。再比如，洋炉子可以吃土铁，有什么根据，什么时候、用什么办法解决？还有电力不足怎样办？现在找到了一条出路，就是自建自备电厂。工厂、矿山、机关、学校、部队都自己搞电站，水、火、风、沼气都利用起来，解决了不少问题。这是东北搞出来的名堂。各地是否采取同样办法？能解决多少？在座的如果没有电力，一切事情都搞不成。

如何解决呢？是不是议论两三天后，再动手修改文件，补充根据，主要要求确实可靠，指标要改一下。

（四）作假问题。郑州会议〔2〕提出的《关于人民公社若干问题的决议》〔3〕初稿，现在要搞成指示，作假问题要专搞一条，不要同工作方法写在一起，否则人家不注意。现在横竖要放“卫星”，争名誉，就造假。有一个公社，自己只有一百头猪，为了应付参观，借来了二百头大猪，参观后又送回去。有一百头就是一百头，没有就是没有，搞假干什么？过去打仗发捷报，讲俘虏多少、缴获多少，也有这样的事，虚报战绩，以壮声势，老百姓看了舒服，敌人看了好笑，欺骗不了的。后来我们反对这样做，三令五申，多次教育，要老实，才不敢作假了。其实，就都那么老实吗？人心不齐，我看还是有点假的，世界上的人有的就不那么老实。建议跟县委书记、公社党委书记切实谈一下，要老老实实，不要作假。本来不行，就让人家骂，脸上无光，也不要紧。不要去争虚荣。比如扫盲，说什么半年、一年扫光，我就不太相信，第二个五年计划期间扫除了就不错。绿化，年年化，年年没有化，越化越见不到树。说消灭了四害，是“四无”村，实际上是“四有”村。上面规定的任务，他总说完成了，没有完成就造假。现在的严重问题是，不仅下面作假，而且我们相信，从中央、省、地到县都相信，主要是前三级相信，这就危险。如果样样都不相信，那就变成机会主义了。群众确实做出了成绩，为什么要抹煞群众的成绩，但相信作假也要犯错误。比如一千一百万吨钢，你说一万吨也没有，那当然不对了，但是真有那么多吗？又比如粮食，究竟有多少，去年三千七百亿斤，今年先说九千亿斤，后来又压到七千五百亿斤到八千亿斤，这是否靠得住？我看七千五百亿斤翻了一番，那就了不起。

搞评比，结果就造假；不评比，那就不竞赛了。要订个竞赛办法，要检验，要组织验收委员会，像出口物资那样，不合规格不行。经济事业要越搞越细密，越搞越实际越科学，这跟做诗不一样，要懂得做诗和办经济事业的区别。“端起巢湖当水瓢”，这是诗，我没有端过，大概你们安徽人端过。巢湖怎么端得起来？即使检查了，也还要估计到里头还有假。有些假的，你查也查不出来，人家开了会，事先都布置好了。希望中央、省、地这三级都懂得这个问题，有个清醒头脑，打个折扣。三七开，十分中打个三分假，可不可以？这样是否对成绩估计不足，对干部、群众不信任？要有一部分不信任，要估计到至少不少于一成的假，有的是百分之百的假。这是不好的造假。另一种是值得高兴的造假。比如瞒产，干部要多报，老百姓要瞒产，这是个矛盾。瞒产有好处，有些地方报多了，上面就调得多，留给它的就没有多少了，吃了亏。再有一种假，也是造得好的，是对付主观主义、强迫命令的。中南海有个下放干部写信回来说，他所在的那个公社规定要拔掉三百亩包谷，改种红薯，每亩红薯要种一百五十万株，而当时包谷已经长到人头那么高了，群众觉得可惜，只拔了三十亩，但上报说拔了三百亩。这种造假是好的。王任重〔4〕说，他的家乡河北某地，过春节时，要大家浇麦子，不让休息，老百姓有什么办法，只得作假。夜间在地里点上灯笼，人实际上在家里休息，干部看见遍地灯光，以为大家没有休息。湖北有一个县，要群众日夜苦战，夜间不睡觉。但群众要睡觉，就派小孩子放哨，看见干部来了，大家起来哄弄哄弄，干部走了又睡觉。这也是好的造假。总之，一要干部有清醒头脑，一要对他们进行教育，不要受骗，不要强迫命令。不然，人家起来放哨怎么办？现在有种空气，只讲成绩，不讲缺点，有缺点就脸上无光，讲实话没有人听，造假，讲得多，有光彩。讲牛尾巴长在屁股后面，没有人听，讲长在头上，就是新闻了。要进行教育，讲清楚，要老老实实，几年之内能做到就好。我看经过若干年，上了轨道，就可以比较踏实。

（五）破除迷信，不要把科学当迷信破除了。比如，人是要吃饭的，这是科学，不能破除。张良〔5〕辟谷，但他吃肉。现在，不放手让群众吃饭，大概是产量报多了。人是要睡觉的，这也是科学。动物总是要休息，细菌也要休息，人的心脏一分钟跳七十二次，一天跳十万多次。一要吃饭，二要睡觉，破除了这两条，就不好办事，就要死人。此外，还有不少的东西被当作迷信在那里破除。人去压迫自然界，拿生产工具作用于生产对象，自然界这个对象要作抵抗，反作用一下，这是一条科学。人在地上走路，地就有个反抗，如果没有抵抗，就不能走路。草地不大抵抗，就不好走路；拌泥田不抵抗，陷进去就拔不出来，这种田要掺沙土。自然界有抵抗力，这是一条科学。你不承认，它就要把你整死。破除迷信以来，效力极大，敢想敢说敢做，但有一小部分破得过分了，把科学真理也破了。比如说，连睡觉也不要了，说睡觉一小时就够了。方针是破除迷信，但科学是不能破的。

凡迷信一定要破除，凡真理一定要保护。资产阶级法权只能破除一部分，例如三风五气，等级过分悬殊，老爷态度，猫鼠关系，一定要破除，而且破得越彻底越好。另一部分，例如工资等级，上下级关系，国家一定的强制，还不能破除。资产阶级法权有一部分在社会主义时代是有用的，必须保护，使之为社会主义服务。把它打得体无完肤，会有一天我们要陷于被动，要承认错误，向有用的资产阶级法权道歉。因此要有分析，分清哪些有用，哪些要破除。鉴于苏联对于资产阶级法权应破者没有破，秩序相当凝固，我们应当应破者破，有用的部分保护。

根据中央档案馆保存的讲话记录稿刊印。

注　　释

〔1〕一九五八年十一月二十一日至二十七日，中共中央在武昌召开政治局扩大会议，参加会议的有部分中央领导人和各省、市、自治区党委第一书记。毛泽东于二十一日和二十三日在会上作了讲话。二十三日的讲话共有七个部分，本篇节选其中第一、第四、第五部分。

〔2〕指一九五八年十一月二日至十日毛泽东在郑州召集的有部分中央领导人和部分地方负责人参加的会议，也称第一次郑州会议。毛泽东在会上批评了急于想使人民公社由集体所有制过渡到全民所有制、由社会主义过渡到共产主义，以及企图废除商品生产等错误主张。

〔3〕《关于人民公社若干问题的决议》，不久就在一九五八年十一月二十八日至十二月十日在武昌举行的中共八届六中全会讨论通过。

〔4〕王任重（一九一七——一九九二），河北景县人。当时任中共湖北省委第

一书记。

〔**5**〕张良（？——前一八六），字子房，城父（今安徽亳州东南）人，刘邦的重要谋士。

一 个 教 训

（一九五八年十一月二十五日）

这是一个有益的报告[1]，是云南省委写的，见《宣教动态》一四五期。云南省委犯了一个错误，如他们在报告中所说的那样，没有及时觉察一部分地方发生的肿病问题。报告对问题作了恰当的分析，处理也是正确的。云南工作可能因为肿病这件事，取得教训，得到免疫力，他们再也不犯同类错误了。坏事变好事，祸兮福所倚[2]。别的省份，则可能有一些地方要犯云南那样的错误。因为他们还没有犯过云南所犯的那样一种错误，没有取得深刻的教训，没有取得免疫力。因而，如果他们不善于教育干部（主要是县级，云南这个错误就是主要出于县级干部），不善于分析情况，不善于及时用鼻子嗅出干部中群众中关于人民生活方面的不良空气的话，那他们就一定要犯别人犯过的同类错误。在我们对于人民生活这样一个重大问题缺少关心，注意不足，照顾不周（这在现时几乎普遍存在）的时候，不能专门责怪别人，同我们对于工作任务提得太重，密切有关。千钧重担压下去，县、乡干部没有办法，只好硬着头皮去干，少干一点就被叫做“右倾”，把人们的心思引到片面性上去了，顾了生产，忘了生活。解决办法：（一）任务不要提得太重，不要超过群众精力负担的可能性，要为群众留点余地；

（二）生产、生活同时抓，两条腿走路，不要片面性。

毛　泽　东

一九五八年十一月二十五日

根据手稿刊印。

注　　释

〔1〕指中共云南省委一九五八年十一月十八日关于肿病死人情况向毛泽东并中央的检查报告。报告说，今年春夏之间，云南省因肿病、痢疾、小儿麻疹等发生了严重的死人情况。造成这一痛心事件的主要原因是：领导作风不深入，对于今年紧张持续的苦战中需要特别关心群众的生活注意不够，对一些干部强迫命令、违法乱纪的严重情况估计不足等。目前，省委正在召开地、市委第一书记会议，根据毛主席在成都会议上的讲话精神，集中检查省委和地、市委两级的领导作风，接受经验教训，并准备采取以下措施：地、市委书记会议后，立即在党内和干部中进行一次整风，批判强迫命令和不关心群众生活的倾向；组织专门小组对肿病死人事件进行认真的检查，严肃处理死人事件中的违法乱纪和失职问题；立即执行郑州会议关于作息时间的规定，检查和改善矿山、水利工地等各个战线上民工的衣、食、住和劳动安全问题，从各方面调节群众的劳逸和生活，等等。

〔2〕见《老子·五十八章》。原文是："祸兮福之所倚，福兮祸之所伏。"

中华人民共和国国防部三告台湾同胞书[1]

（一九五八年十一月）

台湾、澎湖、金门、马祖军民同胞们：

鉴于金门群岛国民党军队广大官兵的良好反映，本部关于双日停止炮击金门飞机场、料罗湾的码头、海滩和船只这四种军事目标的规定，现在宣告推广到其他一切地区的军事目标，逢双日都不打炮，打炮一律于单日行之。有些目标，例如飞机场、料罗湾的码头、海滩和船只，单日也不一定打炮，但你们的飞机船只以不来为宜，免受可能的损失。禁止美国人护航，仍如历次文告所规定。周恩来总理两年以前即向你们建议举行和谈，合理解决国共两党历史纠纷，和平解放台湾地区，未获你们积极响应。美国人下死劲钳制台湾当局，不许他们和我们举行和谈，一心一意要干涉中国内政。美国人非常惧怕和平，非常惧怕国共两党重新接近，谈出一个和平局面来，妨碍他们孤立台湾和托管台湾的阴谋计划。我们必须击破这个计划。我们希望台湾当局有一天甩掉美国人那只钳制魔手，派出代表，举行和谈。我们的和谈是真和谈，谈成了，内战就可以宣告结束，全体中国人团结起来，一致对付外来的威胁，岂不是一件好事吗？美国人同国民党之间的所谓团结、互信云云，讲讲而已，归根到底是靠不住的。尽管申明一千次，连你们自己也不相信。同胞们，我们都是中国人。我们相信，在美国人要把国民党置之死地的时候，国民党就会觉悟过来，和谈就有可能成功，对于这件事悲观是没有根据的。亲美派散布出来的一切悲观言论，希望你们最好不要听。

国防部长　彭德怀

一九五八年十一月　日

根据毛泽东手稿刊印。

注　释

〔1〕这个告台湾同胞书后来没有发表。

关于帝国主义和一切反动派是不是真老虎的问题[1]

（一九五八年十二月一日）

这里我想回答帝国主义及一切反动派是不是真老虎的问题。我的回答是，既是真的，又是纸的，这是一个由真变纸的过程的问题。变即转化，真老虎转化为纸老虎，走向反面。一切事物都是如此，不独社会现象而已。我在几年前已经回答了这个问题，战略上藐视它，战术上重视它。不是真老虎，为什么要重视它呢？看来还有一些人不通，我们还得做些解释工作。

同世界上一切事物无不具有两重性（即对立统一规律）一样，帝国主义和一切反动派也有两重性，它们是真老虎又是纸老虎。历史上奴隶主阶级、封建地主阶级和资产阶级，在它们取得统治权力以前和取得统治权力以后的一段时间内，它们是生气勃勃的，是革命者，是先进者，是真老虎。在随后的一段时间，由于它们的对立面，奴隶阶级、农民阶级和无产阶级，逐步壮大，并同它们进行斗争，越来越厉害，它们就逐步向反面转化，化为反动派，化为落后的人们，化为纸老虎，终究被或者将被人民所推翻。反动的、落后的、腐朽的阶级，在面临人民的决死斗争的时候，也还有这样的两重性。一面，真老虎，吃人，成百万人成千万人地吃。人民斗争事业处在艰难困苦的时代，出现许多弯弯曲曲的道路。中国人民为了消灭帝国主义、封建主义和官僚资本主义在中国的统治，花了一百多年时间，死了大概几千万人之多，才取得一九四九年的胜利。你看，这不是活老虎，铁老虎，真老虎吗？但是，它们终究转化成了纸老虎，死老虎，豆腐老虎。这是历史的事实。人们难道没有看见听见过这些吗？真是成千成万！成千成万！所以，从本质上看，从长期上看，从战略上看，必须如实地把帝国主义和一切反动派，都看成纸老虎。从这点上，建立我们的战略思想。另一方面，它们又是活的铁的真的老虎，它们会吃人的。从这点上，建立我们的策略思想和战术思想。向阶级敌人作斗争是如此，向自然界作斗争也是如此。我们在一九五六年发表的十二年农业发展纲要四十条〔2〕和十二年科学发展纲要〔3〕，这些都是从马克思主义关于宇宙发展的两重性，关于事物发展的两重性，关于事物总是当作过程出现而任何一个过程无不包括两重性，这样一个基本观点，对立统一的观点，出发的。一方面，藐视它，轻而易举，不算数，不在乎，可以完成，能打胜仗。一方面，重视它，并非轻而易举，算数的，千万不可以掉以轻心，不经艰苦奋斗，不苦战，就不能胜利。怕与不怕，是一个对立统一法则。一点不怕，无忧无虑，真正单纯的乐神，从来没有。每一个人都是忧患与生俱来。学生们怕考试，儿童怕父母有偏爱，三灾八难，五痨七伤，发烧四十一度，以及“天有不测风云，人有旦夕祸福”之类，不可胜数。阶级斗争，向自然界的斗争，所遇到的困难，更不可胜数。但是，大多的人类，首先是无产阶级，首先是共产党人，除掉怕死鬼以及机会主义的先生们以外，总是将藐视一切，乐观主义，放在他们心目中的首位的。然后才是重视事物，重视每件工作，重视科学研究，分析事物的每一个矛盾侧面，钻进去，逐步地认识自然运动的法则和社会运动的法则。然后就有可能掌握这些法则，比较自由地运用这些法则，一个一个地解决人们面临的问题，处理矛盾，完成任务，使困难向顺利转化，使真老虎向纸老虎转化，使革命的初级阶段向高级阶段转化，使民主革命向社会主义革命转化，使社会主义的集体所有制向社会主义的全民所有制转化，使社会主义的全民所有制向共产主义的全民所有制转化，使年产几百万吨钢向年产几千万吨钢乃至几万万吨钢转化，使亩产一百多斤或者几百斤粮食向亩产几千斤或者甚至几万斤粮食转化。同志们，我们就是做这些转化工作的。同志们，可能性同现实性是两件东西，是统一性的两个对立面。虚假的可能性同现实的可能性又是两件东西，又是统一性的两个对立面。头脑要冷又要热，又是统一性的两个对立面。冲天干劲是热。科学分析是冷。在我国，在目前，有些人太热了一点。他们不想使自己的头脑有一段冷的时间，不愿意做分析，只爱热。同志们，这种态度是不利于做领导工作的，他们可能跌筋斗，这些人应当注意提醒一下自己的头脑。另有一些人爱冷不爱热。他们对一些事，看不惯，跟不上。〔4〕对这些人，应当使他们的头脑慢慢热起来。

一九五八年十二月一日，在武昌

根据一九七七年九月十一日
《人民日报》刊印。

注　释

〔1〕这是毛泽东在武昌举行的中共八届六中全会期间写的一篇文章。

〔2〕指《一九五六年到一九六七年全国农业发展纲要(草案)》。见本卷第3页注〔4〕。

〔3〕指《一九五六——一九六七年科学技术发展远景规划纲要(草案)》。这个草案是国务院根据中共中央关于迅速改变我国在经济上和科学文化上的落后状况的指示精神，从一九五六年四月开始，组织六百多名中国科学技术专家，并邀请二十多位苏联专家，经过半年的研究和讨论制订的。规划提出了国家建设所急需的五十七项重要科学技术任务和六百一十六个中心问题，并指出了各门类科学的发展方向。这个规划的实施，推动了我国科学技术事业的迅速发展。

〔4〕在这句之后，原文还有“观潮派，算账派，属于这一类”。一九六一年九月十六日，毛泽东在审阅一本干部学习材料中收录的这段话时，删掉了这十一个字。

对《毛主席诗词十九首》的批注[1]

（一九五八年十二月二十一日）

一

我的几首歪词，发表以后，注家蜂起，全是好心。一部分说对了，一部分说得不对，我有说明的责任。一九五八年十二月，在广州，见文物出版社一九五八年九月刊本，天头甚宽，因而写了下面的一些字，谢注家，兼谢读者。鲁迅一九二七年在广州，修改他的《古小说钩沉》，然后说道：于是云海沉沉，星月澄碧，饕蚊遥叹，予在广州。[2]从那时到今天，三十一年了，大陆上的饕蚊灭得差不多了，当然，革命尚未全成，同志仍须努力。港台一带，饕蚊尚多，西方世界，饕蚊成阵。安得起全世界各民族千百万愚公，用他们自己的移山办法，把蚊阵一扫而空，岂不伟哉！试仿陆放翁[3]曰：人类今娴上太空，但悲不见五洲同。愚公尽扫饕蚊日，公祭无忘告马翁。

毛　泽　东

一九五八年十二月二十一日上午十时

二

击水：游泳。那时初学，盛夏水涨，几死者数。一群人终于坚持，直到隆冬，犹在江中。当时有一篇诗，都忘记了，只记得两句：自信人生二百年，会当水击三千里。〔4〕

三

心潮：一九二七年，大革命失败的前夕，心情苍凉，一时不知如何是好，这是那年的春季。夏季，八月七号，党的紧急会议〔5〕，决定武装反击，从此找到了出路。〔6〕

四

踏遍青山人未老：一九三四年，形势危急，准备长征，心情又是郁闷的。这一首《清平乐》，如前面那首《菩萨蛮》一样，表露了同一的心境。〔7〕

五

万里长征，千回百折，顺利少于困难不知有多少倍，心情是沉郁的。过了岷山，豁然开朗，转化到了反面，柳暗花明又一村了。以下诸篇，反映了这一种心情。〔8〕

六

水拍：改浪拍。这是一位不相识的朋友建议如此改的。他说不要一篇内有两个浪字，是可以的。

三军：红军一方面军，二方面军，四方面军。不是海、陆、空三军，也不是古代晋国所作上军、中军、下军的三军。〔9〕

七

苍龙：蒋介石，不是日本人。因为当前全副精神要对付的是蒋不是日。〔10〕

八

昆仑：主题思想是反对帝国主义，不是别的。改一句：一截留中国，改为一截还东国。忘记了日本人是不对的。这样，英、美、日都涉及了。别的解释，不合实际。〔11〕

九

雪：反封建主义，批判二千年封建主义的一个反动侧面。文采、风骚、大雕，只能如是，须知这是写诗啊！难道可以谩骂这一些人们吗？别的解释是错的。末三句，是指无产阶级。〔12〕

十

三十一年：一九一九年离开北京，一九四九年还到北京。旧国之国：都城。不是State，也不是Country。〔13〕

十一

长沙水：民谣：常德德山山有德，长沙沙水水无沙。所谓无沙水，地在长沙城东，有一个有名的“白沙井”。武昌鱼：三国孙权一度从京口（镇江）迁都武昌，官僚、绅士、地主及其他富裕阶层不悦，反对迁都，造作口号云：宁饭扬州水，不食武昌鱼。那时的扬州人心情如此。现在变了，武昌鱼是颇有味道的。〔14〕

十二

上下两韵，不可改，只得仍之。〔15〕

根据毛泽东手稿刊印。

注　释

〔1〕这是毛泽东在文物出版社一九五八年九月刻印的大字本《毛主席诗词十九首》的书眉上写的批注。

〔2〕引用的鲁迅的这句话，是毛泽东凭记忆写的。鲁迅一九二七年在广州编校《唐宋传奇集》，作《序例》，文末题记说：“时大夜弥天，璧月澄照，饕蚊遥叹，余在广州。”《唐宋传奇集》上册一九二七年十二月由北新书局出版，次年二月续出下册。

〔3〕陆放翁，即陆游（一一二五——一二一〇），字务观，号放翁，越州山阴（今浙江绍兴）人，南宋诗人。陆游有一首七绝《示儿》："死去元知万事空，但悲不见九州同。王师北定中原日，家祭无忘告乃翁。"

〔4〕这是毛泽东对《沁园春·长沙》一词中"击水"的批注。

〔5〕指一九二七年八月七日在汉口召开的中共中央紧急会议。见本卷第57页注〔4〕。

〔6〕这是毛泽东对《菩萨蛮·黄鹤楼》一词中"心潮"的批注。

〔7〕这是毛泽东对《清平乐·会昌》一词中"踏遍青山人未老"一句的批注。《菩萨蛮》，指《菩萨蛮·黄鹤楼》。

〔8〕这个批注写在《忆秦娥·娄山关》一词那一页的天头上。以下诸篇，指《十六字令三首》（一九五八年出版的《毛主席诗词十九首》，《忆秦娥·娄山关》排在《十六字令三首》之前）、《七律·长征》、《念奴娇·昆仑》、《清平乐·六盘山》。

〔9〕这是毛泽东对《七律·长征》一诗中"水拍"、"三军"的批注。

〔10〕这是毛泽东对《清平乐·六盘山》一词中"苍龙"的批注。

〔11〕这是毛泽东对《念奴娇·昆仑》一词的批注。一九五七年《诗刊》一月号首次发表的这首词和文物出版社一九五八年九月刻印的大字本《毛主席诗词十九首》中，本词下阕的第八句作"一截留中国"，一九六三年人民文学出版社出版的《毛主席诗词》中，照毛泽东的意见，将这一句改为"一截还东国"。

〔12〕这是毛泽东对《沁园春·雪》一词的批注。末三句，指这首词的最后三句："俱往矣，数风流人物，还看今朝。"

〔13〕这是毛泽东对《七律·和柳亚子先生》一诗中"三十一年还旧国"一句的批注。

〔14〕这是毛泽东对《水调歌头·游泳》一词的批注。其中所说"三国孙权一度从京口（镇江）迁都武昌"一典有误。一九八六年九月人民文学出版社出版的《毛泽东诗词选》和一九九六年九月中央文献出版社出版的《毛泽东诗词集》中，对"武昌鱼"的注释是："据《三国志·吴书·陆凯传》记载：吴主孙皓要把都城从建业（故城在今南京市南）迁到武昌，老百姓不愿意，有童谣说：'宁饮建业水，不食武昌鱼。'这里化用。武昌鱼，指古武昌（今鄂城）樊口的鳊鱼，称团头鳊或团头鲂。"

〔15〕这是毛泽东对《蝶恋花·答李淑一》一词的批注，指"舞、虎、雨"这三个韵脚字跟上文的"柳、九、有、酒、袖"不同韵。

端正方向，争取一切可能争取的知识分子

（一九五八年十二月二十二日）

陆定一[1]同志：

建议将此件[2]印发给全国一切大专学校、科学研究机关的党委、总支、支委阅读，并讨论一次，端正方向，争取一切可能争取的教授、讲师、助教、研究人员为无产阶级的教育事业和文化科学事业服务，你看如何？文学艺术团体、报社、杂志社和出版机关的党委、党支，也应发去，也应讨论一次。请酌定。

毛　泽　东

一九五八年十二月二十二日

根据人民出版社一九八三年出版的《毛泽东书信选集》刊印。

注　释

〔1〕陆定一，当时任中共中央政治局候补委员、中央文教小组组长、中央宣传部部长。

〔2〕指中共中央宣传部一九五八年十二月十九日编印的《宣教动态》第一六五期刊载的《清华大学物理教研组对待教师宁“左”勿右》的材料。材料指出，清华

大学物理教研组的党员在讨论党对知识分子的政策时反映出一些不正确认识，表现在：(一)认为社会主义革命时期知识分子是革命对象，过共产主义关时更是革命对象。(二)认为高级知识分子都是从根本上反对党的教育方针，所有的统战对象都是促退派，把他们摆在这里，只是为了树立对立面。(三)认为从工人阶级的利益出发，应当走阶级路线，在学校中提群众路线是不妥当的。为了划清界限，宁可"左"一些。(四)认为现在党的威信和群众觉悟都提高了，到了党员可以取而代之的时候了。由于存在这些错误认识，这个党支部在工作中采取了一些错误做法。清华大学党委及时发现并检查纠正了这些错误做法。一九五八年十二月二十七日，中共中央向各地转发了毛泽东写给陆定一的这个批语和清华大学的材料。

图书在版编目(CIP)数据

毛泽东文集　第7卷/中共中央文献研究室编.
-北京:人民出版社,1999.6
ISBN 978-7-01-002870-5

Ⅰ.毛…
Ⅱ.中…
Ⅲ.毛泽东著作-文集
Ⅳ.A41

毛　泽　东　文　集
MAO　ZEDONG　WENJI
第　七　卷
(一九五六年一月——一九五八年十二月)

中共中央文献研究室编

人民出版社 出版发行
(100706　北京朝阳门内大街166号)

北京新华印刷有限公司印刷　新华书店经销

1999年6月第1版　2009年11月北京第11次印刷
开本:635毫米×927毫米 1/16　印张:29.5
字数:291千　印数:36,701—40,800册

ISBN 978-7-01-002870-5　定价:48.50元